HSBC 금융제국

滙豊金融帝國

Copyright ⓒ 2006 by Liu Shi Ping(劉詩平)

Korean translation copyright ⓒ 2008 by W Media
This translation is published by arrangement with Fang Zheng Press, China
through Carrot Korea Agency, Seoul.
All rights reserved.

이 책의 한국어판 저작권은 캐럿 코리아 에이전시를 통한
Fang Zheng Press와의 독점계약으로 한국어 판권을
'W미디어'가 소유합니다.
저작권법에 의하여 한국 내에서 보호를 받는 저작물이므로
무단전재와 복제를 금합니다.

HSBC 금융제국

W미디어

contents

머리말   8
143년 동안 성장해온 HSBC — 이상건   11

제1장 기업의 창조사

1. 첫걸음   21
2. 성공의 초석   26
3. 자댕매서슨과의 충돌   32
4. 1866년, 세계를 뒤덮은 금융대공황   37
5. 덴트 사의 도산   41
6. 유명 은행과의 경쟁   45
7. HSBC의 모토, 세계화와 현지화   51
8. 경제 불황의 늪   54

제2장 잭슨의 시대

1. 지휘봉을 잡은 잭슨   61
2. 극동 금융시장의 거대한 변화   64
3. 청 조정의 차관   67
4. 자댕매서슨과의 관계 회복   71
5. 백은 환율의 독재자   73
6. 1마오라도 저축하세요   76
7. 금융 네트워크의 확장   78
8. 1883년, 전세계를 덮친 금융대공황   82
9. 화교 경제권   85
10. 홍콩의 새로운 랜드마크   88
11. 중국 최초의 현대식 은행   89
12. 전쟁 배상   93

제3장 민국으로 달리는 열차

1. 중국 최초의 철도, 그 불행한 운명　101
2. 노새가 끄는 철도　106
3. 자희태후의 작은 용　109
4. 거대 협력, 중영은회사　113
5. 철도부설 차관　118
6. 청 왕조의 멸망　124

제4장 위안스카이의 황제의 꿈

1. 무대 위의 위안스카이　131
2. 황제를 위한 차관　134
3. 위안스카이의 꿈　139

제5장 급변하는 베이양 정부와 HSBC

1. 장쉰의 부활　146
2. 완 군벌과 HSBC　150
3. 새로운 은행 신디케이트　155
4. 즈 군벌의 백일몽　159
5. 상하이의 랜드마크　162
6. 힐리어의 죽음　164
7. 두안치뤄와의 접견　166
8. 중국의 3대 월스트리트　170

HSBC의 사이클

1. 상하이를 장식한 원형 돔	178
2. 중국, 은 냥의 시대와 작별하다	181
3. 폭풍 전야	189
4. 홍콩 함락	192
5. HSBC의 굴욕	195
6. 충칭 HSBC	198
7. 홍콩의 광복과 HSBC의 재건	201
8. 중국을 떠나다	204

 **HSBC의 다원화**

1. 홍콩의 재도약	211
2. 새로운 금융 네트워크	215
3. 그룹화	217
4. 알짜를 얻다	221
5. 매판	227
6. 홍콩 재벌그룹과의 연계	232

제8장 허물벗기

1. 홍콩의 화교상인   242
2. 리자청   246
3. 바오위강   253
4. 홍콩의 준 중앙은행   259
5. 북미로의 확장   263
6. 유럽으로의 진출   268

제9장 제국의 고향

1. 구조조정   275
2. 금의환향   279
3. 아시아 금융위기   285

제10장 세계를 향한 M&A

1. 나를 위한 세계적인 은행   289
2. 미국 공략   293
3. 유로의 힘   295
4. 라틴아메리카의 희로애락   298
5. 하우스홀드 인수   304
6. 아시아 시장과 세계 경제의 미래   307
7. 한국에서의 도전   313

결론   318

○●○ **머리말**

　세계 유수의 외국계 은행이 각지에서, 각 분야에서 활발한 활동을 펼치고 있지만 그 중 우리의 눈과 귀를 집중시키는 은행을 꼽자면 아마도 HSBC가 첫손에 꼽히지 않을까 싶다.
　지금으로부터 140여 년 전인 1865년 HSBC는 홍콩과 상하이에 사무실을 열고 업무를 시작한 이래 세계 금융계를 이끌어오고 있다. 설립 초기 자본금 500만HK$(홍콩 달러)로 시작한 그룹은 현재 총자산 2조1,500억 달러를 기록했다. 처음에는 건물은커녕 사무실도 임대했던 HSBC가 지금은 세계 83개국에 걸쳐 영업망을 조직하고, 세계적인 금융제국의 건설이라는 목표를 향해 힘차게 걸어가고 있다.
　HSBC는 140여 년이라는 긴 시간 동안 중국을 발판으로 성장해온 기업으로 만청(滿淸)에 최초의 차관 제공을 시작으로 중국 대륙에 세워진 정부와 밀접한 관계를 유지하며 은행을 운영해왔다. 청에서 베이양(北洋) 군벌 정부(역자 주 — 청 말 펑톈(奉天)·즈리(直隸)·산둥(山東)의 연해 지역을 중심으로 조직된 군벌 정부), 또 위안스카이(袁世凱) 정부에 많은 차관을 제공함으로써 중국에서 엄청난 이권을 획득했을 뿐 아니라, 정권을 좌우할 만큼 정치적 영향력도 대단했다. 국민정부 시대에 와서도 그 영향력을 고려해 장제스(蔣介石)에게 귀빈대접을 받곤 했다.

그렇다고 하늘이 늘 HSBC의 편에만 있던 것은 아니었다. 태평양전쟁으로 동양에 세워졌던 HSBC 분·지점들은 줄줄이 문을 닫아야 했고, 본사마저도 런던으로 이전해야 했다. 그뿐 아니라 고위 임직원들은 감금되어 옥사한 사람들도 있었다. 기세등등하던 일본이 백기를 든 1945년부터 HSBC는 중국에 자리를 잡고 재도약을 위해 박차를 가한다. 그러나 얼마 지나지 않은 1949년 중화인민공화국이 수립되면서 HSBC는 제국주의 국가의 은행이라는 이유로 기존에 얻었던 모든 이권을 다 빼앗겼을 뿐 아니라 중국에서 영업하는 것도 문제가 되었다. 하나둘 영업이 불허되고, 1955년에는 상하이 이외의 모든 분·지점들을 폐업하고 중국 땅을 떠나야 했다.

그로부터 반세기가 지난 지금 HSBC는 중국 최대의 외자은행으로 중국 대륙에 그 모습을 보였다. 개혁개방 정책을 통해 사회·경제의 영역에서 해외 유수의 기업들을 유치하려는 중국과, 금융 각 분야, 즉 저축, 보험, 리스 등에서 무섭게 활동 영역을 넓혀가는 HSBC는 서로를 믿고 '윈 - 윈' 전략을 성공적으로 이끌었다. HSBC는 중국 내에서 사세를 확장하는 것뿐 아니라 모범적인 기업구조와 예의 성실한 영업 전략으로 중국에서 진행 중인 금융개혁의 모델이 되고 있다. HSBC가 그 동안 움츠렸던 날개를 펼쳐 비상하게 될 그 날을 기대해본다.

HSBC라는 이 거대한 배는 거친 파도를 이겨내고 앞으로 전진해왔고, 또 지금도 전진하고 있다. 국제 정세의 급격한 변화에도 HSBC는 정확한 판단과 신속한 움직임으로 흔들림 없이 그 자리를 유지하며 내적 역량을 다졌으며, 새로운 도전에 적극적이고 창조적인 모습으로 활동영역을 넓혔다.

우리는 HSBC가 걸었던 역사의 발자취를 따라가다 보면 HSBC가 세계적 기업으로 거듭난 이유를 찾아볼 수 있을 것이다. 또한 객관적인 눈으로 기업의 발달사를 관찰하면, 지금 우리 눈앞에 닥친 많은 위기를 지혜롭게 넘길 수 있는 지침서가 될 것이며, 보이지 않는 기회를 찾아낼 수 있는 혜안이 될 것이다.

143년 동안 성장해온 HSBC

외환위기 이후 제일은행, 외환은행 등 주요 국내 은행의 매각 문제가 불거질 때마다 빠지지 않고 등장하는 세계 4위 금융그룹 HSBC의 모토는 '나를 위한 세계적인 은행(The world's local bank)' 이다. HSBC는 글로벌 은행이면서도 스스로를 로컬 은행으로 규정짓는다. 이 말 속에는 HSBC의 역사와 방향이 함축되어 있다.

HSBC는 지금부터 143년 전인 1865년, 500만 홍콩 달러의 자본금으로 홍콩과 상하이에서 첫 사무실을 열었다. 현재는 총자산 2조1,500억 달러(2007년 6월 말 기준)와 83개국에 1만여 개 지점과 31만 2천여 명의 직원을 거느린 거대 금융회사로 성장했다. HSBC처럼 금융 산업의 변방으로 분류되는 아시아에서 시작해 글로벌 금융회사로 성장한 예는 발견하기 어렵다. HSBC는 어떻게 143년이란 오랜 기간 동안 스스로를 끊임없이 담금질하며 현재에 이르렀을까. 한 기업의 수명이

50년을 넘기기 어렵다는 검증된 속설을 굳이 끄집어 내지 않더라도 한 기업이 100년 이상 자신의 생을 유지하고 있다는 것은 그 존재만으로도 놀라운 일이다. 게다가 HSBC의 성장사는 인류 역사상 가장 급격한 시기와 겹치고 있다는 점을 감안하면 그 생명력은 오늘을 사는 우리들에게 적지 않은 시사점을 제공한다. 영국과 중국의 아편전쟁, 청일전쟁, 청불전쟁, 중국 청 왕조의 몰락, 중국 공산당 정권의 수립, 홍콩의 중국 반환, 중국의 개방화 정책, 1990년대 말의 아시아 국가들의 통화 위기 등 숨 가쁘게 역사의 한 페이지를 장식했던 사건이 터질 때마다 HSBC는 뛰어난 적응력을 보여 왔다. 아니 더 나아가 이런 시기들을 새로운 성장의 자양분으로 삼았다. 특히 1980년대부터 본격화된 M&A(기업 인수 및 합병)를 통한 성장은 금융 산업이 어떻게 발전해야 하는가를 여실히 보여주는 교과서적인 사례라고 불러도 지나침이 없을 것이다. HSBC의 M&A를 통한 성장과 철저한 현지화 전략은 국내 금융 산업에도 시사하는 바가 적지 않다.

국내 금융 산업은 아직도 내수 산업의 한계를 벗어나고 있지 못하다. 철강, 조선, 반도체 등 한국 경제를 이끌고 있는 5대 제조업은 세계적 경쟁력을 갖추고 있지만, 금융 산업은 이에 못 미치고 있다. 국민 소득 2만 달러를 넘어 3만 달러 시대를 열기 위해서는 금융 산업의 성장은 불가피하다. 미국과 영국은 말할 것도 없고, 강소국으로 분류되는 룩셈부르크, 스위스, 네덜란드 등은 모두 금융 산업 부문에서 세계적 경쟁력을 갖추고 있다. 이런 국내 현실에 비추어볼 때, 아시아의 한 귀퉁이인 홍콩과 상하이에서 시작해 83개국에 글로벌 네트워크를 구축하고 있는 HSBC의 경험은 우리에게 적지 않은 교훈을 주고 있다. 이것이 국내 금융 산업 종사자들이 이 책을 읽어야 하는 이유 중 하나라고 할 수 있다.

무역항 홍콩과 상하이에서 출범하다

HSBC 역사의 첫 머리를 장식하는 인물은 이 은행의 창업자인 토마스 서덜랜드(Thomas Sutherland)다. 1864년 영국 동인도회사의 '마닐라 호'에 몸을 싣고 있던 서덜랜드는 우연히 금융가들의 인터뷰를 책에서 읽은 후, 중국에 은행을 세워야겠다는 결심을 하게 된다. 그가 선택한 지역은 일단 홍콩이었다. 홍콩은 중국을 침략하는 서구 열강들, 특히 영국의 중국 무역의 전초기지였다.

금융 역사를 들여다보면, 무역과 금융은 동전의 양면과도 같다. 네덜란드의 금융 산업이 일찍부터 글로벌 네트워크를 갖추게 된 것은 무역상을 따라 은행가들이 이동을 했기 때문이다. 보험 산업이 영국에서 태동한 것도 해상무역이 발달함에 따라 그로부터 발생하는 난파 등 각종 위험에 대비하기 위한 것이었다.

HSBC는 초기부터 중국과 무역을 하는 회사들과 밀접한 연관을 갖고 있었다. 아편 판매상으로 유명했던 덴트가 설립했던 덴트 사, 해운업 진출을 꾀하던 오거스트허드 사, 인도 뭄바이에서 정력적으로 사업을 펼치던 유대인 사순이 설립한 사순 사 등이 초기 주주로 참여했다. 이들 회사의 국적도 영국, 미국, 독일, 덴마크 등 다양하다. 초기 주주로 참여한 13개 회사의 국적을 살펴보면, 영국계가 7개사, 미국계 1개사, 독일계 2개사, 인도계 2개사, 덴마크계 1개사 등이다. 주주 구성을 보면, '글로벌 지역 은행'이란 HSBC의 모토가 창업 초부터 잉태되었음을 알 수 있다.

초기 금융 산업이 그러하듯이 HSBC도 중국 정권과의 줄타기, 혹은 협잡을 통해 성장한다. 중국의 혼란한 틈을 이용해 각종 차관과 이권에 개입해 빠른 시간 내에 주요 은행으로 떠오르게 된다. 청 조정에 차관을 주고, 군벌들에게 전쟁 자금을 제공하면서 HSBC는 성장의 발판을 마련하게 된다. 하지만 이런 방식으로만 성장을 했다면 오늘날의 HSBC는 존재하지 않았을 것이다. HSBC가 중국인에게 높은 신뢰를 받으면서 탄탄한 고객 기반을 구축할 수 있었던 것은 개인들을 위한 저축 상품을 판매했기 때문이다.

당시 중국은 제국주의 국가들의 침략과 내란으로 만신창이 일보직전이었다. 이런 상황에서 '1마오라도 저축하세요'라는 슬로건을 내걸고 국민들의 저축을 유도했던 HSBC는 높은 신뢰를 얻을 수 있었다. 하지만 HSBC에게 예금을 맡긴 초기 예금자 대부분은 관리나 상인, 혹은 지주들이었다. 그렇다고 HSBC가 저축 캠페인을 통해 중국인들의 신뢰를 얻은 것을 폄하할 수는 없다. 이런 신뢰가 있었기에 중국에서 공산주의 혁명이 일어난 후 홍콩에서 '은행 위의 은행'인 중앙은행의 역할을 할 수 있었기 때문이다.

HSBC 성장사에서 우리가 눈 여겨 봐야 할 것은 앞서 얘기했듯이 M&A를 통한 기업의 성장이다. HSBC의 M&A 과정을 들여다보면, 단순한 덩치 키우기가 아니라 광범위한 네트워크 구축의 일환으로 M&A 전략을 구사했음을 알 수 있다.

홍콩과 상하이에서 시작한 HSBC의 네트워크는 1877년 중국과 영국의 '옌타이 조약' 이후 중국 각 지역으로 확대된다. 북으로는 베이징, 남으로는 베이하이, 동으로는 타이완, 서로는 주장에 이르는 광범위한 네트워크를 구축했다. 여기서 더 나아가 시장 잠재력이나 발전 가능성이 있는 곳이라면 적극적으로 진출했다. 1869년 수에즈 운하가 개통되면서 싱가포르가 무역의 요지로 등장하자 1870년 재빨리 싱가포르에 진출했다.

초기 아시아를 중심으로 한 네트워크를 구축했던 HSBC는 1950년대 말부터는 적극적인 인수 및 합병을 통해 국제 금융 그룹의 첫걸음을 내딛게 된다. 1959년에 홍콩의 차터드상업은행과 중동 잉글랜드 은행을 인수하게 된다. 이 두 은행의 인수는 매우 중요한 의미를 갖는다. 왜냐하면 중국의 공산당 정부가 수립됨에 따라 그 동안 중국에서 쌓아온 사업성과를 모두 내놓아야 했던 HSBC는 다시 홍콩을 중심으로 한 전략을 짤 수밖에 없었던 상황이다. HSBC의 양대 기둥 중 하나였던 상하이가 없어짐에 따라 홍콩에서 새 출발을 해야만 했던 것이다.

글로벌 네트워크의 구축

HSBC가 당시 핵심 전략 지역으로 삼았던 곳이 아시아 태평양 지역이었다. 1962년에는 일본의 도쿄, 고베, 오사카, 요코하마와 베트남의 호치민, 캄보디아의 프놈펜, 타이의 방콕, 미얀마의 양곤 등에서 영업을 시작했다. 이렇게 아시아 태평양 지역에 적극적으로 네트워크를 구축하면서도 홍콩 내에서의 지배적인 위치를 구축하는 데도 게을리 하지 않았다. 그 결정판이 홍콩 증시의 항셍지수로 유명한 항셍은행의 인수다.

중국 최대의 민족 자본 은행인 항셍은행을 인수함으로써 HSBC는 항셍은행과 합쳐 홍콩 시장에서 압도적인 지배력을 갖추게 된다. 이후 HSBC는 또한 새롭게 떠오르는 홍콩의 화교들을 후원함으로써 명실상부한 홍콩 최고 은행이 된다. 그 동안 홍콩 경제계를 주름 잡았던 영국계 기업들과 신흥 세력인 홍콩 화교들은 일대 경제 전쟁을 하게 되는데, 이 때 HSBC는 홍콩 화교들의 손을 들어준다. 1977년부터 영국계 기업들은 화교들의 먹잇감이 된다. 이 전쟁에서 승리를 거둔 대표적인 인물이 바로 아시아 최고의 재벌로 불리는 리자청(李嘉誠)이다. 대표적인 영국계 기업인 허치슨왐포아는 HSBC의 후원을 업은 리자청의 소유로 바뀌었다. 또한 홍콩의 터줏대감이자 가장 대표적인 기업이었던 자댕매서슨도 해운왕 바오위강(包玉剛)에게 패하게 된다.

또한 이 시기는 향후 있을 중국의 홍콩 반환을 앞둔 HSBC의 글로벌화가 진척된 때이기도 하다. 1978년에는 미국의 마린미들랜드 은행을, 그리고 다시 1991년에는 이 은행을 통해 펜실베이니아 은행을 인수해 미국 내 네트워크를 확장했다. 캐나다에도 진출해 밴쿠버에 캐나다 HSBC를 설립했고, 브리티시콜롬비아 은행을 인수해 캐나다

내의 영업망을 구축했다. 1985년에는 오스트레일리아 최초의 외국계 은행인 오스트레일리아 HSBC를 설립했다.

조사기관마다 다르지만 현재 전 세계 국가 수는 대략 230개 정도로 알려져 있다. 이 중 HSBC가 진출한 국가는 83개다. 대략 전 세계 국가의 36%에 해당 되는 지역에서 금융 서비스를 제공하고 있는 것이다. 일찍이 금융시장 역사상 이렇게 광범위한 금융 네트워크를 구축한 회사는 거의 발견하기 어렵다. 어떻게 HSBC는 이런 네트워크를 구축할 수 있었을까. 이 책에서 저자는 이렇게 대답하고 있다. '글로벌화'와 '현지화'에 그 비밀이 있다는 것이다. "HSBC가 아시아에서 유독 강한 면모를 보이고 있는 것은 그 뿌리가 아시아에 있기 때문만은 아니다. HSBC가 동양적 사고를 제대로 이해하고, 이를 통해 현지화에 성공했기 때문이다. 대부분의 외국계 은행은 합리적 태도를 중시하지만, HSBC는 동양의 의리와 사람들과의 관계를 중시한다. 1990년대 아시아 금융시장이 위기를 겪자 많은 외국계 은행이 영업을 포기하고 떠났지만 HSBC만은 의리를 내세우며 자리를 지켰다."

흔히 역사는 현재를 비추는 거울이자 미래의 씨앗을 잉태하고 있다고 한다. 이것이 우리가 역사를 공부하는 이유다. 이 책이 흥미진진하게 펼쳐 놓고 있는 HSBC의 역사를 통해 현재 우리나라 금융 산업의 현재를 진단하고, 미래를 가늠해보는 것은 매우 의미 있는 일이라고 생각한다.

이상건 (미래에셋투자교육연구소 이사)

제1장
기업의 창조사

서구 열강, 특히 영국은 중국 무역의 전초기지로 홍콩을 택했다.
이곳에서 상사를 경영하던 대부분의 서양인들은 지역은행의 필요성을 절감하고 있었다.
급격히 팽창하는 중국 무역에서 돈을 벌기 위해서는 중국 본토 은행이 꼭 필요했다.

도미노처럼 눈 깜짝할 사이에 무너진
세계 경제의 폐허 위에 HSBC란 기업이 일어섰다.

『중국 왕조의 홍콩』, 프랭크(Frank H.H. King)

HSBC

　　1차 아편전쟁에 이어 2차 아편전쟁에서도 무기력하게 패한 청에게 무서운 대가가 기다리고 있었다. 중국 각지를 할양하고, 외국 상인에게 수많은 포구를 열어줘야 했다. 외국 상인들은 준비도 없이 중국을 상대로 무역에 나섰고, 그러자니 많은 경비가 필요했다. 대출을 중심으로 한 금융업이 개항장을 중심으로 성행하게 된 것도 그 결과였다. 홍콩에서 운영되던 많은 상사(商社)들은 중국 본토 은행의 필요성을 절감했고, 이러한 시대적 요구에 맞춰 1865년 HSBC는 창립 후 10년의 일기를 달콤한 웃음과 쓰디쓴 눈물로 써내려갔다.

01 첫걸음

HSBC의 창업자 서덜랜드(Thomas Sutherland)의 눈빛이 더없이 반짝였다. 1909년 겨울, 서덜랜드는 HSBC 연례회의 공개석상에서 처음으로 자신이 은행을 설립했던 45년 전의 상황을 들려주었다.

"1864년 나는 영국 동인도회사의 '마닐라' 호에 몸을 실었다. 배는 홍콩에서 산토우(汕頭), 아모이(廈門)를 거쳐 푸저우(福州)로 가는 배였다. 당시의 배란 요즘에는 상상도 못할 정도로 느린 속도였고, 그 지루함을 달랠 요량으로 나는 배에 비치되어 있는 책들 중에서 아무거나 집어 들었다. 그때 읽은 책이 『블랙우즈 매거진(Blackwood's Magazine)』이었는데, 금융가들의 인터뷰에 푹 빠져 눈을 뗄 수가 없었으니 그게 운명이었는가 보다. 난 그때까지도 은행의 '은' 자도 모르고, 은행계좌도 개설한 적이 없었는데 무슨 조화인지 '아, 기회가 되면 스코틀랜드의 원칙에 따라 중국에 은행을 세워야겠다' 는 생각을 했고, 또 그게 그렇게 쉬워 보였다."

그 후로 몇 개월 동안 기회를 찾던 그에게 마침내 결정적인 소식을 실은 배가 다가왔다. 그간 중국을 드나들며 무역을 하던 '오타와(Ottawa)' 호가 홍콩에 도착했다. 그는 선장 이스트리(Eastleigh)와 함께 상선물량과 하적물자를 체크한 뒤 자신의 계획을 비밀스레 털어놓았다. 그때 이 스트리가 놀랄 만한 소식을 전해주었는데, 인도의 뭄바이에서 활동하는 몇몇 금융가들이 중국에 황실은행을 설립하려 한다는 것이었다. 그들은 이미 설립자본 대부분을 모았지만 남은 1/4 정도는 중국에서 주주를 모집하는 방식으로 자본을 모으려 한다고 했다.

HSBC의 창립을 알리는 공고문. 자금, 총책임자, 지점 등을 명시하고 있다

"거기에서 나는 힌트를 얻었다. 혼자 은행을 세운다는 것이 불가능하다는 것을 잘 알고 있던 나에게는 그들처럼 중국과 합작하는 방식으로 은행을 세우는 방법이 최고이자 최후의 방법이었다. 그 날 저녁 숙소로 돌아오자마자 나는 은행 설립 기획서를 쓰기 시작했다."

그가 만든 기획서에는 자본금 500만HK$(홍콩 달러)가 쓰여 있었다. 지금의 HSBC에게 그것은 별 것 아닐 정도의 돈이지만 월급쟁이에 지나지 않았던 당시 그에게는 큰돈이었을 것이다.

다음날 그는 기획서를 가지고 홍콩에서 이름 있는 변호사인 친구 폴라드(Pollard)를 찾아갔다. 폴라드는 기획서를 단숨에 읽고는 곧바로 그의 손을 잡고 큰 상사들을 돌아다녔다. 자뎅매서슨뿐 아니라 당시 홍콩에서 유명했던 상사들이 기획서에 서명을 했고, 그들은 서

덜랜드가 세울 은행의 임시 이사들이 되었다.

"처음에 나는 한 달 안에 주주를 다 모으려는 계획이었다. 이왕이면 계획한 것보다 더 많은 투자도 받으면서 말이다. 이삼 주 뒤쯤에 '중국 황실은행'에서도 주주모집을 위해 홍콩으로 왔다. 그런데 아무도 관심을 보이지 않았다. 그때 HSBC는 첫 발을 내딛었지만, 뭄바이에서 원대한 꿈을 갖고 시작했던 '중국 황실은행'은 열자마자, 아니 문을 열지도 못한 채 닫아야 했다."

➡➡ 1850년의 홍콩

뭄바이의 금융가 소식에 용기를 낸 서덜랜드는 드디어 자신의 꿈을 펼치게 된다. 깐깐하기로 소문난 스코틀랜드 은행의 규정대로 기획서를 내고, 홍콩 은행의 문을 열었다. 사실 그 과정이 간단치만은 않았다. 아침, 저녁으로 정세가 변하는 시대가 아니었던가.

2차 아편전쟁이 중국의 항복으로 끝났다. 전쟁에서 진 중국은 1차 아편전쟁에서처럼 각지를 할양하는 조약을 맺으며 전쟁을 종결했다. 그러나 1차 아편전쟁의 조약과는 달리 상황은 매우 심각했다. 서양 열강이 중국을 집어삼키는 것은 썩은 무 도려내는 것보다 쉬운 일이었다. 무능한 데다 썩을 대로 썩은 청 조정은 이를 막을 길이 없었다. 중국은 광저우(廣州), 푸저우, 마카오, 상하이, 닝보(寧波)의 다섯 곳에서 통상을 허용했지만 이에 만족하지 못한 서구 열강은 결국 뉴좡(牛莊), 톈진(天津)을 추가해 일곱 개 항구와 전장(鎭江), 난징(南京) 등 네 곳의 포구도 열라고 압력을 가했다. 이로써 양쯔 강의 큰 물길을 통해 중국의 넓은 대륙까지 모두 개방된 것이나 다름없었다. 외국 상인들이 이 호기를 놓칠 리 없었다.

서구 열강, 특히 영국은 중국 무역의 전초기지로 홍콩을 택했다. 이곳에서 상사를 경영하던 대부분의 서양인들은 지역은행의 필요성을 절감하고 있었다. 당시 무역 상인들은 런던이나 인도에 설립된 은행에서 급한 대로 돈을 빌려다 쓰긴 했지만, 당시 교통이 좋지 않던 세월에 필요할 때 바로 찾기에는 거리가 너무 멀었다. 또 급격히 팽창하는 중국 무역에서 돈을 벌기 위해서는 중국 본토 은행이 꼭 필요했다.

시대적 요구에 따라 1861년 홍콩총상회(香港總商會)가 설립되었고, 홍콩은 중국으로 물건을 들여놓는 중계무역으로 크게 발달한다. 그러나 당시 급증하는 해운물량을 기존의 부두로 해결할 수 없자 1863년에 완차이에 현대화 부두를 세웠다. 같은 해 7월에는 몇몇 선박업을 하던 사람들이 모여 홍콩왐포아선박(HongKong and Whampoa Dock Co.)을 세웠는데, 그때 회사의 경영을 맡은 사람이 바로 서덜랜드다.

서덜랜드는 오리엔탈해운회사의 총책임자로 있으면서 많은 경력을 쌓은 노련한 경영자였기 때문이다. 이에 부응하여 홍콩 총독 로빈슨(Sir Hercules Robinson) 역시 금융업을 발전시키기 위한 많은 정책을 시행한다. 런던과 뭄바이에 본사를 둔 몇몇 은행들이 홍콩에 영업소를 두고 운영하고 있었지만, 그러나 중국 본토 은행은 아니었기 때문에 무역 확대에 따른 수요를 충당하기에 역부족이었다. 또 이들 은행들이 홍콩의 부두나 공공사업에 신경 쓸 여력이 없었기 때문에 홍콩 식민 정부로서도 중국 본토 은행은 꼭 필요한 것이었다.[오리엔탈은행은 1845년에, 차터드상업은행(Chartered Mercantile Bank of India, London and China)은 1857년에, 차터드은행은 1859년에, 파리할인은행(Comptoir d' Escompte de Paris)은 1860년에, 아그라은행(Agra and Masterman's Bank)은 1862년에 각각 홍콩에 사무실을 열고 활동을 시작했다.]

당시 광저우를 대신해 중국 본토의 최대 개항장으로 등장한 상하이에서도 무역이 활발하게 일어나고 있었다. 이곳을 기지로 삼아 중국을 상대로 무역사업을 하는 상인들이 늘면서 무역융자 역시 크게 늘었다. 이런 상황들은 모두 HSBC를 부르는 손짓이었다.

1864년 8월 6일 HSBC는 제1차 임시위원회를 열었고, 여기에서 서덜랜드의 제의로 임시 위원장은 덴트 사의 사장 촘레이(F. Chomley)가 맡았다. 회의를 거쳐 구체적인 은행 설립이 결정되었고, 1865년 초부터 기초작업을 시작해 곧바로 정식 영업을 시작할 수 있었다. 3월 3일 HSBC는 퀸즈 로드 1번지에 위치한 워들리 사(Wardley Ltd.)의 빌딩에서 첫 영업을 시작했고, 그 뒤로 지금까지 140년 동안 한 번도 자리를 옮기지 않았다.

02
성공의 초석

서덜랜드가 만든 기획서에 조인한 회사는 대부분 홍콩에서 활동하는 영국 대표 기업이었으며, 이 정도의 실력자들이 모였으니 HSBC로서는 반은 성공한 셈이었다.

국적	회사명	임원	비고	법률자문
영국	Messrs Dent & Co.	F. Chomley	임시위원회 위원장	Pollard
미국	Messers Aug. Heard & Co.	Albert F. Heard		
영국	The Peninsular & Oriental Steam Navigation Co., (p&o)	Thomas Sutherlan		
영국	Messrs Lyall, Still & Co.	Mac Ryan		
독일	Douglas Lapraik & Co.	Douglas Lapraik		
독일	Messrs Siemssen & Co.	W. Nissen		
영국	Messrs Gilman & Co.	H. B. Lemann		
영국	Messrs Fletcher & Co.	W. Schmidt		
영국	Sassen & Co.	Arthur Sassoon		
영국	Messrs. Srtlith. Kennedy & Co.	Robert Brand		
인도	Messrs. P. & A. Camajee & Co.	Pallanjee Framjee		
영국	Borneo Co. Ltd.	Wm. Adamson		
덴마크	Messrs. John Burd & Co.	G. J. Holland		
인도	F&Messrs P. Cama Co.	Rustomjee Dhunjeeshaw		

당시 HSBC 임시위원회 위원장을 맡은 것은 덴트 사(Messrs Dent & Co.)의 촘레이(F. Chomley)였다. 알다시피 덴트 사는 자댕매서슨(Jardine, Matheson & Co.)에 이어 중국에 영국 자본으로 설립된 민영기업이다. 이들 두 기업은 처음에 광저우에서 시작해 홍콩으로 건너온 기업으로 창업자도 스코틀랜드인으로 같았다. 게다가 이들 기업의 사장은 아편 판매상으로 유명했던 덴트(Dent, Launcelot)와 자댕(Jardine, William)이었다.

1839년 광저우에서 임칙서(林則徐)가 아편 매매를 금지하며 덴트 사에서 상당량의 아편을 몰수하고 불태워버린 사건의 중심에 있는 회사이기도 하다. 어쨌거나 이들은 아편으로 벌어들인 돈으로 크게 회사를 차리고 중국 무역을 시작했는데, 이들 경영자의 차이가 회사의 이미지와 실제적 무역 성과의 차이로도 나타난다. 중국을 대하는 태도가 강경하고 교만하기까지 했던 자댕매서슨과는 달리, 덴트 사는 활동 영역을 해운, 보험 등 관련 방면으로 확대했다. 몇 년 후 1805년에 덴트 사는 광저우에 중국 최초의 현대적 보험사인 칸톤 보험회사(Canton Insurance Society)를 설립했다. 이로써 덴트 사의 세력은 홍콩과 중국의 여러 통상항에 뻗어 나갈 수 있었다. 그와 더불어 인도의 몇몇 은행과 보험사의 중국 업무를 대신하는 등 금융업에도 많은 경험이 있었다. 그러니 HSBC를 세우는데 덴트 사가 팔 걷고 나선 것은 어쩌면 필연이었을지도 모르겠다.

덴트 사에 이어 임시위원회를 이끈 것은 오거스트허드 사(Messers Aug. Heard & Co.)였다. 오거스트허드 사는 사무엘러셀 사(Samuel

Russell & Co.)와 1, 2위를 다투는 재미 화교기업이었다. 설립 초기 광저우에 본사를 두었던 오거스트허드 사는 1856년 홍콩으로 이전하고, 1860년대에는 광저우, 상하이, 닝포, 푸저우, 아모이(廈門), 한커우(漢口)와 마카오 등지에 본격적으로 영업소를 열고 활동지역을 넓혀나갔다.

덴트 사와 마찬가지로 오거스트허드 사 역시 해운업에 대한 야심이 대단했다. 처음 오거스트허드 사는 사무엘러셀이 상하이에 세운 상하이해운회사(Shanghai Steam Navigation Company)를 본떠 해운회사를 세워 사무엘러셀 사와 본격적인 경쟁에 들어가려 했다. 계획이 틀어져 대형 해운사를 설립할 수는 없었지만 오거스트허드 사는 중국 내륙 해운으로 눈을 돌려 조금씩 자신의 영역을 다져나갔다. 큰돈을 들여 사들인 대형범선 '애러우(arrow)' 호를 창장(長江)에 띄워 한커우까지 뱃길을 열었다. 미국과의 교섭을 통해 홍콩─마카오 해운회사를 설립하고, 1865년 광저우에서 홍콩, 마카오를 잇는 뱃길을 연다. 오거스트허드 사의 대표 알버트 허드(Albert F. Heard)는 이곳 말고도 많은 회사들을 설립하고, HSBC처럼 가능성 있는 기업들에 투자를 마다하지 않았다. 그런 기업가였기에 그가 두 번째로 HSBC 임시위원회 위원장을 맡는 것에 반대하는 사람은 아무도 없었다.

HSBC 설립계획의 중심에 있었던 서덜랜드가 임시위원회의 세 번째 위원장이 된 것은 낭중지추의 실력을 가진 그의 겸손 때문이었을지도 모른다. 이제 서덜랜드의 이름은 영국 해운업의 선두 기업인

페닌슐러앤드오리엔탈 해운회사에서도 유명해졌다.

서덜랜드가 처음 홍콩에 발을 딛은 1852년, 그는 이 회사의 일개 직원에 불과했다. 그러나 이제 HSBC의 발기인이 된 그에게는 오리엔탈해운회사의 홍콩 대표라는 직함이 더 붙게 되었다(20년 후인 1884년에는 이 회사의 CEO가 된다). HSBC가 문을 열기 2년 전에 그는 이미 자댕매서슨, 더글라스 라프라이크 사와 함께 훗날 중국 화남 지역과 홍콩의 조선업을 제패하는 홍콩왐포아선박회사를 세우고 경영을 맡게 된다. 홍콩에서 알 만한 사람들은 다 알고 있는 인물이 된 그였지만 새로운 회사를 세우는 과정에서, 또 그 후로 얼마간 서덜랜드는 말 못할 고생을 해야 했다.

다른 인사들도 모두 대단한 실력자들이었다. 자임센 사(Messrs Siemssen & Co.)는 중국 최초의 독일 기업으로 1846년 광저우에서 시작해 12년 뒤 홍콩에 영업소를 두고 적극적으로 활동했다. 창립자 자임센이 함부르크로 돌아가고 니센(W. Nissen)이 그 뒤를 이었다. 니센은 푸저우, 한커우 등에 사무실을 열고 상하이, 홍콩, 광저우를 잇는 정기선을 띄우는 등 자임센보다 적극적으로 중국 해운무역에 뛰어들었다. 홍콩에서 활동하던 영국 기업도 자임센 사의 지분을 갖고 있었으며, HSBC 역시 자임센의 주주가 되어 독일 함부르크 시장과 밀접한 관계를 유지했다.

또 사순 사(Sassen & Co.)의 대표 사순(Arthur Sassoon)은 유태인 거상 데이비드 사순의 아들이라는 이름이 부끄럽지 않을 정도로 인도 뭄바이에서 사업을 일군 정력적인 사업가였다. 1844년 뭄바이에서 중국으로 들어온 시순 사 때문에 인도에서 중국으로 아편을 운송하는 것이 중단되었다. 아편 무역에 복병이 나타난 것이다. 게다가 자댕이나 덴트 등의 대기업을 단번에 물리치고 최고의 자리에 올랐다. 1860년대 이후로는 홍콩에서 부동산, 창고, 부두, 보험 등 다방면으로 투자하는 한편, 광저우나 상하이, 닝보, 한커우, 옌타이(煙台), 푸저우, 톈진 등지에 분·지점을 설립해 중국 내륙까지도 그 활동 영역을 넓힌다. 당시 시순의 주요 활동무대는 뭄바이를 중심으로 한 인도였지만, 1860년대 중반에 사스양행(E.D. Sassen Co.)을 설립하면서 중국으로의 확장을 공식화하고, HSBC에도 큰 힘이 되어준다.

한편 영국의 보메오 사(Bomeo Co. Ltd.)는 홍콩, 상하이, 싱가포르, 바타비아(지금의 자카르타), 방콕 등지에 사업소를 세우고 HSBC의 대지주가 된다. 이외에도 길맨 사(Messrs Gilman & Co.), 플래처 사(Messrs Fletcher & Co.), 케네디 사(Messrs. Srtlith. Kennedy & Co.) 등은 HSBC 설립에 적극적으로 참여했던 회사들로 당시 홍콩은 물론 광저우나 상하이, 한커우, 푸저우 등지에서도 유명한 회사들이었다.

앞서 살펴본 대기업 외에 HSBC는 상하이에 설립된 외자은행 중 우수한 금융가들을 데려온다. 파리할인은행

1865년 홍콩의 모습

(Comptoir d'Escompte de Paris)의 홍콩 지점 대표였던 크레서(Victor Kresser)를 데려다 홍콩 HSBC 본사의 경영을 맡겼다. 또 상하이 최대 은행이었던 오리엔탈은행(Oriental Banking Corporation)의 맥클

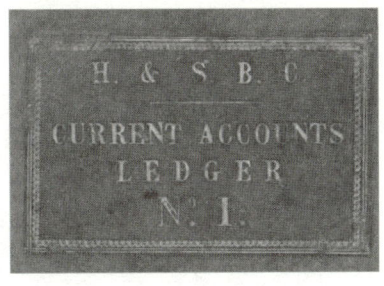

1865년 런던 HSBC에서 처음으로 사용되었던 예금장부 라벨

린(G.F.Maclean)을 스카우트해 상하이 행장 자리에 앉혔고, 힌두스탄은행(Bank of Hindustan, China and Japan, Ltd.)의 회계사였던 그레이거(John Greigor)를 영입한다.

이처럼 HSBC에 투자한 기업과 인사들은 상당 기간 중국에서 다양한 영역에서의 경력이 있었기 때문에 HSBC는 중국을 중심으로 경영할 수 있었다. 또 HSBC가 세계화를 목표로 활동을 전개할 때 역시 이들 기업의 도움으로 중국 무역과 함께 미국이나 유럽 대륙 및 동남아, 인도 등지와 밀접한 관계를 맺고 발전할 수 있었다.

1865년 HSBC는 유럽의 전초기지로 런던에 특별사무소를 설립했고, 미국 샌프란시스코에도 대리기구를 마련해 활동하다 10년 후에는 다양한 방면에서 금융 서비스를 제공하는 지점을 정식으로 설치한다. 1880년 미국의 뉴욕, 1881년 프랑스의 리옹, 1889년에는 독일의 함부르크에도 지점을 열어 최초의 외자은행이 된다.

03 자댕매서슨과의 충돌

　HSBC의 창립 인사 중 특이한 점은 바로 중국 최대의 영국 기업인 자댕매서슨과 미국 기업인 사무엘러셀 사가 빠진 것이다. 이 두 기업은 덴트 사와 함께 당시 홍콩에서 자타가 공인한 대기업이었는데 말이다.

　사실 HSBC 설립 기획 단계에서 그들을 일부러 뺐을 리는 만무하다. 그러나 자댕은 단도직입적으로 거절했고, 사무엘러셀 역시 말투는 달랐어도 투자를 거절했다. 선구자적 인물들을 대부분 영입해 창립을 준비하는 HSBC가 그들 눈에 곱게 보일 리 없기 때문이었다. 결국 HSBC는 최고 선박회사에게 거부당한 셈이었다.

　거대 아편상 자댕이 매서슨(Matheson, James)과 함께 광저우에 자댕매서슨 사를 설립한 것은 HSBC 설립 80여 년 전인 청 말 건륭 47년(1782)이다. 그 후 홍콩이 개항장이 된 뒤 자댕은 광저우에서 홍콩으로 본사를 옮긴다. 외국 상인으로서는 당시 중국에서 규모가 가장 컸기 때문에 외국 기업의 대부라 불렸다.

　덴트 사는 자댕매서슨과는 경쟁이든 협력이든 매우 밀접한 관계를 맺고 있었다. 아마도 둘이 닮은꼴이었기 때문일 것이다. 1830년대 초 두 회사 모두 인도에서 아편을 사들여 중국에 되팔아 큰돈을 벌었다. 어느 날 뭄바이에서 '캘커타 사'가 도산했다는 소식을 전해 들은 자댕매서슨은 그 소식을 덴트 사에는 알리지 않았다. 미리 준비했던 자댕은 큰 손실이 없었지만 소식을 몰랐던 덴트 사로서는 어마어마한 손해를 입었다. 결국 이 일로 덴트 사는 자댕매서슨을 눈엣가시처럼 생각하게 된다. 훗날 1867년 덴트 사는 도산 직전에 처해져 자댕매서슨을 찾아가지만 자댕매서슨은 수수방관해 결국 덴트 사는 도산하고 만다.

사무엘러셀 사와 오거스트허드 사도 중국의 해운을 두고 서로 발톱을 세웠던 경쟁기업이다. 그러니 HSBC 창립에 이미 덴트와 오거스트허드가 '오케이'를 했다면 자댕과 사무엘러셀이 '노'를 대답할 것은 당연한 일이었다.

역사학자들의 말대로 자댕매서슨 사와 덴트 사, 사무엘러셀 사와 오거스트허드 사가 맞수였던 것은 사실이지만 그렇다고 그 이유만으로 HSBC에 투자를 거절한 것은 아닐 것이다. 자댕과 덴트는 1863년 상하이에서 쑤저우를 잇는 철도 건설이나 2년 뒤 광저우에서 포산(佛山)을 잇는 철도 건설에 함께 투자했으니 말이다.

실제로 1860년대 이후 외국기업들이 대부분 중복투자를 통해 자본을 마련하는 일은 상당히 보편적이었다. 항만, 해운, 조선, 보험 등의 분야에서 대부분 외국 기업은 연합을 통해 자본을 모아 경영하는 형식을 택했다. 상하이해운회사는 창립자가 사무엘러셀 사이긴 했지만 구미의 유명기업 15곳의 투자를 받고 있었다. 서덜랜드가 경영을 맡은 홍콩왐포아선박도 경쟁사였던 자댕매서슨, 오리엔탈해운회사, 더글라스 라프라이크 사의 투자를 받았던 것을 보면 많은 부분에서 이런 경영 형태가 이루어지고 있음을 알 수 있다.

기업에게 무슨 사사로운 원한이 있겠는가! 그저 서로 이익을 쫓다 보니, 상대보다 더 많은 돈을 벌려다 보니 그랬던 것일 뿐, 동시에 이익을 얻을 수 있는 일이라면 자댕매서슨과 사무엘러셀 사보다 더한 경쟁을 벌이는 회사들이라도 함께 뛰어들 수 있는 게 사업 아닌가 말이다.

그들이 HSBC에 투자하지 않은 진짜 이유도 역시 이런 맥락에서 풀어갈 수 있다. 1차 아편전쟁이 일어나기 전에 중국에서 환어음 업무는 대부분 자댕매서슨이나 사무엘러셀 사 등의 대기업이 움켜쥐고 있었다. 전쟁이 끝나자 자댕매서슨과 사무엘러셀 사는 거의 동시에 인도를 거점으로 하는 영국 자본 은행을 세우고 활동 범위를 홍콩과 상하이로 확대해가고 있었다. 이처럼 1850년대 환어음 시장은 외국계 대기업 때문에 다른 기업들은 손도 못 대고 있었다. 그 중 거의 유일하게 오리엔탈은행만큼은 중국 본토와 홍콩에서 독자적인 활동을 펼치고 있었다. 그러나 자댕매서슨의 거대 자본 앞에서는 어쩔 수 없었다.

아편전쟁이 발발하기 전에 일찍이 자댕은 아편무역을 통해 모은 엄청난 현금을 초기자본으로 외환, 대출업을 시작했다. 상하이에 진입한 자댕매서슨은 눈 깜짝할 사이에 지역의 외환업무를 독점하고, 기업 간의 송금뿐 아니라 영국 정부와의 송금도 도맡았다. 각국 영사들도 홍콩 식민 정부의 공금까지 자댕매서슨을 이용해 환전했기 때문에 다른 기업들은 명함도 내밀 수 없는 상태였다. 그러나 자댕매서슨은 더 적극적으로 나서 중국 정·재계와 깊은 고리를 짓기 위해 다양한 방법을 모색한다. 먼저 상하이 70여 곳의 전포(錢鋪; 개인이 운영하던 금융기관)와 지방 정부에 자금을 빌려주어 1863년 스스로 '자댕 전포'를 개설하고 중국 상인들에게 돈을 풀면서 상하이에서 그 이름이 꽤나 유명해졌다.

 금융업에 베테랑이 된 자댕매서슨으로서는 일반 대출업보다 이윤이 훨씬 많은 국제 환어음을 놓치고 싶지 않았다. 사무엘러셀 사 역시 이런 이유에서 HSBC에 투자를 거절한 것이다. 당시 영업허가 제4조에 따르면 중국에 설립된 은행이라면 중국 이외의 지역에 지점을 설립하고 인수 경영, 예치업무와 대출업무를 할 수 있었다. 그러니 외국에 본사를 둔 자댕매서슨이나 사무엘러셀 사로서는 HSBC가 홍콩에 들어서면 자신들에게 큰 위협이 된다고 판단한 것이다. HSBC에 비해 영업지역이 제한되고 국제 환어음 업무도 자연스럽게 HSBC에게로 돌아갈 테니 말이다. 자댕매서슨은 외국 무역회사에서 제1의 금융기업으로 거듭나기 위해서는 이제 결정적인 승부수가 필요했다.

 HSBC는 자신의 싹을 잘라버리려는 대기업들과 마찰이 잦아지면서 대립을 피할 수 없게 되었다. HSBC가 영업허가를 신청할 때였다. HSBC가 정식으로 금융기업이 되려면 홍콩 정부의 허가는 물론이고, 영국 정부의 비준도 받아야 했다. HSBC가 제1차 임시위원회를 연 1864년 8월 6일에서 반 년이 넘은 1865년 3월 3일 비로소 홍콩 총독의 허가를 받아 영업을 시작할 수 있었고, 영국 정부의 비준은 그보다 더 오래 걸려 이듬해 여름에나 결과를 받을 수 있었다. 이렇게 시일이 소요된 데는 열악한 교통도 한 몫을 했다. 당시 런던과 홍콩을 오가는 교통수단은 배가 유일했는데, 편도에 50일이나 걸렸다. 자댕매서슨은 투자요청을 거절하고 HSBC의 설립을 저지하기 위해 갖은 방법을 다 동원했다. 그와 함께 외국 금융기업에게 제한된 국제 환어음 업무권을 손에 넣기 위해 노력했다. 그러나 시일만 늦췄을 뿐 완전히 막을 수는 없었다.

  사무엘러셀 사는 HSBC가 영업허가를 얻은 그 해 12월에 투자에 참여했다. 자댕매서슨은 1877년이 돼서야 생각을 바꿔 HSBC의 경영에 합류했다.

04
1866년, 세계를 뒤덮은 금융대공황

HSBC는 금융업의 붐을 타고 홍콩과 상하이에서 의욕적으로 첫발을 내딛었다. 그러나 얼마 안 돼 그 앞을 가로막은 것은 세계를 뒤덮은 금융공황이었다.

HSBC가 설립되기 전 반세기 동안 영국 금융업은 급속히 팽창했다. 외국으로도 그 열기는 뻗어나가 중국에도 수많은 외국계 은행이 우후죽순처럼 나타났다 소리 소문도 없이 사라지는 일이 반복되었다. 영국에서 1860~1865년 동안 은행, 어음할인회사, 금융신탁회사를 포함한 각종 금융기업들이 수적으로나 자본금에서 가파른 상승세를 보였다. 영국 식민지의 은행 역시 급격히 팽창하여 1862년부터 4년 동안 19개의 은행이 줄줄이 나타났고, 그 중 1864년 한 해 동안에만 7개의 은행이 등록한다. 중국에서도 역시 1861년 후이촨(彙川)은행을 시작으로 1864년 리화(利華)은행, 힌두스탄은행, 리성(利升)은행이 홍콩과 상하이에 들어섰다.

이런 현상은 1860년대 인도의 면직공업에 투자가 몰리면서 빚어졌다. 미국의 남북전쟁으로 면화 수출량이 급격히 줄자, 미국 면화를 수입하던 영국의 방직회사들은 인도에서 면화를 사다 쓸 수밖에 없었다. 이는 인도 면화의 가격상승으로 이어졌고, 뭄바이와 콜카타 면화시장은 곧장 영국 자본가들의 투자 대상이 되었다. 면화 가격만 해도 1파운드에 2펜스 하던 것이 금세 7펜스로 올랐고, 여기에 상하이의 상인들도 중국에서 생산된 면화를 사들여 영국에 팔았다. 상하이에서 영국으로 가는 면화 선박만 해도 250척이 넘을 정도였다. 면화에 대한 과열투자는 투기로 바뀌었고, 이는 금융투기로 확산되어 1860년대 중국에 설립된 은행들은 대부분 이를 목적으로 하고 있었다. 따라서 허가받을 때 초기 자본을 몇 백만 파운드로 적어놓긴 했지만 실제 금고는 비어있는 경우가 허다했다. 리화은행은 자본금이 200만 파운드에 달하는 회사였지만, 실제로 다른 회사에 투자한 증권의 프리미엄까지 계산했을 때의 얘기였다. 힌두스탄은행 역시 그와 별반 다르지 않아 실제 보유하고 있는 자본은 200만 파운드의 1/10에도 미치지 못하는 17만 파운드가 고작이었다.

인도의 뭄바이에서 시작된 불은 중국의 여러 개항장으로 쉽게 번졌다. 특히 상하이는 중국 제일의 개항장으로 여타 개항장보다 훨씬 더 발달해 있었다. 상하이와 관련된 모든 경제 분야가 날이 갈수록 발달했다. 태평천국운동이 막을 내릴 때쯤이 되자 쑤저우(蘇州) 일대의 부호들은 은화꾸러미를 들고 하나둘 상하이로 몰려들었고, 이로 인해 자본이 넘쳐나자 부동산투기도 과열양상을 보이기 시작했다. 결국 상하이 금융시장의 1864년은 '하룻밤도 편할 날이 없었다.' 환율이 비정상적으로 폭등했고, 마찬가지로 이율도 높은 수준을 유지하고 있었다. 최하가 12%였고, 보통 18%에서 24%, 어떤 곳은 36%에 달하는 고리의 조건을 제시해도 그마저 없어서 못 줄 지경이었다. 은행의 호황세로 은행 주식 거래량은 엄청나게 늘었고, 주가도 시시각각 최고치를 갱신했다. 새로 세워진 은행들은 두말할 나위도 없었다. 리화은행은 영업을 시작하면서 한 주에 10파운드 하던 증권이 그날 오후에 25파운드로 수직 상승했고, 비쌀 때는 70파운드까지 오르기도 했다. 차터드은행(Chartdred Bank of India, Australia and China) 역시 한 주에 20파운드 하던 것이 최고 46파운드 5실링까지 올라 배도 넘는 수익을 올렸다. 오리엔탈은행의 주가도 70%의 프리미엄이 붙었고, 인도·극동상업은행(Commercial Bank of India & far East)도 40%의 프리미엄이 붙었다.

그러나 미국의 남북전쟁 종전과 함께 잔치는 끝났다. 런던의 면직공업이 맨 먼저 매를 맞았다. 1866년 4월 런던 어음할인회사 반드은행(Barned's Banking Company)의 도산을 시작으로, 다음 달 잉글랜드 금융계의 선두를 달리던 오버엔드거니 사(Overend Gurney and Company)가 뒤를 이어 문을 닫았다. 영국 금융시장은 도미노처럼 무서운 속도로 무너졌다. 1866년 한 해 17곳의 은행이 사라졌다. 런던 금융 공황의 도미노는 동양까지 이어진다. 뭄바이은행을 포함해 12곳의 크고 작은 은행들이 1년이란 짧은 기간 안에 1,200만 파운드를 날렸다. 1866년 홍콩과 상하이에도 개방 후 처음으로 금융대공황으로 후이촨은행, 리화은행, 리성은행, 힌두스탄은행 등 4곳의 외자은행이 도산했다. 상하이로 영업을 확장했던 인도·극동상업은행 역시 폭풍에 몸을 가누지 못하고 그대로 쓰러져버렸다. 아그라은행 역시 부채의 무게를 이기지 못하고 그 해 7월 상하이 지점을 폐쇄한다. 은행 주식 역시 기존의 거품이 그대로 빠지고 초기 주가를 회복할 수 없을 정도로 하락했다. 주가가 가장 많이 올랐던 차터드상업은행도 70파운드에서 절반이 넘게 떨어져 휘청거렸다.

1866년 금융공황이 휩쓸고 간 홍콩과 상하이에는 외자은행이 다섯 곳밖에 남지 않았다. 영국 자본은행인 오리엔탈은행과 차터드상업은행, 차터드은행, 1860년 창립된 파리할인은행(Comptoir d'Escompte de Paris), 그리고 HSBC가 거기에 끼어있었다.

HSBC의 창립을 도왔던 기업들이 여전히 굳건히 자리를 지키고 있었을 뿐더러, 홍콩 정부가 뒤를 받쳐주었기 때문이었다. 무리한 투자를 하지 않았던 HSBC는 재정적으로도 큰 문제가 없었다. 그렇지만 HSBC가 세계적 그룹이 되는 노정에는 수많은 시련과 고통이 기다리고 있었다. 파도를 하나 넘고 나니 다음 파도가 기다리고 있었다. 다음해(1867) HSBC의 대주주였던 덴트 사가 무너진 것이다. 이는 HSBC뿐 아니라 홍콩과 상하이 재계의 지각변동을 가져왔다.

05
덴트 사의 도산

무기력한 상태가 장기화 되면서 2차 아편전쟁의 종결(1860)과 태평천국운동의 실패(1864) 후 사회질서는 점차 회복되었다. 대외선박의 창장(長江) 운행을 허용함으로써 중국 내륙시장은 점차 외국 상인에게 개방되었다. 게다가 교통과 통신망의 발달도 서구기업의 중국 진출을 가속화시켰다.

HSBC의 창립 멤버였던 덴트 사는 다른 대기업들과 마찬가지로 시대의 변화에 발맞추어 기업구조와 방향을 바꾸기 시작했다. 해운, 보험, 항만통상시설 및 은행업에 주력하고 물류에도 큰 관심을 두기 시작했다. 아편무역의 절대적 우위를 점하고 있던 자댕매서슨이 혜성처럼 나타나 아편시장을 뒤흔든 사순 사(Messrs D. sassoon Sons & Co.)에 의해 점차 힘을 잃자, 덴트 사는 이를 타산지석 삼아 내륙 해운으로 눈을 돌린다. 먼저 큰돈을 들여 대형화물선 '페시하이마이(飛似海馬) 호'와 '키라두(氣拉度) 호'를 사들여 창장에서 운행을 시작한다. 사무엘러셀 사 역시 상하이에 사무엘러셀 범선회사를 차리고 개방된 창장에서의 해운업에 뛰어든다.

하지만 상하이에 사무엘러셀 범선회사가 세워질 때쯤 덴트 사는 이미 창장 해운업에서 우위를 점하고 있었다. 1864년부터 이 두 회

◈➜◈ 부두에 정박해 있는 페시하이마이 호

사 간에 운임료 전쟁이 붙는다. 사실 자댕매서슨도 '루오나(羅納) 호'와 '메이란지어(梅蘭吉爾) 호'를 운행함으로써 내륙해운 분야에서 경쟁하고 있긴 했지만, 사무엘러셀 범선회사는 오히려 덴트 사가 세력을 결집하는 동태를 예의주시했다.

그러나 사무엘러셀 사가 마음을 놓을 일이 발생했다. 덴트 사는 꿈은 크지만 그를 실현시킬 능력이 부족했다. 1865년 덴트 사는 기존의 내륙무역 실적이 빠르게 줄어드는 것을 발견하고 내륙해운에 목을 맨 것이다. 그러나 미리 도망갈 구멍을 마련해놓긴 했지만 사무엘러셀 사와의 경쟁을 피할 수는 없었다. 결국 덴트 사는 다른 해운 회사들과 합병하는 방법을 통해 경영을 변화시킨다. 1865년 11월부터 몇 개월에 걸쳐 덴트 사는 오거스트허드 사에 공동 경영을 제의한다. 당시 오거스트허드 사는 창장에서 가장 훌륭한 '강룽(江龍)

호'를 통해 큰 수익을 내고 있었기 때문이다. 오거스트허드 사는 이에 합의했고, 덴트 사는 페시하이마이 호와 키라두 호, 그리고 강룡 호가 있으니 이제 한 척 정도만 있으면 아무도 경쟁상대가 되지 못할 것이라 생각했다. 그러면 받은 운임료로 다른 부족한 부분에도 벌충할 수 있을 것이고, 각계에서 투자를 받으면 창장에서의 해운업을 하나로 병합할 수 있으리란 꿈에 부풀어 있었다. 그러나 덴트 사의 이런 꿈은 이루어지지 않았다. 중국과의 무역이 침체되어 있었고, 덴트 사도 다른 자금을 끌어다 투자할 여유가 없었기 때문이다. 엎친 데 덮친 격으로 오거스트허드 사 역시 중국 투자로 인해 본사 재정이 매우 어려워졌다.

 덴트 사와 오거스트허드 사는 해운업을 통해 많은 이윤을 얻고자 했지만 오히려 자금압박만 더 심해질 뿐이었다. 게다가 뭄바이나 상하이 등지의 부동산 버블이 붕괴되면서 손실은 막대했다. 이뿐만이 아니었다. 처음에는 영국인에게 기업을 알릴 겸 경마 팀을 구성했던 것이 도박으로 전락해버린 것이다. 존 덴트 회장은 원래도 사치스러웠던 데다 경쟁심이 지나쳤던 탓에 자댕매서슨에 빼앗긴 '홍콩배(香港盃)'를 되찾을 목적으로 1만HK$나 되는 돈을 들여 말을 사들였다. 거기다 자댕매서슨의 데이비드 자댕과 정부(情婦)로 인해 사이가 틀어지면서 두 기업의 관계는 악화일로를 걷게 되었다.

 1866년 일어난 금융대공황으로 런던의 오버엔드거니 은행이 파산하면서 이 도미노의 끝에 서 있던 덴트 사 역시 절벽 끝까지 떨어진다. 오거스트허드 사도 덴트 사를 대신해 자댕매서슨에게 구원요청을 하지만 자댕매서슨은 도움의 손길을 내밀지 않았다. 오랜 역사를 자랑하던 덴트 사는 1867년 결국 파산을 고시한다. 오거스트허드 사 역시 버티지 못하고 결국 8년 뒤인 1875년에 문을 닫았다. 그 결과 자댕매서슨은 더 강력한 외국 상사로 자리 잡게 되었다.

아직 실력발휘도 못해본 HSBC에게 덴트 사의 파산은 그리 큰 영향을 미치지는 않았다. HSBC에게 시급한 일이라면 덴트 사의 파산으로 외국 상사의 1위 자리를 차지한 자댕매서슨과 좋은 관계를 만드는 것이었다.

06
유명 은행과의 경쟁

뭄바이의 금융공황과 영국의 오버엔드거니 사가 위기를 맞았지만 오히려 HSBC는 금융 버블의 폐허 속에서 봉황처럼 날개를 펼쳤다. 금융공황의 탄환을 피해 무사히 위기를 넘긴 HSBC는 즉시 공격적인 경영에 돌입해 업계에서 자신의 위치를 각인시키려 노력했다.

다른 은행들은 금융 핵폭탄의 상처를 치료하느라 금융시장, 특히 외환 업무에서는 매우 조심스러운 경영을 펼쳤다. 중국에 설립된 외자은행들은 원활한 자금 회전을 위해 환어음의 기한을 단축하는 방법을 꺼냈다. 중국 내 수위를 차지하던 오리엔탈은행은 1866년 치터드은행, 차터드상업은행, 파리할인은행에 이를 제의했고, 이들 은행은 환어음의 기한을 기존의 6개월에서 4개월로 단축하는데 의견을 같이 했다. 다음해부터 중국의 외국계 은행에서는 4개월을 초과하는 환어음을 매매하지 않았다. 은행 내적 원인 외에도 선박의 기능이 향상되어 해상운송 시간을 단축시켰기 때문에 6개월짜리 환어음을 사용하면 무역을 하고 남은 시간 동안 대출한 돈으로 다른 상업 활동을 할 여지가 있었다. 그러니 은행으로서는 반드시 어음상환 기한을 줄여서 대출해준 기업들에게서 자금을 빨리 회수하고 은행의 위험부담도 줄여야 했다. 그래서 자본이 비교적 확실한 회사만이 비로소 이런 교역을 할 수 있었고, 은행과 그들 간의 교섭은 손실을 떠안을 위험부담 역시 작지 않았다.

그러나 이 방법은 HSBC에 의해 실효를 거두지 못했다. 다른 은행들이 4개월 기한의 환어음을 사들였을 때, HSBC는 오히려 6개월짜리 환어음을 대량으로 사들였다. HSBC는 다른 은행들이 4개월짜리 환어음을 발행할 때, 급히 팔아야 하는 상인들에게 6개월짜리 어음을 저가로 사들였다. 또 HSBC에서 발행한 4개월짜리 어음을 턱없이 높은 가격으로 경쟁사였던 오리엔탈은행 등에 팔았다. 저가에 사들여 고가에 파니 이윤은 날이 갈수록 늘게 되었다. 반 년 안에 HSBC가 환어음으로 남긴 이윤은 기존의 920만 냥에서 1,300만 냥으로 급격히 불었다. 1년이 안 돼 다른 은행들은 HSBC의 작전에 말려들어 기존처럼 다시 6개월짜리 환어음을 사용할 수밖에 없었다. '어음전쟁'은 HSBC의 승리로 끝났고, 환어음을 비롯한 예금, 대출, 화폐 발행 등과 같은 분야에서도 HSBC의 공격적인 경영은 먹혀 들어갔고, 중국 내에서의 지위가 점점 높아졌다.

HSBC는 어음 지불·할인·인수를 포함한 국내 환어음 분야에서 처음 10년 동안은 빠른 성장세를 보였다. 1865년 설립 당시 1442.9만 위안(元)이었던 자본금은 매년 상승해 1872년에는 7450.7만 위안에 달했다. 1874년에는 10년 동안 계속되는 불경기로 중국 전체의 대외무역에 있어 침체현상이 나타났다. HSBC 역시 예외일 수는 없어서 환어음 교역액이 4941.6만 위안으로 반 이상이 줄었다. 중국 경제가 불경기에서 벗어나면서 대외무역은 회복되었고, HSBC의 환어음 업무도 활발해진다.

1860년 이전까지 홍콩을 비롯한 중국 대륙에는 수많은 외자은행이 나타났다 사라지기를 반복했다. 이들 은행은 단기간에 많은 돈을 벌어들일 수 있는 국제 환어음 업무에만 치중한 나머지 은행 본연의 목적인 예금업무는 등한시했고, 그 결과 탄탄한 자본을 마련할 수 없어 조그만 경제현상에도 쉽게 무너지곤 했다.

이 문제점을 정확히 파악한 HSBC는 기존 외자은행의 풍토를 혁신하고, 중국 국민들이 이곳에 예금할 수 있는 마케팅을 적극적으로 펼쳤다. 많은 액수의 예금을 유치할 수 있다면 좋겠지만 적은 액수라도 무시하지 않았다. 금액이 얼마이든, 예금주가 누구건 상관하지 않고 예금을 끌어들였다. HSBC의 예금 총액은 점차 증가해, 다음 페이지의 표를 보면 알 수 있듯이 여전히 불경기에 빠져있던 1874년 HSBC 자산 총액은 현저히 하강했지만, 은행 예금액은 여전히 상승하고 있음을 알 수 있다.

홍콩에서 화폐발행은 외자은행만이 가질 수 있는 특권이었다. 그렇지만 오리엔탈은행처럼 대형은행이 아닐 때는 그것도 말뿐인 특권이었다. 일찍이 1848년부터 소량이긴 하지만 오리엔탈은행이 화폐를 발행하고 있었지만, 1860년대 들어서면서 다른 외자은행도 화폐발행에 뛰어들기 시작했다. 홍콩에서 오랫동안 영업해오던 차터드은행은 1862년 1월 지폐발행권을 얻었고, HSBC 역시 설립과 함께 화폐발행권을 얻기 위해 여러 방면으로 애쓴다. 1867년 상하이

1865~1874년간 HSBC의 예금 및 총자산 현황

연도	예금액(천 위안)	총자산액(천 위안)	예금의 총자산 비율(%)
1865	3385	13397	25
1866	4133	15326	27
1867	5062	20959	24
1868	5954	21450	28
1869	6052	28069	22
1870	9399	38053	25
1871	11063	40504	27
1872	13703	53673	26
1873	16962	54074	31
1874	17555	42909	41

HSBC에서는 액면가 1은화짜리 소액지폐를 발행하게 되었고, 이에 자극을 받은 홍콩 본사에서는 홍콩 정부가 경영하던 조폐공사를 대신 운영할 계획을 세운다. 홍콩 본사는 화폐발행권의 영역을 동전까지 확대하려다가 세부조건 합의의 실패로 실제로 화폐를 발행하지는 못했다. 1870년대 들어서면서 홍콩 정부의 특혜로 HSBC는 화폐발행권을 확대할 수 있었다. 기존의 조례에 따르면 해외 식민지 은행들은 액면가 1파운드 이상의 고액지폐만을 발행할 수 있었다. 이는 소액지폐를 가진 하층민들을 보호하기 위한 것으로, 소액지폐 발행권은 홍콩 정부가 갖고 있었다. 그러나 홍콩에서 은화유출이 심화되어 통용화폐가 부족해지자 1872년 홍콩 식민 정부는 급한 대로 HSBC에게 액면가 1위안짜리 소액지폐를 발행할 것을 허가했다.

HSBC에서 발행한 소액지폐는 빠르게 시장에 풀렸다. 단적인 예로 이듬해 마카오에서 광저우로 가는 배에 탄 여객들 대부분이 뱃삯으로 HSBC에서 발행한 1위안짜리 지폐를 냈다고 한다. 또 1874년 3월 상하이의 한 영자신문에는 그 해 2월 화폐유통현황을 다룬 기사가 실렸는데, 4대 화폐 발행 은행으로 오리엔탈은행, 차터드은행, 차터드상업은행, HSBC를 꼽았고, 이곳에서 발행한 화폐 총액만도 350만 위안이 넘는다고 했다. 주목할 부분은 그 중 HSBC에서 발행한 화폐 금액이 전체의 반 이상을 차지하고 있다는 것이었다. 이는 1840년대부터 화폐를 발행해왔던 오리엔탈은행의 발행 총액보다도 4배가 넘는 액수라고 보도했다.

중국 내 예금을 끌어들이고 화폐를 발행하면서 HSBC의 금고에는 거액의 유동자금이 모였다. 이 자금은 회사운영이나 어음할인에도 쓰였고, 대부분은 청 조정에 제공하는 차관으로 쓰였다. 사실 외자 은행 중 처음으로 청 조정에 차관을 제공한 곳은 HSBC가 아닌 아그라은행이었다. 1862년에 두 차례에 걸쳐 청 정부의 고위관료인 오후(吳煦)에게 차관을 제공한 바 있지만 액수나 종류에 있어 그리 대단한 것은 아니었다. 총액 50만 냥 정도에 차관기간도 모두 1년을 넘지 않는 단기, 일회성 차관이었다. 이후 1874년 HSBC는 푸젠(福建) 해안방비를 위해 침보정(沈葆楨)에게 차관을 제공했다. 연이율 8%에, 10년 만기의 200만 냥짜리 차관이었다. 기존의 차관과는 달리 회계 단위를 영국 파운드로 정하고 이자 지급이나 상환 때는 파운드 환율에 따라 은화로 환산하기로 했다. HSBC로서는 아쉬울 게 없는 조건이었다. 매달 꼬박꼬박 앉아서 이자를 받을 수 있고, 당시 계속해서 떨어지는 은화 환율로 인해 조성되는 손실은 청 조정이 메워주니 말이다. 이처럼 HSBC는 환어음이나 예금, 차관 분야에서 강한 경쟁력으로 금융 네트워크의 틀을 갖추었다.

1865~1874년간 HSBC의 분·지점 현황

연도	분점	사무소	비고
1865	홍콩		
1865	상하이		
1865		영국 런던	특별사무소
1865		미국 캘리포니아	대리기구
1866		일본 요코하마	같은 해 분점으로 변경
1866		푸저우	1868년 분점으로 변경
1866		한커우	1868년 분점으로 변경
1866		닝보	
1869	인도 콜카타		
1869	인도 뭄바이		
1870	베트남 호치민		
1872		일본 오사카	
1873		아모이	

07
HSBC의 모토, 세계화와 현지화

　　　　　　　　　　HSBC가 단기간에 실력을 갖출 수 있었던 원인은 뭘까? 다른 은행들은 하나둘 도산하는데 유독 HSBC만이 살아남을 수 있었던 이유는 어디에 있을까? 또 무엇이 HSBC만의 금융 네트워크를 구성할 수 있도록 했을까?

　답은 '세계화'와 '현지화'를 긴밀히 연결한 데 있다. 당시 청 조정이 외자은행에 특혜를 주었던 것은 사실이지만, 홍콩에 본부를 설립하고, 상하이를 중심으로 중국 경제를 경영한 HSBC만의 '현지화 전략'이 있었기 때문이다. 또 HSBC 창립 멤버들이 다양한 지역에서 활동했던 덕에 세계를 향해 빠르게 뻗어나갈 수 있었다. 이런 경영 전략은 HSBC의 창립조약 규정을 보면 쉽게 이해할 수 있다.

　"홍콩과 상하이 두 지역의 주식배분을 동일하게 하며, 약간의 지분을 보류해두었다가 중국과 일본의 기타 개항장 및 기타 지역에 거주하면서 중국 무역과 직접적으로 이해관계가 있는 상인에게 이를 배분한다."

　본사를 홍콩에 둔 HSBC는 당시 홍콩과 상하이의 주요 기업들과 교역관계를 잘 유지하고 있었을 뿐 아니라 홍콩 식민 정부와도 '남

다른' 관계를 맺어 여러 방면에서 보호를 받았다. HSBC가 설립허가를 받을 때도 홍콩 식민지 총독이 큰 힘을 써주었고, 화폐발행권 확대를 위해서도 여러 모로 도움을 주었다.

하지만 주는 것 없이 마냥 받을 수 있겠는가? HSBC가 창립조약에 "홍콩의 통화개혁과 홍콩 정부의 공공부문 지출에 있어 협조한다"는 것을 규정하고 있었기 때문에 홍콩 정부도 HSBC의 도움을 받고 있었던 것은 사실이다. 게다가 HSBC는 다른 외자은행들처럼 '외환 업무에만 중점을 두지 않고, 무역에 필요한 분야의 사무 모두를 아우를 것'이라고 밝혀, 홍콩과 중국 대륙의 개항장, 그리고 일본의 개항장까지 활동 영역으로 삼겠다는 의지를 밝힌 셈이다. 이후 HSBC의 분·지점이 설립된 지역을 보면 모두 중국의 여러 개항장을 비롯해 중국 무역과 밀접하게 관련된 곳을 포함하고 있다.

HSBC가 본사를 홍콩에 둔 것은 자금의 유용에 있어 여타 은행보다 엄청난 이점이 있었다. 사업담보대출과 사업어음대출은 1870년대 이전에 은행이 자금을 마련할 수 있는 가장 큰 통로였다. 그러나 본부가 영국 혹은 인도에 있는 은행으로서는 이 부분에서의 영업이익을 기대할 수 없었다. 당시 통신·교통 설비가 많이 좋아졌다고는 하지만 시시각각 변하는 상업원조 시장에서 즉각적으로 대응하기에는 여전히 부족했다. 좋은 기회가 와도 본부의 지시를 기다리다 눈 뜨고 놓치는 수가 허다했기 때문에, 어렵사리 은행자금을 모아놓고도 이를 효과적으로 운용할 수 없었던 것이다.

당시 오리엔탈은행의 한 대주주는 "우리 금고에는 엄청난 유용자금이 쌓여 있어도 제대로 사용할 수 없어 실제로는 아무것도 생산할 수 없는 잠자는 돈이 되었습니다"라며 이런 시스템을 원망했다. HSBC는 이와 달랐다. 본사와 분·지점은 거리상으로도 그리 멀지 않았고, 이름만 분·지점이지 본사와 그 비중이 거의 같았다. 게다가 본사와 분·지점의 경영자들은 동시에 중국 시장의 변화를 주시하고 있었기 때문에 시장변화에 따라 즉각적인 방침을 제의·시행할 수 있었던 것이다. 자금이 금고 속에서 잠자고 있을 새가 없었다. 고기가 잘 다니는 물길을 찾아내 낚싯대를 드리우고 있다가 기회가 오면 잽싸게 낚아채는 것이다. '현지화'와 '세계화', 이것이 바로 HSBC가 상대와의 전쟁에서 승리할 수 있었던 비결이다.

08
경제 불황의 늪

HSBC에게 늘 따뜻한 햇볕만 비추었던 것은 아니다. 그 사이 두 명의 회장이 사퇴를 하는 등 구조적으로 변동이 있었다. 홍콩 HSBC 본사 최초 CEO인 빅터 크레서(Victor Kresser)는 프랑스 정부와 밀접한 관계를 맺고 있던 스위스인으로 중국 땅을 밟은 지 얼마 안돼서부터 대담한 경영으로 주목을 받았다. 영국인이 아님에도 크레서는 1864년 HSBC 임시위원회에서 70%의 지지를 받고 CEO로 선출되었다.

그리고 몇 년 후에는 새로운 CEO를 영입하는데, 그가 바로 HSBC 역사상 가장 뛰어난 인물로 불리는 토마스 잭슨(Thomas Jackson)이다.

"그는 명석하며 활력이 넘친다. 그보다 더 열정적으로 일하는 사람을 찾는 것은 거의 불가능한 일이다."

1864년 영국 금융대공황으로 오버엔드거니 은행이 도산했다. 그 여파로 HSBC의 대주주였던 덴트 사가 도산했고, 다른 은행들도 모두 휘청거렸다. 그러나 HSBC는 4년 연속 흑자를 기록하는 기염을 토했다. 다른 은행의 주가가 큰 폭으로 떨어질 때도 HSBC 주가는 유지, 또는 오히려 상승해 주위로부터 주목을 받았다.

그러나 1869년에서 다음해로 넘어갈 무렵 유럽 대륙에서 프로이센-프랑스 전쟁(보불전쟁)이 발발한다. 중국의 비단과 차(茶)의 수출에 제동이 걸렸고, 중국 내에서도 홍수와 가뭄으로 서양 물품의 수요가 줄어들어 전반적인 중국 대외무역이 일시에 정체기를 맞는다. 대외무역에 손을 대고 있던 은행들 역시 흔들렸고, HSBC도 예외일 수는 없었다. 크레서는 분명 훌륭한 CEO였다. 그러나 스코틀랜드인의 엄격한 잣대로 보면 그는 규율보다는 모험을 좋아했으며, 투자에 있어서도 그의 성격은 그대로 드러났다. 이것이 문제의 시작이었다.

HSBC는 무역 방면의 금융업무뿐 아니라 공업, 교통, 정부공채 등의 여러 방면에 투자한다. 창설된 지 얼마 되지 않은 HSBC는 대외기업에 투자하는데, 홍콩 항만회사를 비롯해 홍콩의 제당공장, 홍콩에서 시암(Siam; 태국의 옛 이름)으로 자리를 옮긴 제당회사가 그 대상이었다. 그러나 이 회사들 모두가 부실경영을 하는 바람에 HSBC는 대출금을 회수하기 어려웠다. 결국 이 일로 크레서는 HSBC 경영에서 손을 떼야 했다.

당시 중국 정세에 익숙한 상하이 HSBC 행장 맥클린이 홍콩 본사의 CEO에 거명된다. 그러나 그는 사업에 야망이 없었기 때문에 더 위를 핑계로 자리를 고사한다.

1870년 12월 31일 HSBC 이사회는 제임스 그레이그(James Greig)를 선출한다. 33세의 청년 그레이그는 HSBC 역사상 최연소 행장이 되었다. 다음해부터 HSBC는 연속 흑자를 기록하고, 1872년에는 자본금 500만HK$를 모두 납부할 수 있었다.

수에즈 운하가 개통되어 유럽과의 뱃길이 단축되었고, 전보를 사용하면서 무역 방식이 급변했다. 중국의 대외수출 주요 품목이던 홍차와 실크의 수출량이 급격히 줄고, 판매가도 크게 떨어진다. 1873년은 중국 대외무역 사상 가장 참담한 한 해였다. 그 영향으로 HSBC도 침체에 빠진다. 그간 80%까지 올랐던 프리미엄도 30% 이하로 빠졌고, 연말에도 주식배당금은커녕 준비금 100만 위안도 야금야금 빠져나갔다. 그 동안 HSBC가 벌인 의욕적인 투자는 문제에 봉착하게 된다.

"연초에 일본 은화 환율이 낮아지자 HSBC는 5, 6개월 후에 내놓을 생각으로 거액의 은화를 사들였다. 그러나 일본 정부에서 지폐를 발행했고, HSBC는 큰 손실을 보았다. 지폐가 유통되는 기간만이라도 환율이 높아지기를 바랐지만 상황은 좋아지지 않았다. 더 심각한 사건은 런던에서 일어났다. 런던 지점의 바셰(W.H. Vacher) 행장은 본사의 허가도 없이 스페인 공채와 남미 철도에 투자해 큰 손해를 보았고, HSBC의 상황을 더욱 심각하게 만들었다."

그 해 여름 열린 주주회의 보고서 내용이다. 엎친 데 덮친 격이었다. 제당공장이라는 밑 빠진 독에 붓는 자금만도 어마어마했고, 부두회사가 도산하여 HSBC의 영업 손실은 더 심각했다. 불행 중 다행으로 푸젠(福建) 성 해안방비시설 차관으로부터 들어오는 이자만이 유일한 수입이었다. 이것도 없었으면 'HSBC는 1년 내내 한 푼의 이윤도 남기지 못할 뻔 했다.'

해가 바뀌어도 상황은 바뀌지 않았다. 아니 더 심각해졌다. HSBC의 대주주였던 오거스트허드 사가 파산을 선고했다. 당시 경영을 맡고 있던 그레이그는 매일 같이 원망을 들어야만 했다. 1875년 겨울의 이사회 기록을 보자.

"이사회에서는 그레이그의 경영실적을 분석했다. 주주들은 그레이그가 사퇴해야 한다고 강하게 주장했고, 그레이그 스스로도 이런 상황을 잘 알고 있었다. … 1870년에서 1875년간 홍콩 HSBC 본사의 수익 총액은 88.92만HK$였고, 손실은 168.55만HK$에 달했다. 이 기간 동안 홍콩 본사는 76.63만HK$라는 적자폭을 기록했다.

결국 다음해인 1876년 그레이그는 사퇴압력을 이기지 못하고 자리에서 물러난다.

창립 후 10년 동안 HSBC는 성공의 달콤한 웃음과 실패의 쓰디쓴 눈물을 교대로 맛봐야 했다. HSBC는 새로운 경영자를 데려오는데, 그가 바로 36세의 잭슨이었다. 1876년 잭슨은 임시로 그레이그의 공석을 메우다가 1877년 정식으로 CEO의 자리에 앉는다.

HSBC의 선택은 옳았다. 잭슨은 HSBC의 CEO로 있던 20년 동안 쉴 새 없이 발로 뛰었고, 그의 노력으로 HSBC는 철옹성 같은 금융제국이 되었다.

제 2 장
잭슨의 시대

열강들은 끊임없이 중국 내륙을 두드렸고,
대외적으로는 수에즈 운하가 개통되고 유럽 - 아시아간 통신이 발달하면서
극동에서의 무역과 금융시장에는 거대한 변화가 발생한다.

중국의 옛 사람들에게
HSBC가 설립된 후의 이야기만큼 재미있는 것도 없을 것이다.
HSBC는 극동의 두 지역, 홍콩과 상하이를 장식하는 보배였다.
중국에서는 굳이 모모 은행이라고 하지 않는 한
'은행'이라고 하면 다들 'HSBC'를 생각한다.

『노스차이나 헤럴드 North China Herald』, 1890. 8. 15.

HSBC

1876년부터 1902년까지 장장 26년에 달하는 기간 동안 HSBC는 CEO 잭슨에게 운명을 맡긴다. 중간에 잠깐씩 자리를 비우긴 했지만 잭슨이 아니었다면 HSBC는 중국 외자은행의 최고자리에 앉을 수 없었을 것이다. 중국의 숨이 다해갈 때쯤 세계 열강들은 갖은 만행으로 중국의 이권을 수탈해갔다. 그러나 청 왕조에 어느 정도 단것을 제공함으로써 그들의 횡포를 덮으려 했다. HSBC는 그들과 청 조정 사이를 연결해줌으로써 중국 금융계에서 '가장 영향력 있는 은행'이 되었다. 외자은행에 주어지는 특권 중 어느 하나도 빠뜨리지 않고 모두 챙길 수 있었다. 이 모든 것이 당시 CEO 잭슨의 공일 것이다.

01
지휘봉을 잡은 잭슨

1841년 영국의 아마(Armagh) 주에서 태어난 잭슨(Thomas Jackson)은 19세의 어린 나이에 아일랜드은행에 입사하면서 금융계로 뛰어들었다. 1864년 그는 아그라은행의 홍콩 분점과 3년 동안 계약하고, 이 은행을 홍콩으로 진출시켰다. 이로 인해 잭슨은 중국과 길고 긴 인연을 시작한다.

1866년 8월 초 잭슨은 HSBC에 몸을 던진다. 불같은 성격에 교우관계가 넓었던 잭슨은 몇 개월 후 상하이 분점의 회계사로 발탁된다. 1868년에는 상하이 분점의 행장이었던 맥클린(G.F. Maclean)의 전폭적인 지지로 당시 상하이 분점이 관리하던 한커우 사무소를 경영한다. 얼마 후 일본 요코하마로 파견되어 행장까지 맡게 된다.

잭슨이 요코하마에 파견될 무렵, 일본은 메이지유신에 앞서 신·구정권이 교체하는 혼란한 시기였다. 이때 일본은 화폐개혁을 단행하고, 현대적 은행을 설립하는 등 금융개혁을 실시한다. 바로 2년 전까지만 해도 일본에는 오리엔탈은행, 차터드상업은행, 센다키(申打剌)은행, 인도상업은행에 HSBC까지 더해 총 다섯 곳의 외국계 은행이 있었지만, 1866년 금융공황의 폭격으로 센다키은행과 인도상업은행은 영업을 중단했고, 차터드상업은행 역시 재무상황이 악화되

나가사키 항에 문을 연 HSBC. 이곳은 1929년 영업을 중지했다

어 있었다. 본사가 탄탄했던 오리엔탈은행도 분점의 준비금을 다 쓰면서까지 이윤을 내지 못하고 있었다. 이런 소요 속에서도 HSBC는 차분히 자리를 지키며 일본에서의 입지를 다져나갔다.

일본의 사회개혁은 혈기왕성한 잭슨에게 자신의 능력을 다질 수 있는 기회였고, 1872년 본사는 맥클린의 후임으로 잭슨을 상하이 분점의 행장으로 파견하겠다는 계획을 알린다. 상하이 분점의 경영권은 홍콩 본사의 CEO를 준비하는 자리로 잭슨에게는 HSBC의 제2인자가 될 수 있는 절호의 기회였다. 그러나 잭슨은 HSBC 전체의 이익을 생각해서 제의를 정중히 고사하고 일본에 남는다. 그리고 그는 1872년 초 HSBC 오사카(大阪) 사무실을 열어 홍콩 조폐공사에서 사들인 기기를 들여와 새로운 조폐소를 열고, 이를 일본인에게 되팔아 거액의 이윤을 남긴다.

앞서 본 대로 홍콩 조폐공사는 1866년 5월 정식으로 문을 열었지만 홍콩 정부의 부실경영으로 2년 뒤 HSBC에 관리를 맡긴다. 그러나 이미 처음부터 불합리한 조건이었기에 조폐소는 곧 문을 닫아야 했다. 그 후 자댕매서슨이 6만HK$에 조폐공장의 기계와 공장 부지를 사들였고, 조폐기기를 일본으로 옮겨왔다. 일본의 새로운 조폐소는 1871년 정식으로 가동된다. 이후 HSBC와 일본 재무부 사이에 긴밀한 관계가 설정되고, 이로 인해 HSBC는 일본에서 큰 이익을 얻는다.

 몇 번에 걸친 설득 끝에 1874년 잭슨은 홍콩 HSBC 부행장으로 취임한다. 잭슨은 탁월한 재무관리 능력을 인정받아 1876년 그레이그가 사퇴한 뒤 얼마간 대신 경영권을 맡다가 이듬해 그레이그의 뒤를 이어 HSBC의 CEO가 된다. 그의 나이 겨우 36세였다.

02 극동 금융시장의 거대한 변화

잭슨이 그레이그를 대신해 HSBC를 경영하고 있던 1876년 팽팽하던 중·영 양국의 세력은 조금씩 영국으로 기울기 시작한다. 그 해 중국과 영국이 맺은 '옌타이 조약(煙台條約)'으로 영국이 획득한 특권만 봐도 이러한 정세변화를 엿볼 수 있다. 조약에 따르면 통상항을 쉬안창(宣昌), 우후(蕪湖), 원저우(溫州), 베이하이(北海)로 늘리고, 창장 연안의 여러 포구를 해외 선박이 드나들 수 있도록 허가한다는 내용이 들어있다. 해외 선박이 출입하면 많은 상인들이 오갈 수 있으니 이는 실제로 중국 대륙의 개방을 요구한 것이다. 한술 더 떠서 영국은 물건의 수입과 운송에 비관세 혜택을 요구한다. 쓰촨(四川) 성에서의 교민 사무를 처리한다는 목적으로 충칭(重慶)에 주중 영사관을 파견하겠다는 의견을 밝힌다. 이처럼 열강들은 끊임없이 중국 내륙을 두드렸고, 대외적으로는 수에즈 운하가 개통되고 유럽―아시아간 통신이 발달하면서 극동에서의 무역과 금융시장에는 거대한 변화가 발생한다.

수에즈 운하가 개통되면서 유럽과 중국을 잇는 노정이 반 이상이 단축되었다. 120일이나 걸리던 옛 노선 대신 운하를 통과해 빠르면 6주 만에 중국에 닿을 수 있었다. 게다가 상하이―런던간 통신이 개통되고, 기존의 자체 생산방식은 주문을 통한 상품 조달로 바뀐다. 영국에서 전체적인 무역 상황들을 총괄해 전보를 치면 6주 후에는 어떤 물건이 필요하다는 것을 알고 이를 공급할 수 있었다. 상품의 하적과 함께 대금은 곧바로 판매자에게 쥐어지면서 자금회전도 빨라진다. 즉 무역 방식의 변화는 관련 방면의 금융도 변화시켰다. 원래 6개월 기한의 단기어음도, 6주면 물건대금을 받을 수 있기 때문에 어음의 상환기간을 대부분 4개월로 줄인 것을 사용하게 되었다. 원래 단기어음의 기한을 단축하는 것에 반대했던 HSBC일지라도 이런 무역조건의 변화 앞에 기존의 입장을 고수할 수는 없었다.

이와 동시에 어음 상환방식 역시 큰 변화가 발생한다. 1860년 이전에는 구매자가 판매자에게 직접 어음을 발행했다(판매자가 어음을 발행하여 구매자로 하여금 어음대금을 지불하라고 하는 것이 아니었다). 외제품을 수입할 때 중국에 있는 외국 상사들은 영국의 회사에 직접 어음을 발행해 부쳤다. 이런 어음 상환방식은 출하자의 자금 회전을 어렵게 만드는 단점이 있었다. 물건이 외국의 포구에 하적한 뒤에나 구매자에게 대금을 받을 수 있었기 때문이다. 그러나 1870년대 이후 교통과 통신의 발달로 수입상은 팔릴 만한 물건을 미리 구매해두었다가 팔았다. 기존에는 예약된 만큼만 생산해서 판매했지만, 이제는 예약 판매량에 재고량까지 더해 생산하게 되었다. 수출상들은 출하와 동시에 수입상에 어음을 발행하면 물건이 팔리는 대로 자금을 회수할 수 있었다.

무역 방식의 변화와 관련 금융 방식의 변화는 중국에게 전에 없는 큰 변화였다. 중국 경제는 날마다 서양이 주도하는 세계 경제체제에 물들었다. 1870년대 이전에 대외무역의 시장가격, 특히 수출품의 시장가격은 기본적으로 중국 측에 의해 결정되었다. 생산시장과 소비시장의 거리가 먼 데다 교통수단 역시 원시적이었으므로, 시장가격은 계절별로 변동이 컸다. 즉 중국 시장의 공급과 수요상황에 따라 시장가격이 결정되는 것이 일반적이었다. 그러나 노정이 단축되고 통신이 발달하면서 수출품의 시장가격은 점점 수입자들에 의해 결정되도록 변해갔다. 상인이 전보만 치면 몇 주 후 바로 영국의 수요상황을 정확히 알 수 있었고, 런던의 수입상들 역시 재고량을 자기 뜻대로 늘이거나 줄일 수 있었기 때문이었다. 영국 수입상들은 중국 수출품의 시장가격을 직접 제어하기 시작했다. 중국 실크와 차의 국제 시장가격을 보면 그 상황을 명확히 알 수 있다. 1870년대 중국 실크와 차의 수출가격은 대폭 하락했고, 1877년부터는 중국의 무역수지가 계속해서 역전되는 현상을 보이다가 1880년에 이르러 대외 무역사상 처음으로 2,000만 냥이라는 사상 최고의 적자를 기록했다.

중국 대외무역이 계속해서 악화된 데는 외자은행이 일반 콜머니를 장악한 것도 큰 원인이었다. 1870년대부터 외자은행은 중국, 특히 상하이의 전포에 콜머니를 제공했고, 이는 중국 금융이 외자은행에 의해 점점 통제받게 되었음을 뜻한다. 모든 변화는 HSBC의 발전에 유리하게 작용했고, 잭슨은 이 상황을 이용해 HSBC를 경영해나갔다.

03
청 조정의 차관

잭슨이 HSBC에 재임하는 동안 했던 가장 중요한 일은 청 조정에 차관을 제공하는 일이었다. 이로 인해 HSBC는 자신의 명성을 더 높일 수도 있었으니 말이다.

소작농을 기초로 한 중국 경제는 서양에 비해 중앙 정부의 낮은 세금과 가벼운 부역으로 유명했다. 재정상 양입제출(量入制出)을 원칙으로 했지만 실제로는 정액제가 시행되었다. 가끔씩 국가 대소사를 치를 때나 재무상황이 곤란할 때는 임시로 세금을 거두거나 상인의 기부를 받아 메우곤 했으니 당시 청 말의 재정상황을 고려할 때 이런 방법은 전혀 실효를 거두기 어려웠다. 후에 때때로 새로운 화폐를 주조하는 방식으로 재정상황을 타개하려고 했다. 은행에서 은초(銀鈔)(역자 주 − 은화에 대하여 발행된 지폐)를 발행하거나, 대전(大錢)(역자 주 − 옛날 동전의 하나로, 보통의 동전보다 크고 화폐가치가 높았다)을 주조했다.

그러나 1850년대 청 조정은 태평천국운동을 진압하기 위해 강남 이남으로 군대를 파병한다. 하지만 중앙 조정으로부터 거리가 멀어 군비나 물자가 제대로 조달되지 않았다. 지방 정부는 외국 상인에게 돈을 빌려 이를 충당했는데, 이것이 차관의 시작이었다.

외자은행은 이를 놓치지 않고 많은 이권을 획득할 목적으로 중앙 정부나 지방 정부에 차관을 제공하기 시작한다. HSBC는 1874년 청 조정에 '푸젠 군사비 차관'을 제공하였는데, 중앙 정부 차원에서 진행한 첫 번째 대규모 차관으로 기록되었다. 좌종당(左宗棠)(역자 주 – 양무운동의 선구자로 해군의 중요성을 인식하고 중국 최초의 현대적 조선소를 설립, 서북지방의 염군과 이슬람교도들의 반란, 위구르족의 난을 평정했다)이 위구르 정벌과 야쿠브 베그(Yakub Beg) 진압(역자 주 – 1870년 야쿠브 베그는 카슈가르에 독립국을 수립한다고 선포했다. 그러나 제정러시아에서 이 지역을 점령하자 이에 위협을 느낀 청 조정에서는 좌종당을 파견해 이 지역을 점령한다. 제정러시아와 청 양국은 카슈가르조약을 맺어 중앙아시아 지역의 국경을 확정한다. 이 지역은 1884년부터 '신장(新藏)' 이라는 이름으로 청 영토에 편입됐다)에 필요한 비용과 청·프랑스 전쟁(청불전쟁)에 소요되는 군비를 위해 HSBC의 잭슨과 차관협상을 진행했다.

좌종당이 위구르 지역을 정벌하기 위해 HSBC에 차관을 들여오기 전 자댕매서슨과 오리엔탈은행에서 세 번 정도 자금을 빌린 적이 있었다. 그러나 1874년 HSBC가 이를 진행한 후로는 모두 HSBC를 통해 차관을 들여왔다. 잭슨의 협상력이 얼마나 대단했는지 가히 짐작할 수 있는 대목이다.

2년 후 좌종당이 서역정벌을 목적으로 새롭게 차관을 들여올 계획을 세웠는데, 교섭 중에 마가리 살해사건(역자 주 – 1874년 영국 영사관 서기 A.R. 마가리가 미얀마와 윈난(雲南)에서 양쯔강(揚子江) 상류에 이르는 무역로의 개척을 위해 윈난으로 가던 중 살해된 사건. 영국은 이를 빌미로 1876년 톈진조약(天津條約)을 개정해 즈푸조약(芝罘條約)을 맺고 살해사건에 대한 배상금으로 6만 냥을 요구했다)이 발생한다. 이로 인해 영국은 차관협상의 주도권을 쥐고 사건이 해결되기 전에는 영국인 누구도 차관제공을 허락하지 않겠다고 선언했다. 돈이 급했던 좌종당은 호설암(胡雪岩)을 비롯한 몇몇 상인들에게 다른 나라와도 차관협상을 진행시키라고 명령한다. 이때다 하고 기다렸다는 듯이 독일, 러시아, 미국, 일본 등 열강들은 청 조정과 차관계약을 성사시키기 위해 적극적으로 나선다. 그러나 잭슨의 탁월한 영업 전략으로 상하이 HSBC가 500만 냥에 달하는 차관을 따낸다. 이번 차관을 HSBC가 따냈다고 해도 실제로는 차관 채권의 위탁판매자일 뿐이었다. HSBC는 시장에서 채권자를 모집해 차관을 제공했고, 가운데서 협상을 중개한 수수료와 더불어 시장에 발행한 채권에서 이자를 받을 수 있어 여러 모로 이득을 볼 수 있었다.

좌종당은 1878년 다시 호설암을 통해 화상(華商)의 돈을 끌어오려고 계획했다. 호설암을 비롯한 화상들은 175만 냥까지 자금을 모았으나 HSBC가 나서서 이와 같은 금액의 차관을 제공했다. 이번 차관은 양쪽에 만족스러운 결과를 제공했다. 좌종당은 계획했던 350만 냥을 마련했고, HSBC는 스스로 자금을 대줄 수 있었기 때문이다. 이번에 HSBC는 연이율 10%를 제시했으나 뜻하지 않게 더 많은 이윤을 보게 된다. 좌종당이 조정에 차관내용을 보고하던 중 연이율을

월이율로 잘못 말해 실제 연이율은 12%로 늘었다. HSBC가 시장에 발행한 은행채권은 연리 8%였으니 반이 넘는 이윤이 덧붙여진 셈이다. 게다가 환율의 시세차익도 났으니 HSBC나 호설암 등의 상인들에게 분명 고물이 많이 떨어지는 일이었다. 무엇보다 몇 번에 걸친 차관제공으로 청 조정은 차관에 있어서만큼은 HSBC 없이는 일을 추진할 수 없는 단계에까지 이르렀다.

 2년 후인 1883년 청불전쟁이 발발하고, 재무상황이 악화되어 있던 청 조정은 할 수 없이 또다시 거액의 외채를 들여와야 했다. 1884년 광둥·광시 총독은 베트남에서 위기를 겪고 있는 프랑스 군대를 막기 위해 HSBC에서 세 차례에 걸쳐 차관을 들여온다. 다음해 프랑스가 공격을 푸젠과 타이완 등지까지 확대하자 푸젠·저장(浙江) 총독은 또 다시 HSBC에서 100만 파운드의 차관을 들여온다. 이들 차관은 비록 대부분 지방 정부 차원에서 이루어진 것이지만 청 조정의 비준을 거쳐야 하는 것이었으므로 관세를 담보로 잡았다.

04
자댕매서슨과의 관계 회복

HSBC는 청 조정과 좋은 관계를 유지해야 하는 것에 앞서 중국 제일의 실력자였던 자댕매서슨과 좋은 관계를 유지하는 것이 필요했다. 홍콩은 물론 중국 대륙에서 자댕매서슨은 함부로 할 수 없는 영향력이 있었으므로 이들과 잘 지내다보면 HSBC의 사업에 많은 보탬이 될 것이었다.

잭슨은 HSBC의 CEO에 취임하면서 자댕매서슨과의 관계 회복에 힘쓴다. HSBC의 필요도 그러했지만 자댕매서슨 역시 HSBC와 손잡아야 할 필요성을 절감하고 있었다. 사실 당시 자댕매서슨은 서서히 몰락의 길을 걷고 있었기 때문이다. 1860년대 이전까지는 중국 수출입시장과 무역대금 외환업무는 자댕매서슨 사와 덴트 사, 사무엘러셀 사 등 몇몇 외국 기업들이 장악하고 있었다. 무역에 소요되는 시간이 길다보니 자금회전도 느릴 수밖에 없었다. 그러므로 무역을 하자면 거액의 여윳돈이 있어야 했다.

하지만 1870년대 이후로 교통이 크게 발달하면서 동서 간의 무역방식 역시 크게 변한다. 이제 여윳돈이 없어도 자금회전이 빠른 덕분에 은행을 이용하면 사업운영에 지장이 없었다. 은행은 중소 무역상들에게 단기대출이나 어음 발행, 할인 등의 서비스를 제공해 업무 영역을 확장해나갔다. 이제 대기업과 은행의 신경전은 날이 갈수록 심해졌다. 그러나 중소 무역상이 대거 등장하면서 대기업은 백기를 든다. 이런 상황에서 자댕매서슨도 날로 커지는 HSBC에 화해를 청했다.

1877년 홍콩의 2대 영국 기업인 HSBC와 자댕매서슨은 마침내 힘을 합하게 된다. 그 해 중국에서 자댕매서슨을 이끌던 케스윅(Keswick, William)은 HSBC 이사진에 참여하고, 그동안 벌어진 두 회사의 간극을 좁혀보려고 애쓴다. 3년 후 케스윅은 HSBC의 이사장에 선출되었고, 그때부터 양사는 더 긴밀하게 연계해 사업을 운영한다. 1898년 양측은 중영은회사(Britishi & Chinese Corporation)를 세우기에 이른다.

05
백은 환율의 독재자

19세기 후반부터 세계는 자본주의의 논리에 잠식된다. 이제 자본주의는 세계를 제어하는 가장 중요한 이데올로기가 되었다. 제 한 몸뚱이도 가누기 힘든 지경에 이른 중국이야 말할 것도 없이 세계 경제의 흐름에 몸을 맡긴다.

세계 은값의 파동이 인 것도 이때가 처음이었다. 1870년대 이후로 세계 은 생산량이 증가한 데다 은본위제를 포기하는 국가들이 속속 늘면서 국제시장에서 은값은 장기간 큰 폭으로 하락한다. 중국 은 냥의 환율도 1870년대부터 빠른 속도로 하락하기 시작한다. 이런 상황에서 은의 선물(先物) 가격을 예측하기란 쉬운 일이 아니었다. 금융계의 수재들만 모여 있다는 HSBC일지라도, 또 그들을 지휘하는 잭슨일지라도 난감한 경우가 한두 번이 아니었다.

당시 국제 환어음에 있어 가장 경쟁력 있는 외국계 은행은 오리엔탈은행이었다. 1845년 홍콩 지점을 연 오리엔탈은행은 처음에는 의욕적으로

1885년 홍콩 부두의 모습

사업을 벌였으나, 1883년 아프리카에 투자한 커피업과 설탕제조업이 줄줄이 실패했다. 엄청난 손실을 이기지 못하고 결국 이듬해 5월 영업을 정리할 수밖에 없었다.

남의 불행이 나의 행복으로 이어지는 경우가 많은 곳이 시장이다. 오리엔탈은행의 도산으로 HSBC는 상하이 외환시장에서 60~70%를 차지할 정도로 환어음 서비스를 독점한다. 국제 무역에 운용되는 자금만도 1875년 242만HK$였던 것이 1885년에 2,580만HK$로 10배 넘게 증가했다. 1880년대부터 HSBC는 대출총액의 1/3 정도를 어음 서비스에 운용할 정도로 국제 환어음 서비스 영역에서 독보적인 위치에 오른다. HSBC는 상하이 외환시장을 조정하는 은행이 된 것이다. 당시 중국의 기타 외환시장은 상하이 외환시황에 따라 변하고 있었으니 HSBC는 그야말로 중국 외환시장에 있어 '큰손'이 된 셈이다.

중국 시장을 흔드는 HSBC는 청 조정이나 영국 정부, 홍콩 정부에게도 매우 중요한 기업이었다. 영국 정부는 HSBC에 재정관리 자문을 구했으며, 영국군의 급료지불을 대행시켰다. 이외에도 1880년대 초 HSBC는 중국 관세를 총괄하는 계좌를 맡아 관리하기도 했다.

은값이 대폭으로 떨어지자 은행들은 환전에 바빴다. 금고에 잠자고 있던 은화를 꺼내 파운드로 환전해 은의 재고량을 최저수준으로 낮췄다. 그러나 HSBC는 반대였다. 오히려 정부에서 위탁받은 자금을 운용해 창고에 은을 가득 쌓았다.

HSBC는 이것을 청의 조정이나 지방 정부에 단기 고리의 대부를 제공해 큰 이윤을 얻었다. 어차피 다른 은행들은 하고 싶어도 은이 없으니 불가능한 일이었다. 은이 필요한 사람들은 다들 HSBC로 몰렸고, HSBC의 이윤도 커졌다. 은값이 계속해서 하락하고 있는 상황에서 이런 전략은 자칫 재정난에 빠질 수 있는 모험이었다. 그러나 환율 전략의 일인자를 자청하는 잭슨이었다. 그가 있어 HSBC는 큰 위험 없이 은을 이용해 수익을 올렸다.

06
1마오라도 저축하세요

HSBC가 중국인에게 신뢰를 받을 수 있는 단 하나는 저축을 권장하는 것이었다. 외자 기업으로서의 나빠진 이미지를 회복할 수도 있었으며, 적지만 투자자금을 모을 수 있으니 HSBC로서는 수익이 좋은 알짜배기 금융상품이었다. HSBC 설립 후 1874년까지 저축액은 1,756만 위안에 달했고, 그 후로도 계속해서 높은 상승곡선을 그리며 증가해 1880년 2,420만 위안까지 증가했다. 홍콩은 물론 상하이, 베이징, 톈진 등 중국 대륙에서의 저축 붐은 더 뜨거웠다. 그 중 상하이 HSBC의 저축액은 홍콩 본사를 훌쩍 뛰어넘었다.

중국에 설립된 외국 기업들은 투자를 하다보면 잠깐씩 유휴자금이 생기게 마련이다. 그때마다 기업들은 HSBC를 찾았고, 거액의 자본이 HSBC의 창구를 오갔다. 1880년대 이전까지 HSBC에서 모은 자금은 주로 중국의 무역상들에게서 나온 것이었다. 그러나 1880년 이후로는 일반 소시민에서부터 부호에 이르기까지 고객으로 만들었다. 저소득층을 고객으로 만들기 위해서 가장 근본적인 서비스는 예금이었다. 1881년 4월 19일, 상하이 HSBC에 저축 팀을 만들고 시민들을 위한 예금 서비스를 제공했다. 최저 1위안에서 최고 100위안을 예금액으로 규정하고 이율은 3.5%로 정했다. 예금 서비스가 시작되자 시민들의 욕구는 해소되었고, HSBC는 중국인의 신뢰를 얻었으니 누이 좋고 매부 좋은 결과가 나왔다.

    1884년 홍콩 HSBC 본사도 저축 팀을 만들었다. '1마오라도 저축하세요'라는 슬로건을 내걸고 소액 자금을 흡수해갔다. 예금 서비스에서 HSBC의 진면목이 드러났다. 예금 서비스를 시작한 그 해 모인 자금은 65위안에 불과했다. 그러나 55년 후인 1938년에는 그 해 HSBC 자산 총액의 67.75%에 해당하는 1355.3만 위안으로 늘어났다. 그러나 예금액의 대부분은 당시 관리나 상인 지주들이었다. 이들 VIP는 실제로 HSBC의 예금이자가 높지 않음에도 신용도를 보고 기꺼이 HSBC를 찾았다. 이자를 적게 받더라도 아주 돈을 잃어버리는 것보다는 나았기 때문이다. HSBC는 지위고하를 막론하고, 재부의 정도에 상관없이 중국인의 신용을 받아 중국 대륙에서의 금융 서비스를 확장한다.

07
금융 네트워크의 확장

무모하다 싶을 정도로 모험심 많은 잭슨이 재임 10년간 한 일은 바로 금융 네트워크를 짜고 확장하는 것이었다. 어떻게 하면 더 효과적이고 합리적인 네트워크를 만들 수 있을지 늘 깊이 생각했다. 먼저 잭슨은 HSBC의 CEO가 된 그 해 옌타이에 은행 사무처를 설립했다. 중·영 사이에 이루어진 '옌타이조약'이 있었기 때문이다. 그리고 3년 후(1879)에는 주장(九江)에 사무처를 만들고, 1880년에는 광저우에 분점을 설립하고, 베이하이(北海)에 사무처를 마련했다. 이듬해(1881)에는 마카오에 사무처를 마련하고, 이와 함께 무역량이 급속히 증가하고 있는 톈진에 분점을 세워 중국 북부에도 네트워크 거점을 만든다. 4년 후인 1885년부터는 중국 북방의 거대 시장 베이징에 금융 포인트를 만들고, 이듬해에는 남쪽으로 가 타이완 유일의 통상항인 다거우(打狗, 지금의 가오슝)에 사무처를 연다. 이로써 HSBC는 북으로는 베이징, 남으로는 베이하이, 동으로는 타이완, 서로는 주장에 이르는 금융 네트워크를 짠다.

중국 이외 지역에서도 화교들의 생활권을 중심으로 한 지역에 사무처나 분점을 세워 세계적 금융 네트워크의 초안을 만들어간다. 남양(南洋, 광둥을 중심으로 한 중국 남부의 해안가 일대)이나 미국에 분점기구를 설립하고, 방콕과 자카르타, 뭄바이, 콜카타, 고베(神戶) 마닐라, 호치민, 싱가포르 및 샌프란시스코와 뉴욕 등지까지 확장했다. 이 중 싱가포르와 톈진, 베이징 분점을 세운 것은 잭슨이 세계 금융 제패를 위한 초석을 마련했다는 특별한 의미가 있다.

HSBC는 잠재력이나 발전 가능성이 있는 곳에 우선적으로 사무실이나 지점을 세웠다. 그러다 기회가 오면 지역의 사무실이나 지점을 분점으로 승격한 뒤 이를 중심으로 업무를 확장한다. 이런 의미에서 본사는 1870년 싱가포르에 지점을 설립해두었다. 그런데 1869년 수에즈 운하가 개통되면서 말라카(Malacca) 해협(역자 주 – 말레이시아와 인도네시아 사이에 있는 해협. 인도양과 아시아를 잇는 교통의 요지)이 유럽으로 향하는 주요 통로가 되었다. 희망봉이나 기존에 인도를 돌아갈 때 발달했던 수마트라는 점점 쇠락하고 말라카 해협의 주변 국가들이 발달하게 되었다.

경제에 특별한 안목이 있는 화교들이 이를 놓칠 리 없었다. 화교들은 싱가포르에 차이나타운을 만들면서 싱가포르 경제를 이끌었다. 잭슨이 시기를 잘 탄 탓인지는 몰라도 잭슨은 취임과 동시에 영국 재무부에 싱가포르 분점의 승격을 신청했다. 싱가포르 분점의 개편과 함께 HSBC는 동남아 영업의 중요한 첫걸음을 내딛었고, 싱가포르는 HSBC의 주요 고객이 되었다.

중국 톈진 분점의 설립 역시 HSBC에게는 특별하다. 2차 아편전쟁의 대가로 통상이 허가된 톈진은 1880년 구미와의 무역에 중요한 항구가 되었다. 모피 수출지이자 외국 상품 교역에 없어서는 안 될 지역이었다. 아편을 판매하던 자댕매서슨과 덴트 사가 대외무역의 영향력이 크게 줄자 이를 틈타 사순 사가 모피제품 수출을 통해 크게 일어났다. 이와 함께 아편과 면제품의 수입을 통해 톈진의 경제를 크게 일으켰다.

그러나 톈진 HSBC가 설립되기 전까지 사순 사는 금을 사들여 무역대금을 지불해야 하는 번거로움이 있었다. 1881년 톈진 HSBC가 설립되고, 사순 사를 비롯한 외국 기업들은 금을 살 필요 없이 이제 은행에서 돈을 빌려다 대금을 지불할 수 있어 매우 편리했다. 이로써 톈진은 유럽과의 직접 무역이 크게 늘었고, 기업들은 1880년대 이후로 톈진을 중심으로 한 중국 북방 시장으로 판로를 확장할 수 있었다. 그 중심에 있던 톈진 HSBC는 톈진의 외환시장을 장악할 수 있었다.

톈진의 무역 확장에 따라 HSBC는 베이징으로 눈을 돌렸다. 사실 HSBC가 톈진에 분점을 설립한 이면에는 청 왕조의 수도인 베이징에 접근하기 위한 목적도 있었다. HSBC의 목표는 결코 지방 정부가 아니었다. 중앙 정부나 고위 관리와의 관계를 맺어 이윤이 많이 남는 철도나 공업차관을 제공하고 싶었던 것이다. 그러나 베이징의 문은 닫혀 있었고, 차선책으로 베이징에서 가장 가까운 톈진에 분점을 설립하고 기회를 기다렸다.

그러나 톈진 은행장보다 당시 상하이 분점을 맡고 있던 카메론(Cameron, Sir Ewen)이 더 적극적으로 나서 베이징에 사무실이라도 열어주기를 요구했다. 1883년 카메론은 갓 입사한 26살의 힐리어(Hillier, Guy)를 선택한다. 케임브리지 대학에서 중국어를 전공한 힐리어는 상하이에서 훈련을 받은 뒤 톈진에 파견되어 있었다. 카메론의 요청대로 본사는 1885년 6월 힐리어를 베이징으로 파견해 분점 설립을 위한 준비를 시킨다. 얼마간 중국 문화와 궁중예절을 익힌 힐리어는 조정 고위관리와 교류하면서 분점 설립에 필요한 사항들을 체크한다. 조정 관리들이나 입을 관복에 옥대와 관모까지 쓴 힐리어는 피부색만 빼면 완전히 중국 관리였다. 그의 노력으로 1890년부터 HSBC는 청 조정에 거액의 차관을 제공해주었다. 베이징 분점이 설립되지 않은 상황이었지만 베이징에서의 실적은 중국 어느 분점보다 뛰어났다. 힐리어는 상하이 분점에 소속되어 있었지만 전반적인 상황들은 잭슨에게 직접 지시를 받았다.

08
1883년, 전세계를 덮친 금융대공황

HSBC가 스타트를 끊은 후 외국계 은행은 중국 곳곳에 분·지점을 세운다. 상하이나 기타 통상항의 전신망이 갖추어지면서 다른 지역은 상하이 금융상황의 변화가 그대로 적용된다. 그 중 쟝쑤(江蘇)와 저장 두 곳에서 통용되던 1위안짜리 은화의 환율은 상하이의 무역량에 따라 결정되었다. 소규모 전포 역시 상하이의 상황을 보고 자금 대출이나 이자를 결정했다.

이런 상황에서 1880년대 상하이를 덮친 금융파동은 다른 지역의 외자 은행이나 전포까지 전이되어 중국 내륙의 경제를 뒤흔든다. 상업, 금융, 투기의 중심지인 상하이는 물론 다른 개항장도 큰 타격을 입었다. 그 중 1883년 화폐 공황이 상하이에서 시작되었다. 그 해 초 상하이 시장에는 이미 불경기의 조짐이 보였다. 금가기사잔(金嘉記絲棧)이라는 유명 비단회사가 문을 닫았고, 40곳의 전포에서 총 56만 냥의 손실이 생겼다. 전포에서는 너도 나도 대출을 줄였고, 전포에서 자금이 나오지 않자 20여 곳의 외국 무역회사는 자금 회전이 어려워 150만 냥의 손실을 본다. 또 부동산과 어음 투자로 재미를 보던 거상 서윤(徐潤)은 상하이 부동산시장이 위축되면서 전포에서 대출했던 100만 냥을 갚지 못해 지역 경제를 더욱 어렵게 만들었다. 홍정상인(紅頂商人)(역자 주 ― 홍정(紅頂)은 1~2품의 고급관리가 쓰던 갓으로 위쪽을 붉은 산호로 장식해서 붙여진 이름. 호설암은 상인이었지만 조정의 신임으로 고위관직을 하사받았다) 호설암의 투자가 실패로 돌아가면서 금융공황은 더욱 심해진다.

전대미문의 금융공황은 상하이를 휩쓸고 전국으로 퍼졌다. 1883년 중반에만 상하이 78곳의 전포들 중 68곳이 도산했고, 전국적으로 개점폐업에 이른 곳이 300—400개나 되었다. 베이징, 상하이, 전장(鎭江), 항저우(杭州), 후난(湖南), 후베이(湖北) 등지에 호설암이 열었던 전포 푸캉(阜康)이라는 간판도 일시에 철거됐다.

호설암의 푸캉 도산 소식은 닝보와 푸저우까지 전해졌고, 이곳의 일반 전장도 반이 넘게 문을 닫았다. 상하이의 금융공황은 통상항 진체 상업과 금융시장에까지 영향을 미쳤다. 상하이 부근의 전장(鎭江)에서는 60곳의 전포 중 45곳이 문을 닫았고, 양저우(揚州)에서도 그 해 말에만 17곳의 전포가 잇달아 도산했다. 금융공황은 베이징까지 거슬러 올라갔는데, 이곳에서의 여파 또한 통상항 못지않았다. 푸캉이 문을 닫았다는 소식에 시장은 화들짝 놀랐고, 신문은 "은화 환매가 막다른 길에 몰리게 되었다"고 보도했다.

1883년 중국 금융업자의 공황에 오히려 HSBC의 실적은 상승곡선을 탔다. 예금의 증가와 지폐 발행이 1884년에서 5년 동안 45.2%가 늘었고, 동기간 내 대출과 어음할인 역시 44.85%의 증가세를 보였다. 발전가도에 선 HSBC는 새로운 세기를 준비하는 사업의 일환으로 본사 건물을 새롭게 짓는다.

09
화교 경제권

1883년 말에 이르러 HSBC는 홍콩 및 중국 내륙, 일본, 인도, 필리핀, 말라카, 미국, 프랑스에 분점이나 사무처를 설립해놓고 세계 금융의 판을 짤 기초를 마련해놓았다. 또 방콕, 마닐라, 호치민, 싱가포르를 비롯한 동남아 일대와 샌프란시스코나 뉴욕 등 차이나타운을 따라 사무처를 만들어 나갔다. 화교상인들과 화교 경제 및 여기에서 유통되는 자금은 HSBC의 발전에 큰 기여를 하는 것이 분명했다.

홍콩이 아시아의 경제를 주도하고 있고, 동남아시아와 관계가 강화되면서 이곳에 지점이나 사무처를 마련해놓았던 HSBC는 큰 덕을 보았다. 그 가운데는 화교가 있었다. 수세기 동안 동남아를 비롯한 세계 각국으로 이주한 화교들은 차이나타운을 만들고 지역의 경제를 이끌고 있었다. 싱가포르, 방콕, 자바, 필리핀 등이 그러했다. 화교와 경제 발전의 함수관계를 파악한 HSBC는 이 지역에 분·지점

미들랜드은행의 설립 문건. 초창기 주주들의 사인이 담긴 부분이다

↔ 1888년 푸저우 HSBC의 직원들

을 설립하고 화교를 위한 금융 서비스를 실시한다. 이는 창립사에서도 중국 이외 지역에도 중국 무역에 따른 금융 서비스가 필요할 때 설립할 수 있다고 명확히 밝히고 있어 은행의 창립이념이나 발전 방향과도 일치한다. 1875년 미국 동·서부 해안을 강타한 금융공황에 샌프란시스코 일대의 은행들이 잇달아 도산해 화교 경제는 일시 멈칫했다. HSBC는 이 기회를 놓치지 않고 사무처를 그 즉시 분점으로 승격하고 경영을 강화한다. 사실 그간 HSBC는 화교 경제권에서 송금업무를 주로 하고 있었다. 그러나 이쯤 되자 화교들은 HSBC에 더 많은 금융 서비스를 요구했고, HSBC는 자의로든 타의로든 한정 지어졌던 업무의 한계를 벗어날 수 있었다.

1880년 HSBC는 뉴욕에 분점을 설립하고 뉴욕—홍콩 간, 뉴욕—상하이 간 외환업무를 시작한다. 1886년 아모이 통신은 HSBC에서 발행한 어음은 현지의 상인들에게 신용도가 높으며, 이 일대에서 가장 많이 발행, 유통되고 있다고 보도했다. 또 "취안저우(泉州), 장저우(漳州), 아모이 등지의 무역상인들 대부분은 매년 겨울 무역량이 줄 때는 필리핀의 루손이나 싱가포르의 외화를 이곳(아모이)으로 들여와 환차익을 얻고 있다"고 했다. 그 해 11월 한 달간 환전된 금액만도 130만 위안 정도였으니 이들로 은행은 발 디딜 틈이 없었다.

HSBC는 화교 경제권을 두고 일본 경제학자 하마시타 다케시(濱下武志)에게 자문을 구했다.

"HSBC가 홍콩 본사와 상하이 분점을 두고도 왜 아모이에 분점을 개설했는가? 여기에는 화교 경제권을 통해 업무를 확장하고 이윤을 보려는 HSBC의 전략이 숨어있다. 화교상인들이 동남아시아에서 발행한 어음은 홍콩을 거쳐 이곳 은행으로 들어와 환전된 뒤 푸젠이나 광둥으로 유입된다. … HSBC가 짠 금융 네트워크는 시장원리를 정확히 파악하고, 그 사이에서 자신들의 영역을 찾아내 장악한다. 이들이 짠 금융 네트워크는 말 그대로 촘촘한 그물처럼 얽혀 동남아시아와 중국 화남 지역의 금융시장을 꽉 잡고 있다."

10 홍콩의 새로운 랜드마크

　　HSBC는 창립 때부터 홍콩의 중환(中環) 퀸즈 로드 1번지에 있는 워들리 사의 건물을 빌려 사용하고 있었다. 그러나 은행의 몸집이 커지면서 더 넓은 사무실이 필요해서 홍콩 곳곳을 뒤져보았지만 마땅한 곳을 찾지 못했다. 1882년 HSBC는 빌딩의 소유주였던 차터드상업은행으로부터 건물을 양도받고 이곳에 새 건물을 짓는다.

　　4년이 지난 1886년 HSBC 건물이 완공되었다. 30만HK$를 들여 만든 이 건물은 당시 홍콩의 랜드마크 역할을 하기에 부족함이 없었다. 벽돌 건물로 지어진 빌딩의 외벽은 화강암을 붙여 단장했고, 꼭대기에는 8각형의 돔을 얹어 위엄을 자랑했다. 후덥지근한 홍콩의 날씨를 감안해 건물의 복도는 바람이 잘 통하게 만들었고, 테라스나 큰 창문을 내어 놓았다. 건물로 들어가면 로비에 유럽 출신 직원들이 근무하는 사무실과 매판(買辦) 사무실이 나뉘어 있었다. 특히 강철 빔에 콘크리트를 채워 만든 이곳의 지하 창고에는 귀중품 보관금고를 설치했다. 당시로서는 최신설비인 엘리베이터와 함께 온수와 난방시설은 물론, 방화설비까지 구비되어 있었다. HSBC는 신사옥을 통해 홍콩 금융가에서 HSBC의 지위를 당당히 알렸다.

11
중국 최초의 현대식 은행

HSBC의 전기를 마련한 잭슨, 그는 1886년과 1889년, 1891년의 세 번에 걸쳐 홍콩을 떠났었다. 그동안은 월터(John Walter), 노블(G.E. Noble), 보비스(F. de Bobis)가 HSBC를 운영했었다. 그러나 잭슨의 빈자리는 금방 표가 났고, 이사진들은 삼고초려해서 그를 다시 데려오곤 했다.

1894년 청일전쟁이 발발하고 중국은 참패했다. 전후 중국은 열강에게 각종 이권을 빼앗기는 위험한 상황에 이르렀고, 저항운동은 새로운 단계로 접어들었다. 대외적으로는 국가 이권을 보호하고, 대내적으로는 상공업을 발전시키자는 구호 아래 금융개혁도 도마 위에 올랐고, 이로 인해 국내 자본으로 설립한 현대적 은행이 나타난다. HSBC의 경영체제를 본떠 만든 '통상은행(通商銀行 Imperial Bank of China. 중화민국이 성립된 후에는 Commercial Bank of China로 개칭했다)'은 1897년 5월 정식 설립되었다.

1896년 11월 철도감독관 성선환(盛宣環)이 조정에 '자강계획 분석(條陳自强大計析)'이라는 문건을 올린다. 성선환은 이를 통해 은행을 설립하자는 주청을 드린다.

"통상 이후 각국은 중국인의 은행 운영 실력을 경시하고 영국, 프랑스, 독일, 러시아, 일본 등지에서 중국 각지에 들어와 우리의 이권을 빼앗고 있습니다. … 우리 스스로 은행을 세운다면 외국 은행이 이익을 독점하는 것을 막을 수 있을 것입니다."

성선환은 외세에게 빼앗긴 이권을 만회하고 금융사업의 거대한 계획을 실현하는데 부족하지 않다고 생각했다. '이권 보호'라는 구호는 황제를 비롯한 여러 대신들과 심지어 백성들에게도 잘 먹히는 미끼였으며, 중국인의 자체적인 경제활동에 대한 좋은 명분이 되었다.

그러나 사실 그의 원대한 계획은 다른 목적이 있었다. 철도 부설에 필요한 자금을 만들기 위해서는 무엇보다 은행이 필요했던 것이다. 양무운동의 구심점에 있었던 성선환은 한양(漢陽) 철광산의 설립과 루한(盧漢) 철도 부설에 동참할 주주들을 모으는 일을 맡았었다. 그러나 쉽게 주주들은 모이지 않았고, 화상(華商) 은행을 설립해야 할 필요성을 절감했다. 성선환은 자신이 설립하려는 은행이 조정의 곳간을 헐어 만드는 만큼 조정으로부터 완전히 자유로울 수는 없었다. 그러나 정부가 은행에 차관을 빌릴 때는 지위고하를 막론하고 담보물을 요구했으며, 다른 운영에 있어서도 여느 민영은행의 규정을 따랐었다. 열강의 수중에 들어간 이권을 되찾기 위해 열강의 은행을 본떠 은행을 만들었으니 분명 은행의 앞날이 순조롭지 않을 것이었다. 그럼에도 성선환의 의견은 조정 여러 대신들의 지지를 받았고, 결국 조정은 '화상을 선택해 총주임을 설립하고, 주주자본을 모집하여 합력하여 사업을 시작하라'는 허가를 내렸다. 이후는 성선환의 몫이었다.

1897년 5월 27일 상하이에 본사를 둔 통상은행이 정식 설립되었다. 통상은행의 대부분의 규정은 HSBC의 것을 따랐다. 외자 기업이나 외국 상인과의 업무진행을 위해 외국 직원들을 채용했으며, 톈진 HSBC 은행장을 통상은행 사장으로 초빙했다. 베이징, 톈진, 홍콩 세 곳의 지점 역시 외국인 사장에게 경영을 맡겼다. 이와 함께 전포, 표호(票號) (역자 주—산시 상인이 경영하던 개인금융기관의 하나. 주로 환어음을 취급함), 세관사와의 원활한 업무 추진을 위해 중국인 사장과 회계사의 자리를 만들었다. 초대 중국인 행장은 함강(鹹康) 전포를 운영하던 진감(陳淦)이었다.

HSBC가 큰 이윤을 내는 이유는 바로 책임자를 보는 정확한 안목과 그들의 특별한 업무추진 능력에 있다고 성선환은 보았다. 이런 이유로 성선환은 HSBC에서 근무하던 직원들을 스카우트 해온 것이다. 이렇게 하다보면 자연스럽게 외자 은행과의 거래도 틀 것이고, 통상은행도 중국 금융계에서 외자 은행 못잖은 영역을 차지할 수 있을 것이라는 게 그의 생각이었다. 물론 여기에는 조정의 간섭에서 벗어나려는 속내도 있었다.

실제로 이 계획은 주효했다. 설립 후 몇 번에 걸쳐 조정은 통상은행에 차관을 빌리고도 갚지 않고 미적거린 적이 있었다. 그러나 외국인 직원들이 장부 조사 등을 실시해 조정을 압박했으며, 이로 인해 조정에서 사람이 내려오면 으레 외국인 직원이 맡아 처리했다. HSBC 입장에서 자기와 똑 같은 경영체제를 갖춘 통상은행은 적수라 할만 했다. 그러나 통상은행은 외자 은행들의 압력과 함께 관료들의 부정부패로 경영이 악화되었고, 결국 문을 닫게 될 지경에 이른다. 반식민 상태에 들어선 국가에서 본국의 경제를 보호하려는 금융체계를 설립하는 것이 얼마나 어려운가를 통상은행은 보여주었다. 그러나 이로 인해 중국에 현대화된 금융·상업 시스템이 필요함을 일깨웠고, 이후 중국의 현대식 은행이 속속 들어서는 계기를 마련한다.

⇢⇢12
전쟁 배상

1895년 청일전쟁이 끝나자 양국 간에 시모노세키조약(下關條約)이 체결된다. 세계 열강은 이를 틈타 중국이라는 큰 땅덩어리를 나눠먹으려 혈안이 된다. 영국을 대표하는 HSBC는 열강들이 싸우는 정치적 소용돌이에 깊이 개입해 큰 이윤을 보았다. 청 조정이 전후 배상금을 위해 엄청난 외채를 들여올 때도 HSBC가 나섰고, 자댕매서슨과 공동으로 만든 중영은회사(British & Chinese Corporation) 역시 영국 정부의 강력한 지원 아래 크게 발전했다.

1, 2차 아편전쟁에 청불전쟁, 청일전쟁까지 이어지면서 전쟁이 끝나기도 전에 새로운 전쟁을 막느라 청 조정은 지칠 대로 지쳐 있었다. 전쟁비용은 물론이고 전쟁배상금에다 이로 인한 이자비용은 3대 재정 지출항목이 되었다. 통계에 따르면 당시 국가 총 지출의 2/3나 되었다. 사실 아편전쟁 이전까지만 해도 조정은 각지에서 올라오는 조공과 세금으로 배부른 시절을 보냈다. 그러나 몇 번의 전쟁으로 청 조정의 주요 수입원이었던 관세와 이금(厘金; 상품의 지방 통과세) 등이 하나둘 열강에 넘어가 청일전쟁 이후 청 조정은 파산 직전에 이르렀다. 전 국토에 걸쳐 거둬들일 수 있었던 토지세와 염세

까지 모두 외채의 담보로 묶였기 때문이었다.

'시모노세키조약'에 의해 중국은 일본의 전쟁비용 2.3억 냥 중 먼저 3,000만 냥을 3개월 안에 갚고, 2억 냥은 8번에 나눠 배상해야 했다. 어떤 계산법으로 나왔는지 알 수 없는 거액의 배상금은 청 조정의 1년 총수입으로도 배상할 수 없는 액수였다. 청은 울었지만 열강들은 웃었다. 이때다 하고 영국, 러시아, 프랑스, 독일, 미국 등 각국은 경쟁적으로 청 조정에 차관을 제공하겠다고 나섰다. 한시가 급한 차관 요청이니 고리를 제시해도 받아들일 수밖에 없을 것이며, 또 채권자라는 이름으로 정치에도 관여할 수 있을 테니 말이다.

HSBC는 영국 정부를 도와 차관전쟁에서 이긴다. 청 조정은 1895년, 1896년, 1898년의 세 번에 걸쳐 러·프 차관, 영·독 차관, 영·독 차관을 들여왔는데, 여기에서 영국이 제공한 차관은 모두 HSBC가 주관했다. 1895년 처음 청 조정이 요청한 차관은 청이 일본에게 빼앗긴 랴오닝(遼寧) 성을 되찾는데 큰 공을 세웠다는 이유로 러시아와 프랑스가 기회를 잡았다. 두 번째 차관이 이루어진 1896년 청 조정은 처음부터 영국과 독일 양국에서 차관을 들여오기로 결정해 있었다. HSBC의 중개로 양측은 차관액수와 이율, 상환방법 등을 확정하고 초안에 합의했다. 그런데 새로 부임한 주중 공사가 중간에 조건을 더 넣으려다 협상이 결렬되게 된다. 이에 프랑스가 개입해 이율을 낮게 책정하고 상환조건을 대폭 완화하는 조건을 제시한다. 그러자 미국이나 러시아 공사도 차관경쟁에 나선다. 서로 간에 치열한 전쟁을 벌이다 결국 청 조정은 1896년 3월 정식으로 영국·독일과 협상을 마무리한다. 차관액 1,600만 파운드에 연 이자가 5%였으며, 관세수입을 담보로 하고 36년 분할 납부하기로 한다. 이쯤 되자 러시아의 개입을 조금 낙관할 수 있었다. 당시 이를 주관하던 하트(Hart, Sir Robert)는 계약이 성사된 뒤 HSBC 본사에 편지를 보냈다.

"매우 어려운 상황이 끝났다. 사실 이미 관세를 잡고 있는 러시아와 프랑스가 차관을 딸 수도 있었다. 그러나 청 조정에서는 1,600만 파운드의 차관을 HSBC와 아시아 도이치은행(Deutsch Asiatische Bank)에 요청했다. … 이번 차관협상에서 힐리어가 있었기에 HSBC는 협상을 성공적으로 이끌 수 있었다."

1, 2차 배상을 위해 이렇게 엄청난 이율의 차관을 들여왔으니 앞으로 남은 여섯 번은 어떻게 또 갚을지 암담했다. 게다가 많은 열강들이 차관을 제공하겠다고 나서는 통에 청 조정은 이러지도 저러지도 못해 곳곳에서 애를 먹었다.

세 번째 차관을 들여올 때의 상황은 싸움이 더 치열해졌다. 열강들은 전쟁이라는 협박 카드를 내기도 하고, 뒤로 뇌물을 들이밀기도 했다. 혹은 무역을 중단하겠다는 외교적 압력도 가했다. 세관 총세무사 하트의 적극적인 유치 결과 HSBC는 세 번째 차관도 딸 수 있었다. 1898년 2월 이금과 염세를 담보로 한 차관 협상은 마무리되었고, HSBC는 32만 파운드나 되는 두둑한 수수료를 받았다.

사실 청일전쟁 발발 직전에 조정의 재무상황은 그리 나쁜 편이 아니었다. 청일전쟁 이전에 들여온 외채는 거의 갚아갈 수 있을 정도였다. 그러나 청일전쟁 때는 군비를 위해, 전후에는 시모노세키조약으로 인한 전후 배상금을 위해 외채를 들여와야 했고, 청 조정은 끝없는 재정난에 허덕여야 했다. 엎친 데 덮친 격으로 1900년 의화단 운동을 빌미로 8국 연합군의 침략전쟁이 벌어졌다.

그러나 전쟁보다 더 무서운 것이 전후 배상금이었다. 1901년 9월 '신축조약(辛丑條約)'을 체결하며 열강은 4.5억 냥에 달하는 배상금을 요구했다. 청일전쟁의 전후 배상금의 두 배 가까운 액수였다. 이미 재정이 바닥난 청 조정에 열강은 배상금 대신 정기(定期) 채권을 발행할 것을 제안한다. 사실 이 채권은 39년 만기에 연이자 4%인데다 관세, 염세 등을 담보로 한 것이어서 장기 외채와 다름없었다. 이때 HSBC는 다시 한 번 선을 잡는다. 전체 배상액 6,700만 파운드 중에서 영국이 받을 750만 파운드를 관리할 은행으로 HSBC가 지목된 것이다. 게다가 배상액을 정할 때는 금을 기준으로 했지만 실제 배상은 은화로 받아들였기 때문에 이를 환전할 때의 시세차익도 얻을 수 있었으니 HSBC로서는 참으로 남는 장사가 아닐 수 없었다. 비록 39년이라는 기나긴 시간 동안 급변하는 국제 정세로 인해 실제 끝까지 배상을 받아내지는 못했지만 영국을 비롯한 8개국은 많은 부를 축적할 수 있었다. 그 가운데 영국을 대표하는 은행으로서 HSBC는 중국 금융계에서 수위를 차지할 수 있었다.

1902년 퇴임하고 런던으로 돌아가는 잭슨을 향해 많은 금융가들이 박수를 보냈다. 취임 초기 4,300만HK$였던 총 자산은 그가 퇴임한 1902년에는 2.8억HK$로 급상승했고, 예금총액도 1,100만HK$에서 10배 가까이 늘어 1억HK$가 되었다. 잭슨으로 인해 HSBC가 중국에서 최고의 은행이 된 것은 분명한 사실이었다. 『노스차이나 헤럴드(North China Herald)』에서는 다음과 같은 말로 당시 HSBC의 지위를 설명하고 있다.

"중국에서는 굳이 모모 은행이라고 하지 않는 한 '은행'이라고 하면 다들 'HSBC'를 생각한다."

HSBC를 이 정도로 만든 잭슨(Thomas Jackson) 역시 인지도가 높아졌다. 홍콩 총독으로 있던 블레이크(Henry Blake)는 이렇게 말한다.

"홍콩에서 T. J.를 모르는 사람이 있다고요? 설마요. 아마 우편물 수취인에 T. J. China라고만 써도 그 편지는 곧장 퀸즈 로드 가의 HSBC로 배달될 겁니다. 함부르크나 베를린, 혹은 영국 런던이나 프랑스 파리, 저 멀리 미국의 샌프란시스코나 마젤란 해협의 작은 우체국에서 송달된 것이라도 말이죠."

제3장
민국으로 달리는 열차

철도는 자강을 위한 목적으로만 설립되어야 하며,
공사 전에 반드시 조정의 승인을 받아야 한다. 그러나 나라에 분명한 이익이 되고,
민가에 해가 되지 않는다면, 적절한 시책을 택해 설치할 수 있다.

세계에서 어느 곳보다 철도가 가장 필요한 곳은
아마 중국일 것이다.
그만큼 이곳에서의 철도 부설사업은 쉬울 것이다.
― 영국 철도 엔지니어, 모리슨(Morrison, James)

HSBC

HSBC 제국을 건설하고 퇴임한 잭슨의 뒤를 이은 스미스(R.M. Smith)는 잭슨과는 달리 공격적 경영보다는 기존의 사업을 안정시키고 기업의 내실을 목표로 삼았다. 1910년 스미스는 HSBC의 바통을 다음 주자 스타브(Newton J. Stabb)에게 건넸고, 스타브와 함께 HSBC의 발전 곡선은 계속해서 위로 치솟았다. 그 중 자댕매서슨과 공동으로 설립한 중영은회사(Britishi & Chinese Corporation)의 눈부신 발전과 더불어 청 말 조정에 제공한 차관 덕분에 얻은 철도 부설권은 스타브 시대의 절정이었다. 그러나 청의 '철도 국유화'와 함께 우창(武昌) 봉기로 인해 청이라는 기차는 민국을 향해 달린다.

01
중국 최초의 철도, 그 불행한 운명

HSBC가 홍콩과 상하이를 거점으로 발전하고 있던 1865년, 베이징 쉬안우먼(宣武門) 밖에는 길이 400m쯤의 소형철도가 등장했다. 영국의 한 무역상이 놓은 것인데, 실은 이를 통해 중국에서의 철도 부설 허가를 요구한 것이다. 그러나 그들의 바람과는 정반대의 결과가 나왔다. 청 조정은 민속을 어지럽힌다는 명목으로 보란 듯이 철도를 없앴다. 10여 년이 지난 1876년 중국 최초의 경제철도가 상하이에 탄생한다. 상하이에서 장완(江灣)까지 달리는 우쑹(吳淞) 철도는 시대의 물결에 비극적인 최후를 맞는다. 이 철도는 자뎅매서슨이 청 조정의 허가 없이 임의로 설치한 것이었기 때문이다.

일찍부터 자뎅매서슨은 중국의 철도 부설에 큰 야심을 품고 있었다. 1844년에는 인도의 콜카타에서 광저우에 이르는 철도를 놓으려는 계획을 얼마간 진행했지만 수포로 돌아갔다. 그 후로도 중국에서 내로라하는 대형 외국 기업들이 조정에 철도 부설 초안을 제출했다. 하지만 청의 입장에서 이는 분명한 침략 행위였으므로 경계심을 갖고 일절 허가하지 않았다. 20년 후인 1864년 자뎅매서슨은 철도 엔지니어 스티븐슨(Stephenson, Sir MacDonald)을 인도에서 초빙해 중국에서의 철도 부설을 실행에 옮겼다. 자댕매서슨의 또 다른 엔지니어 모리슨은 "세계에서 어느 곳보다 철도가 가장 필요한 곳은 아마 중국일 것이다. 그만큼 이곳에서의 철도 부설사업은 쉬울 것이다"라는 말로 의욕을 내비쳤다.

결국 청 조정은 주위의 압력을 이기지 못하고 조정에서 '외국인의 철도 부설'에 대해 논의한다. 그러나 대세는 불가하다는 입장이었다. 당시 청 말 열강들의 침탈이 가속화되면서 조정을 비롯한 국민들은 수구(守舊)만이 살길이라고 생각했기 때문이다.

그렇다고 열강이나 외국 기업들이 가만히 기다릴 리 만무했다. 1872년 청 조정의 비준도 없이 미국은 우쑹 도로 사(Woosung Road Co.)를 세웠다. 경제적 목적이 아닌 '매우 일반적인 철도'를 놓겠다는 명분을 내세워 상하이에서 우쑹(吳淞)에 이르는 토지를 사들였다. 그러나 땅 매입에 예산을 훌쩍 뛰어넘는 돈이 들자 처음부터 철도 건설에 난항을 겪었다. 더디게 진행되던 이 계획 때문에 우쑹 도로 사의 주식은 대부분 자댕매서슨의 수중에 넘어갔다.

1874년 우쑹 도로 사는 주식회사의 형태로 광저우에 본사를 설립하고 외국 상인들을 대상으로 주주를 모집했다. 상하이에서 실력자로 통하던 HSBC 역시 투자자 대열에 들어간다. 같은 해 10월 상하이-우쑹 철도가 조용히 착공식을 갖고 공사를 시작한다. 1년, 2년이 흐르고 침목이며 레일 등 철도 부설에 필요한 물자들이 영국에서 공수되어 왔다. 상하이 시민들은 그제야 우쑹 도로 사가 철도 건설을 목적으로 설립된 회사이며, 머잖아 상하이에 철도역이 생긴다는 사실을 알게 된다. 2년 뒤인 1876년 6월 30일 상하이에서 장완(江灣)에 이르는 1.6km의 노선이 정식 개통한다. 영국에 세계 최장거리의 철도가 놓인 지 이미 반세기가 지났고, 미국 동부 연안에도 3만 마일에 달하는 철도 위로 기적소리가 함께 달리고 있던 때였다. 그러나 생전 처음 기차를 보기 위해 개통식에 몰려든 상하이 시민들의 얼굴에는 놀람과 두려움이 교차하고 있었다. 지금으로 보면 놀이공원에 놓여도 좋을 만큼의 이 짧은 철도는 상하이 시민의 기쁨이자 자부심이었다. '철도관광'은 곧 상하이 투어에 빠지지 않는 일정이 되었다. 물론 운임이 만만치 않았지만(중등 좌석의 값이 쌀 2말 반에 맞먹었다) 그래도 자리가 없어 못 탈 정도로 인기였다.

철도는 7월 한 달간 매일 40위안에서 60위안 정도의 수입을 올렸다. 만족할 만한 매출상황에 경영진은 기뻤지만 지방 총독은 안절부절 못했다. 이 철도는 처음부터 조정의 허가 없이 건설된 것인 데다 이것으로 돈벌이를 하는 것은 엄연한 불법이었기 때문이다. 외국 기업이 허가 없이 철도를 놓은 것은 주권침탈이라고까지 할 수도 있었다. 게다가 한번 눈감아 주면 너도나도 철도를 놓을 것은 안 봐도 뻔했다. 지방의 한 유생은 기차의 기적소리가 중국의 전통질서를 깨뜨릴 것이라고 날마다 상소를 올렸으며, 철도 주변에 사는 주민들은 철도가 수맥을 끊어놓고 풍수를 어지럽혔다고 불만을 토로했다. 더군다나 우쑹 도로 사 직원들이 철도를 순찰한답시고 거들먹거리며 철도를 가로질러 가는 행인들에게 채찍을 휘둘러 사람들의 분노가 높아졌다. 1876년 6월 장완 일대 주민 수백 명이 모여 농성을 하고 장완 사무실을 부쉈다. 얼마 후 철도를 건너가던 사람이 기차에 치여 죽는 사건이 발생하자 사람들의 분노는 걷잡을 수 없이 끓어올랐다.

사태가 이쯤 되자 상하이 총독은 우쑹 도로 사와 교섭을 시작했다. 마침 마가리 사건을 해결하기 위한 협상이 진행 중이어서 주중 영국 공사는 중국 측에 이 사건도 협상에 넣어 함께 의논하자고 제의했다. 영국 공사와 청 대표 리훙장(李鴻章)(역자 주 ─ 시모노세키조약에 조인했고, 청·러 밀약, 베이징조약 등 청 말 주요 외교문제를 처리했다. 이 이제이(以夷制夷) 전략으로 열강들을 견제시키면서 근대 공업진흥을 위해 노력했다)은 마가리 협상을 옌타이조약으로 매듭짓는다. 그리고 우쑹 철도를 중국 조정이 사들이도록 건의한다는 내용이었다. 외국 기업의 수익은 둘째 치고, 이 철도는 부설 허가도 받지 않은 상태였기 때문에 청의 입장에서는 조정에서 주도권을 쥐어야 한다고 생각한 것이다. 1876년 11월 청 조정은 28.5만 냥을 1년 안에 지불한다는 조건으로 철도를 매입한다.

실제 부설비용으로 10만 냥만 쓴 우쑹 도로 사로서는 나쁘지 않은 대답이었다. 1877년 여름이 끝나고 납부기한이 다 될 때쯤에 청에서 철도를 뜯어내려는 계획이 알려진다. 우쑹 도로 사는 청의 계획을 저지할 여러 방법을 모색했다.

지금도 계속해서 운임료를 통해 이익을 보고 있는 데다, 이것이 뜯기면 이후 중국에서 철도를 부설하기가 꽤나 어렵기 때문이었다. 우쑹 도로 사의 갖은 노력에도 불구하고 결국 철도는 뜯겨 나갔다. 국가의 주권을 보호한다는 명목 하에 중국 최초의 철도는 이렇게 사라졌다.

02
노새가 끄는 철도

중국 최초의 철도가 사라진 지 얼마 되지 않아 중국은 스스로의 자본과 기술로 철도를 놓았다. 탕쉬(唐胥) 철도, 그 첫 모습은 가히 볼만 했다. 기관차가 아닌 노새가 객차를 끄는 기차였다. 기차라는 말이 무색할 정도로 느리고 우스꽝스러운 기차였다.

2차 아편전쟁이 끝나면서 청 조정은 증국번(曾國藩), 리훙장, 좌종당(左宗棠) 등을 주축으로 하는 양무파가 득세했다. 비록 곳곳에 장애물이 있었지만 이들은 '자강구부(自强求富)'를 외치며 서양의 과학기술을 배워야 한다고 주장했다. 동치(同治) 황제를 옹립하고 근대적 군사개혁과 광산, 교통운수에 착수했다. 이들의 노력으로 '동치중흥'이 일어나며 쓰러져가는 중국은 잠깐 기력을 회복하는 듯 했다.

1877년 상인들이 사용하는 범선이나 북양 함대에서 필요한 석탄을 공급하는 문제 때문에 즈리(直隸, 하북성의 옛 이름) 총독 리훙장은 당연추(唐延樞)를 베이핑(北平, 베이징의 옛 지명)에 파견해 석탄광산을 만드는 사업을 진행한다. 베이핑의 석탄광산에서 나온 석탄은 주로 톈진으로 옮겨 판매해야 했다. 그러나 탕산과 톈진은

120km나 떨어져 있었고, 그 경로도 대단히 복잡했다. 먼저 육로로 탕산에서 루타이(蘆臺)로 옮긴 다음에 다시 뱃길을 이용해 다구커우(大沽口)에서 톈진으로 옮겨야 했다. 만약 기차만 있다면 운송시간이나 운송단가도 낮출 수 있었다. 당연추는 리훙장에게 석탄광산국에서 돈을 융통해 우선 탕산에서 루타이까지만이라도 철도를 놓자고 건의했다. 리훙장도 이에 동의해 조정에 상주했고, 1879년에 청 조정은 이를 허가한다. 그러나 당시 세력이 약했던 양무파의 이런 행동은 보수파와 백성들의 큰 비난을 받는다. 수구세력은 기차가 달리면 동릉(東陵. 베이징 북쪽에 있는 청조 역대의 능묘)이 흔들려 황실에 큰 화를 끼칠 것이라 했고, 농민들은 기관차에서 나오는 검은 연기로 농작물이 자라지 못할 것이라고 생각했다. 결국 철도 건설은 무산되었다.

당연추는 여기에서 멈추지 않고 탕산에서 루타이를 잇는 운하 건설을 제의한다. 기존의 루타이―톈진 운하와 이어 육로를 대신하려는 시도였다. 그러나 탕산의 해발이 높은 관계로 운하를 팔 수 없었다. 1880년 당연추는 아무리 생각해도 철도밖에 길이 없다고 주장하며 기관차 대신 노새를 이용한 철도를 만들자고 건의한다. 리훙장도 적극적으로 나섰고, 결국 청 조정의 허가를 받았다. 이렇게 해서 건설된 것이 총 길이 97km의 탕쉬 철도였다. 이 우스꽝스러운 기차에 만족할 수는 없었지만 당시로서는 최선이었다.

베이핑 석탄광산의 석탄 생산량이 급증하자 견인력이나 속도가 형편없는 '노새 기차'는 생산량을 맞춰 수송할 수 없게 되었다.

1882년 베이핑 광산국에서는 영국인 엔지니어 킨더(C. W. Kinder)가 그린 설계도를 보고 소형 증기기관차를 만든다. 기관차의 양 옆에 승천하는 용을 새겨 넣어 중국인들은 이를 비룡(飛龍) 호라 불렀다(역자 주 – 이 기차의 영문명은 차이나 로켓(Rocket of China)으로, 영국의 철도 엔지니어였던 스티븐슨이 1829년에 디자인한 로켓 호를 본떠 만든 데서 이름했다). 중국 땅에 울리는 기적소리에 사람들의 심사는 복잡했을 것이다.

03
자희태후의 작은 용

1870년대 자댕매서슨에서 의욕적으로 설립했던 중국철도투자회사는 소리 없이 문을 닫았다. 그로부터 몇 년 후 자댕매서슨은 다시 철도사업에 뛰어들 수 있었다. 베이핑의 석탄생산량이 부단히 증가함에 따라 운송력이 그를 따라가지 못해 탕쉬 철도를 연장해야 한다는 의견이 여기저기에서 터져 나왔다. 중국처럼 그렇게 큰 땅덩어리를 철도동력 없이 끌어간다는 것은 상상할 수도 없는 일 아닌가.

1884년 프랑스 디코빌철도회사(Frenchi Decauville Railway Company)의 갈리(Galy, Gaston)는 자댕매서슨의 의견에 동의해 10년간 합작할 것을 약속한다. 디코빌철도의 철도 시스템을 자댕매서슨을 통해 중국에 판매하겠다는 계획이다. 1886년 디코빌철도는 톈진(당시 영국의 조계지였음)에 2~3마일 정도의 철도를 놓았다. 그러면 철도확장을 요구하던 리훙장은 여기에 주목할 것이고, 여러 사람들의 동의도 끌어낼 수 있을 것이라 생각했다. 자댕매서슨이 미치(Michie, Alexander)를 톈진으로 보낸 목적은 분명 베이핑 석탄공장의 철도 부설권을 얻는 데 있었다.

그러나 미치의 바람과는 달리 리훙장은 보았는지 말았는지 반응이 하나도 없었다. 그래서 갈리는 직접 베이징으로 갔다. 몇 개월 동안 관원들에게 금품과 술대접을 하며 인맥을 만들어놓았다. 확실히 로비의 힘은 강했다. 조정 관리들은 자희태후(慈禧太后)에게 객차를 단 철도를 만들어 선물로 주는 것이 어떻겠느냐고 제안했다. 당시 조정의 실세 자희태후가 좋아하면 그건 허가서나 다름없을 테니 말이다. 미치와 갈리는 '전국적으로 기차를 놓을' 수 있는 방법은 그것밖에 없다고 생각했다. 돌아오자마자 자댕매서슨의 사장이었던 케스윅(Keswick, William)에게 편지를 썼다. 그러나 케스윅은 찬성하지 않았다. 로비 비용이 너무 많이 든다고 생각한 것이다. 그리고 이를 통해 철도 부설권을 얻을지도 확실하지 않았기 때문이다. 게다가 수구적인 태도를 보이는 조정 대신들의 태도도 만만치 않다는 걸 익히 들어 알고 있었다. 케스윅은 이들에게 돈을 들인 만큼 확실한 것을 받아와야 한다고 재차 다짐받았다. 이어서 긴 협상이 시작되었다. 그 자세한 내막은 알 수 없지만 어쨌거나 2년 후 황실의 후원에 기차가 놓였다.

  이들의 활동과 별도로 1887년 리훙장도 베이핑 철도회사를 중국철도회사로 이름을 바꾸고 베이징에서 톈진을 달리는 철도가 필요하다고 주청한다. 자희태후의 지지를 받은 리훙장은 황실의 어원에 길이 1510.4m의 철도를 놓는다. 중하이(中海)의 잉시우위안(瀛秀圓)에서 출발해 베이하이(北海)의 징칭지(鏡淸齋, 지금의 징신치鏡心齋)까지 달리는 이 기차는 즈광거(紫光閣)를 지나간다는 뜻으로 즈광거 철도라고 했고, 시위안(西苑)에 놓였다 하여 시위안 철도라고도 한다. 기차는 자희태후의 입맛에 맞게 아기자기하게 꾸몄다. 해군 건설 경비를 유용하여 만들었거나 말거나 자희태후는 종종 흰 연기를 내뿜는 작은 용 위에 앉아 베이하이와 중난하이를 구경하곤 했다. 자희태후 역시 세계가 이 기차처럼 속도를 내며 발전하고 있다는 것을 인식하게 되었다. 이 기차로 인해 이렇다 저렇다 말하지 않던 자희태후와 조정 대신들의 태도는 철도 건설의 필요성을 절감하게 되었음이 분명하다.

그간 리훙장은 괜한 걱정을 했다. 얼마 지나지 않아 조정에서는 철도 부설에 관한 정식문건을 발표한다.

'철도는 자강을 위한 목적으로만 설립되어야 하며, 공사 전에 반드시 조정의 승인을 받아야 한다. … 그러나 나라에 분명한 이익이 되고, 민가에 해가 되지 않는다면, 적절한 시책을 택해 설치할 수 있다.'

이 문건은 지난 20년간 조정에서 벌어진 철도 부설의 논쟁을 일단락 짓는 것이라 하겠다. 수십 년 동안 중국인들은 그저 기차를 두려운 존재라고 생각하고 있었지만 시간이 흐를수록 기차가 편리한 운송수단이라는 것을 인식하게 되었다. 열강의 멸시에 대한 반발로 시작한 기차 산업은 이제 중국 스스로의 힘으로 발전 궤도에 올랐다. 그러나 세월이 세월인지라 구미 경제에 의해 좌우되는 세계처럼 '철로 만든 용'은 중국 대륙에서도 정치를 좌우하는 조정 내 세력뿐 아니라 중국 경제를 좌우하는 구미 기업에 의해 좌우되었다. 철로를 보는 사람들의 감정은 어땠을까? 거부와 수용, 공포와 분노 등이 씨실과 날실처럼 교차하고 있었을 것이다.

 시위안(西苑) 철도에 얽힌 웃지 못할 에피소드도 많았다. 자희태후는 처음에 궁내에 울리는 기적소리를 두려워하여 기관차를 떼어내고 환관들에게 차량을 끌게 했다고 한다. 차량에 최고 통치자를 실은 시위안 열차는 노새가 끄는 탕쉬 철도와 다를 게 없어 보인다. 최고통치자가 이 정도인 중국을 열강이 가만둘 리 만무했다. 1894년 중일 갑오전쟁에서 패한 중국을 향해 열강들은 포크와 나이프를 들고 달려들었지만 청은 저항할 힘도 없이 접시 위로 끌려 올라갔다. 철도 부설권은 물론 중국의 각종 이권은 뜯겨 나갔다.

04
거대 협력, 중영은회사

1894년 중일 갑오전쟁이 발발한다. 백성들은 설마 왜놈들에게 지겠느냐고 큰소리를 쳤지만 전장에 나간 중국의 육해군은 도망치느라 바빴다. 문화적 후진국이라 얕보던 일본군의 역량은 대단했다. 거기다 중국 관리들의 부패가 패배의 큰 원인이었다. 폭탄 구입에 쓸 돈을 빼돌리고 대신 나무로 만든 가짜 폭탄을 진짜 폭탄으로 둔갑시켰다. 폭탄이 터져야 할 곳에 나무 구슬만이 나뒹굴었으니 전장의 형세는 어렵지 않게 짐작해볼 수 있다. 양무파들이 30년간 축적해온 역량이 이렇게 한 번에 날아갔다. 갑오전쟁은 중국의 정치·경제적인 형세를 바꾸어놓았다. 청의 통치자 앞으로 날아온 배상금 고지서에는 엄청난 액수가 적혀 있었다.

청 조정은 그제서야 철도 부설이 얼마나 중요하고 시급한 문제인지 인식했다. 먼저 루거우챠오(盧溝橋)에서 한커우까지 달리는 루한철도를 설계했다. 그러나 국력도 약해져 열강들은 중국의 속을 파내 먹고 있던 데다 배상금과 외채에 시달리던 청에게는 그만한 돈이 없었다. 상인들에게 철도자금을 모으는 것도 한계가 있었다. 이때 시장에서는 후광(湖廣)(역자 주 — 후베이(湖北)와 후난(湖南)을 말함. 원대

1910년대 홍콩의 항만과 부두를 담은 엽서

(元代)에 광둥(廣東)·광시(廣西)를 포함했던 데서 이름 했다. 이후 명대(明代)에 광둥·광시를 분리시킨 뒤에도 후베이와 후난만을 일컬어 후광이라 했다) 총통인 장지동(張之洞)이 외국에서 차관을 빌려와 루한 철도를 부설한다는 얘기가 나돌았다.

HSBC와 자댕매서슨에게는 기쁜 소식이 아닐 수 없었다. 그만큼 철도 부설의 필요성에 대해 사람들의 의견이 일치되고 있다는 증거이며, 또 철도 부설에 외자를 들여오는 것에도 어느 정도 거부감이 사라졌음을 반증하기 때문이었다. 하지만 이 문제를 누구와 의논하느냐가 문제였다. 일본에 패하고 실제 권력이 없어진 중앙 정부와 의논해 조정의 지지를 받을지, 아니면 철도 부설을 진행하고 있는 후광 지방 정부와 교섭을 진행해 지방의 경제적 이익을 얻어야 할지 판단이 서지 않았다. 자댕매서슨과 HSBC는 각각 다른 판단을 내린다. 영국의 세무사 하트와 HSBC는 전자를 택하고, 자댕매서슨은 후자를 택했다.

청은 일본이 '시모노세키조약'으로 요구한 배상금 때문에 외채를 들여와야 했고, 이는 분명 중앙 정부에서 추진할 일이다. HSBC는 이 사실을 자댕매서슨의 자회사 격인 매서슨은행의 케스윅(Keswick, Henry)에게 알려 지방 정부에 대한 지원을 중앙 정부로 옮기라고 조언했다. 이미 HSBC는 중앙 정부에 최소 3천만에서 최대 5천만 파운드의 차관 유치를 위해 노력하고 있었다. 그러나 케스윅은 그만한 차관을 거론하는 것 자체가 허황된 일이고, 실현 불가능한 일이라고 생각했다. 게다가 기존의 관례를 보면 중앙 정부에서 돈이 급할 때는, 특히나 그 액수가 많을 때는 지방 관리들에게 이를 맡길 때가 많았기 때문이었다. 중앙 조정은 그에 대해 비준만을 할 뿐이었다. 오히려 HSBC가 아는 사람 없는 '중앙'에 줄을 선 것을 비웃었다. 자댕매서슨의 자신감은 지방의 장지동과 직접적인 교섭을 하던 데서 나온 것이다. 케스윅의 판단으로는 청 조정을 장악했던 리훙장이 중일 갑오전쟁에 책임을 지고 실각했으니 이제 장지동과 같은 지방의 대신들이 조정을 채울 것이었다. 실제 장지동은 지방의 대단한 실력자로 중앙에서도 무시할 수 없는 존재였다.

그러나 케스윅이 틀렸다. 1870년대부터 필요에 따라 협력하던 자댕매서슨과 HSBC였지만 회사 경영자의 판단은 이렇게나 달랐다. 두 기업의 협력이 오래 가지 못할 것은 자명했다. 이번 일은 HSBC의 판단이 더 정확했다. 청 조정의 통치권은 다른 사람이 아닌 황실이 장악했다. 그렇더라도 자댕매서슨은 여전히 중국에 설립된 외국 기업 중 최고 실력자였다. 전후 새롭게 짜여진 국제 형세로 HSBC와 자댕매서슨은 더 긴밀한 협력관계를 유지해야 했다. 더군다나 차관 문제의 판단 미스로 허탕을 쳤던 자댕매서슨이었던지라 HSBC의 판단에도 귀 기울이며 협력을 강화해나갔다. HSBC의 잭슨은 케스윅에게 차관에 대한 양측의 의견을 통합해 처리할 대리인을 두자고 제의하며, 대리인으로 영국 세관의 세무사로 있던 하트를 추천했다. 양측의 긴밀한 협력은 계속되었으나 그들이 바라던 1,600만 파운드의 전후(戰後) 차관은 따내지 못했다. 이번 차관은 프랑스와 러시아 양국이 연합해 제공하기로 결정됐다. 여기에는 다른 나라가 참여하지 못하도록 정치적으로 손을 쓰기도 하고, 달콤한 돈으로 청 조정을 달래기도 하는 등 양국 정부의 적극적인 지원이 있었기에 가능한 일이었다. 이번 일을 통해 HSBC와 자댕매서슨은 차관 진행과 같은 일은 국가 간에 경쟁하여 처리할 차원의 문제라는 것을 알게 되었다. 영국 기업인 이들로서는 영국 외교부나 재정부의 지원이 필수불가결하며, 이것이 없다면 민영기업의 지위로는 차관 경쟁에서 밀릴 수밖에 없는 것이다. 영국 정부도 이번 차관협상을 보면서 중국에 설립된 영국 기업들과의 협력이 필요하다는 것을 깨달았다. 중국의 이권 획득에서 가장 기초이자 중요한 것이 바로 차관 제공인데, 현지에 있는 실력자들이 활동하지 않으면 불가능하기 때문이다.

　갑오전쟁의 전후 차관은 비록 남의 손에 들어갔지만 이번 일을 준비하면서 HSBC와 자댕매서슨은 협력관계의 기초를 닦을 수 있었다. 여기에서 한 발 더 나아가 양측의 이사진들은 상대 회사에 대한 정식의 협력·제어 수단이 필요하다는데 생각을 같이 했다. 양측은 업무를 정확히 나눠 같은 영역에서 소모전을 치르지 않기로 결정했다. 당시 양측은 새로운 시장진입을 두고 경쟁하고 있었으니, 이런 협의는 필수적이었다. 따라서 우선 자댕매서슨은 HSBC의 금융 업무를 밀어주고, HSBC는 자댕매서슨을 위해 적극적인 금융 서비스를 제공하기로 약속했다. 이와 함께 개별 안건에 대해 개별적인 조정보다는 전체 업무가 겹치지 않는 범위에서 합작이 필요하다고 생각했다. 이에 대해 양측은 자세한 협의와 조정을 거쳐 3년 후인 1898년 5월 중영은회사(Britishi & Chinese Corporation, 약칭 BCC)를 설립했다.

  중영은회사는 양측이 공동으로 소유하며 자댕매서슨 측 대표는 케스윅이, HSBC 측 대표는 당시 런던 분점 행장이었던 카메론(Cameron, Sir Ewen)이 맡기로 했다. 이 회사의 주요 설립목표는 당연히 중국 철도 부설권을 획득하는데 있었다. HSBC는 모집에 필요한 자금을 제공하는 역할을 맡았다. 자댕매서슨은 도급을 받아 철도를 놓고 차량을 공급하는 실제 건설에 관련된 모든 일을 책임지기로 했다. 양측의 상호 보완적인 관계는 계속되었다. 카메론은 중영은회사를 '대표성과 영향력을 갖춘 강대한 신디케이트(역자 주 – 한 대상에 대하여 몇 개의 은행이 공동으로 융자하는 단체)'를 만들겠다고 공언한 바 있다. 그러나 중영은회사의 설립 자본금은 25만 파운드밖에 안되었고, 설립 후 초기에는 실제 설립 자본금의 5%인 12,500파운드밖에 모으지 못했었다. 그러나 10년도 채 안 된 1907년에는 12.5만 파운드까지 자본금을 늘렸다. 시작은 미약하나 강대한 신디케이트로 거듭나기 위한 노력은 계속했다. 양측 본사의 실력도 실력이었지만 뒤에서 이들을 지원하는 영국 정부의 절대적인 지지가 있었기에 가능했다.

05
철도 부설 차관

1898년은 열강들의 중국 철도 부설권을 두고 싸움이 치열했다. 중영은회사는 그 가운데서 두각을 나타냈다. 1899년 중영은회사가 차관을 제공함으로써 경봉(京奉) 노선 중 아직 개통되지 않은 톈진에서 펑톈(奉天), 뉴좡(牛莊)을 잇는 노선을 건설할 부설권을 따냈다. 여기에 제공하는 차관 총액만도 230만 파운드로, 운행 중이던 베이징―산하이관(山海關) 구간의 철도를 담보로 잡았다. HSBC는 이번 차관으로 수수료 2%인 4.6만 파운드를 받았고, 자뎅매서슨은 철도 부설에 필요한 원자재 공급에서 수익을 남길 수 있었다.

1902년 잭슨을 대신해 HSBC를 맡은 스미스는 재임 8년 동안 중영은회사를 통해 철도 부설 차관을 제공해 높은 실적을 올렸다. 차관 제공으로 재미를 톡톡히 보았던 러시아도 갖가지 방법을 써서 철도 부설권을 얻으려고 노력했다. 러시아가 닝후(寧滬) 철도 부설권을 따낼 경우 영국이 쥐고 있던 중국 무역도 러시아가 장악하리라 판단했다. 영국 외상은 그 해 6월 9일 베이징 주재 영국 공사에게 보내는 편지에 '철도 부설로 인한 이권도 그렇지만 창장(長江) 유역의 상업 활동을 통해 얻었던 국가적 이익도 매우 중요하므로 중영은회사를 통해 반드시 닝후선 철도 부설권을 따내야 한다'고 강조했다.

열강들은 철도 부설을 핑계로 중국을 야금야금 빼앗기 시작했다. 그러나 제 몸 하나 지탱할 힘마저 없었던 청 조정은 그저 두 눈 뜨고 지켜볼 수밖에 없었다. 그 중 러시아는 청에서 조차지로 받은 랴오둥(遼東) 반도를 발판으로 남하 야욕을 공공연히 드러냈다. 청 조정은 할 수 없이 열강들 간의 균형을 고려해 마지막에 닝후 철도 부설을 중영은회사에게 맡겼다. 1904년 7월 HSBC는 런던에서 채권 발행을 통해 325만 파운드의 자금을 모았다. 청 조정은 철도와 그로 인해 발생하는 수익을 담보물로 내놓았다. 채권은 50년 만기로 하고, 이 노선에서 나온 순이익의 배당금을 주주들에게 지불하기로 했다. 약관에서 '닝후선은 중국 최고의 수익이 나는 투자'라고 설명하고 있었다. 실제로 중국의 차나 면화, 비단제품 등을 거래하는데 있어 운송시간이 단축되어 무역상에 큰 이익을 가져다줄 수 있었다. 난징(南京)에서 상하이까지 기존 뱃길을 이용하면 가장 빠른 배를 이용해도 30시간이나 걸렸다. 그러나 닝후 철도를 이용하면 8시간으로 단축할 수 있었다.

철도 부설 계약서에 따르면 철도가 완공된 후 5명의 이사를 선임해 관리를 맡기되 그 중 셋은 중영은회사에서 지명하며, 나머지 둘은 중국철도공사 감독 성선환이 결정하기로 했다. 닝후 철도의 건설은 분명 창장 유역에서의 영국의 세력을 더욱 공고히 할 것이었다.

그러나 청 조정에서는 외채를 이용한 철도 건설에 대해 충분한 공감대가 형성되지 못했다. 장지동과 성선환 등은 자강을 위해서는 외국자본과 기술을 들여와서라도 철도 건설을 빨리 진행해야 한다고 주장했다. 그러나 실제로 자신들이 이 일을 주관하면 중국 정치나 경제의 주도권을 쥘 수 있다는 다른 마음이 있었던 것이다. 어쨌거나 이들의 주장에도 불구하고 수구파들을 비롯해 이제 갓 부흥하기 시작한 민족주의 운동으로 차관을 이용한 철도 부설에 반대하는 운동이 대대적으로 일어났다. 청 조정은 1903년 상업부를 설치하고 '철로간명장정(鐵路簡明章程)'을 통해 국내 자본을 모아 스스로의 힘으로 철도를 건설한다는 뜻을 분명히 밝혔다. 국민들 역시 외채를 들여오는데 반대를 표하고 조정의 철도 건설 계획에 동의하며 자발적으로 자금을 모았다.

1904년에서 1907년에 이르는 동안 전국에는 18개의 철도회사가 생겨났다. 철도회사들은 관영, 민영, 민·관 혼합형을 막론하고 모두 '주체적인 철도 부설'을 표방하며 설립된 것들이다. 그러나 결과는 형편없었다. 통계에 따르면 1911년 각지에 부설된 철도는 외자를 들여와 건설한 장시(江西) 주장(九江)에서 더안(德安)까지를 포함해 676.2km로, 당시 전체 철도의 7.03%에 불과했다. 건설될 노선을 주도하는 회사와 지방 정부의 협조가 부족했고, 노선 간 업무협력도 딸렸다. 게다가 회사 내부 분쟁도 잦았다. 그러나 그보다 더 근본적인 문제는 바로 자금부족이었다. 자금이 없으면 계획이 아무리 과학적이라도 그 자체가 탁상공론일 테니 말이다.

철도사업 붐이 일어난 초기에 중앙 조정도 처음에는 적극적이었다. 그러나 자금부족으로 철도 건설이 지지부진하자 1907년 이후 중앙 조정에서는 외채를 들여와 서라도 철도를 놓는 것이 낫다는 쪽으로 입장이 바뀐다. 갑자기 그렇게 된 것은 아니고 장지동이나 위안스카이(袁世凱) 등의 개혁인사들이 자체적 철도 부설이 사실상 불가능하다는 것을 직시한 데

1907년 중국 톈진에서 발행된 5달러 지폐. HSBC는 1881년부터 지점에서 지폐를 발행했다

있다. 이들은 그렇게 어렵게 '철도를 놓느니 돈 주고 사는 게 낫다'는데 의견을 같이 하고 조정 대신이나 황제에게 상주했다. 게다가 그즈음 중국에서는 차관을 들여오는데 있어 거부감이 예전보다는 많이 줄어 있었다. 1906년 러일전쟁이 끝나면서 중국에서 열강들의 세력구도가 새롭게 형성되었고, 중국 역시 열강의 위험에서 조금은 벗어날 수 있었다.

1907년 중영은회사는 청 조정과 지우광 철도의 광둥 노선을 건설하기 위한 차관계약을 맺는다. 차관금액은 150만 파운드로, 계약 조건은 닝후 철도보다 훨씬 혜택이 컸다. 차관채권을 5% 할인해 팔 수 있도록 했고, HSBC에게는 2%의 특별 보수금을 주도록 하며, 차관의 원금 상환이나 이자 지불 모두 HSBC를 이용하는 내용의 계약에 조인했다. 이로써 중영은회사는 일반적인 수속비라고는 할 수 없는 3만5천 파운드의 거금을 얻을 수 있었다.

1898년 청은 이미 지우광 철도 부설권을 중영은회사에 준 바 있

다. 같은 해 청은 영국에 조차한 홍콩의 총독과 '홍콩 조계지 확장 특별조항(展拓香港界址專條)'을 다시 협의해 홍콩 조차지를 선전 강(深圳河) 이남의 전체 지역으로 확대하기로 약속했다. 이때 중영 은회사는 청 조정과 협의하여 선전 강을 경계로 지우광(九廣) 철도 를 홍콩과 광둥·광시 부분으로 나누고 각각 건설하기로 합의했다. 훗날 홍콩 정부는 홍콩 노선 철도 부설에 200만 파운드의 자금을 모 아 건설한다. 주룽(九龍)의 침사추이(尖沙咀)에서 광둥(廣東)의 뤄 후(羅湖)까지 총 22마일의 홍콩 노선 철도는 1906년 착공에 들어간 뒤 1910년 10월 1일 개통된다. 총 89마일의 광둥·광시 노선은 중영 은회사가 부설권을 따서 1911년 10월 12일 개통된다.

1908년 HSBC는 톈진에서 푸커우(浦口)의 진푸(津浦)에 이르는 노 선을 건설하기 위해 500만 파운드를 모은다. 이때는 중영은회사가 아닌 HSBC의 이름을 걸고 독자적으로 참여했다. 진푸 노선의 일부 구간은 독일의 세력 범위였던 산둥(山東)을 지나도록 계획되었기 때 문에 독일-아시아은행(Deutsch Asiatische Bank) 역시 이 일에 뛰 어든 상태였다. 당시 세계 정세를 봐서는 영국보다는 독일의 세력이 강했던지라 아무리 중영은회사일지라도 부설권을 따기는 어려울 것 이라고 생각했다. 하지만 중영은회사는 별다른 어려움 없이 상하이 에서 닝보(寧波)에 이르는 쑤항용(蘇杭甬) 철도 부설권을 따낸다. 자 희태후가 붕어하기 바로 직전인 1908년으로 차관액은 150만 파운드 였다.

1908년 중영은회사의 HSBC 초대 대표이자 HSBC 런던 분점의 대표였던 카메론이 눈을 감는다. 그 뒤를 이어 중영은회사의 대표를 맡은 아디스(Addis, Sir Charles)는 HSBC 대표에게 보내는 편지에 당시의 회상을 담았다.

"카메론이 눈을 감기 전 저에게 하신 말씀이 있습니다. 당신께서 중영은회사의 대표로서 차관 제공에 많은 힘을 쏟은 이유는 다른 데 있지 않다고 했습니다. 이를 통해 런던에서 HSBC의 지위가 확고해지길 바랐던 겁니다. 남미의 여러 나라에서 활동하고 있는 로스차일드은행(Rothschild Bank)이나 러시아에서 맹위를 떨치고 있는 바링브라더스은행(Baring Bros & Co.)처럼 말이죠. … 이 목표로 인해 HSBC의 런던 분점 경영이나 중국의 철도 부설권 교섭에 일정한 방향으로 나갈 수 있었다고 합니다. 4억5천만 명의 수요가 잠자고 있는 중국은 세계 유일의, 세계 최대의 투자처라고도 했습니다. 이제 저 역시 카메론의 목표를 이어 중국 투자를 통해 무역 주도권을 손에 쥘 것입니다."

06
청 왕조의 멸망

각 지역에서 자체적으로 철도를 놓겠다는 목적으로 철도회사를 만들었지만 실제 성과는 미미했다. 우선 자금모집이 어려웠고, 기술도 한계가 있었다. 이런 문제가 어느 한 회사에 국한된 것이 아닌 전국적으로 나타나자 1911년 5월 청 조정은 결단을 내린다. 1903년 이후 개방했던 철도 부설 정책에 관한 성명을 발표해 조정의 입장을 밝힌다.

"모든 철도를 국유화한다. 각 지역에서 민영으로 부설되었던 모든 노선은 지금부터 국가가 회수하며, 기존에 비준한 철도 부설 관련 협약은 모두 무효화한다. … 국가의 입장을 무시하고 고의로 국가의 정책을 방해하거나 저항하는 자들은 엄중히 처벌한다."

철도국유화 정책은 청 조정의 자금 모집 방법이 바뀌었음을 의미한다. 그 이면에는 청 조정이 영국, 독일, 프랑스, 미국의 네 나라 은행에서 들여온 차관을 이용해 건설한 웨한 철도와 촨한 철도와 매우 밀접한 관계가 있다.

1896년 장지동과 성선환 등 개혁인사들은 웨한 철도(역자 주 - 중국 대륙을 남북으로 횡단하는 철도로 지금의 우한(武漢)에서 광저우(廣州)까지 달린다. 1905년에 착공하여 1936년에 완성) 부설을 주장한다. 건설

자금은 중앙 차원에서 차관을 들여와 충당하면 된다는 것이었다. 이 해득실을 따져본 결과 청의 입장에서는 중국에서의 세력권이 작고 철도이권도 없는 미국에서 차관을 들여오기로 한다. 미국은 기회만 생기면 중국을 보호한다는 공언을 해왔던 터라 내심 미더운 마음도 있었을 것이다. 1898년 4월 청 조정은 중미개발회사(American-China Development Company)와 '웨한 철도 부설 차관' 계약을 맺고, 2년 후 '웨한 철도 부설 차관 연장협약'에도 조인한다. 그러나 철도, 해운, 은행 등의 중미개발회사의 업무 분야에 비해 기술 수준은 별 볼일 없는 정도였다. 건설 공정은 더디기만 했고, 이에 부설권을 철회해야 한다는 목소리가 높아진다. 1905년 가을 청은 결국 영국에 차관을 요청하고 675만 달러나 내고 철도 부설권을 거둬온다. 철도는 후베이, 후난, 광둥의 3개 성에서 공동으로 건설하도록 결정했다. 그렇지만 이들의 건설 속도도 느리기 짝이 없었다. 자금부족이 문제였다. 달리 뾰족한 수가 없었던 청 조정은 다시 웨한 철도 부설을 위한 차관을 들여오기로 하는데, 이때 촨한 철도 부설을 위한 차관을 동시에 들여오기로 한다. 미국으로부터 철도 부설권을 회수해올 때 영국에 차관을 요청했던지라 영국은 자연스럽게 차관교섭의 첫 번째 대상이 되었다.

  1908년 겨울 장지동은 웨한·촨한 철도 부설에 관해 영국 측 대표인 블랜드(J.O.P. Bland)와 교섭을 진행했다. 그러나 문제는 블랜드가 너무 지나친 조건을 제시한 데 있었다. 중영은회사의 대표였던 블랜드는 웨한·촨한 철도 부설권은 물론이고, 건설에 투입될 인부

관리나 원자재 구매결정권 모두를 중영은회사에 달라고 요구했다. 결국 협상은 결렬되었고, 장지동은 곧바로 독일—아시아은행과 교섭한다. 기회를 놓칠 수 없었던 독일—아시아은행은 훨씬 좋은 조건을 제시하며 차관을 제공하겠다고 나선다. 다음해 봄에는 차관계약 초안 작성까지 일이 진행된다. 이쯤 되자 영국도 그냥 두고 있을 수 없었다. 베이징 HSBC의 행장으로 있던 힐리어를 급파해 장지동과 다시 한 번 계약조건을 의논했다. 이때 HSBC는 프랑스의 인도—차이나은행(Banque de l' Indo—China)과 공동으로 차관을 제공하겠다는 의지를 보였다. 청 조정은 HSBC를 비롯한 프랑스의 인도—차이나은행, 독일의 독일—아시아은행을 두고 고심한다.

영국, 프랑스, 독일 세 나라의 차관협상이 거의 합의에 이르러 1909년 6월 청 조정은 HSBC, 인도—차이나은행, 독일—아시아은행에 공동으로 웨한, 촨한 철도 부설 차관을 요청하기로 결정했다. 부설권을 빼앗긴 미국은 억울했지만 어쩔 수 없었다. 그러나 미국은 태프트(W.H. Taft) 대통령까지 나서 협상에 참여하게 해달라고 요구했다. 미국은 자신들이 끼면 영국, 프랑스, 독일로 구성된 강력한 조직을 만들어 차관 조건을 더 유리하게 할 수 있다는 말로 이들을 회유했고, 청 조정에는 중국에서의 세력균형을 위해서라도 미국을 제외하면 중국이 불안하다고 엄포를 놓았다. 결국 1910년 11월 중국은 주권과 이권을 희생하여 미국, 영국, 프랑스, 독일의 은행이 제시한 차관 협정에 조인한다.

이런 상황에서 청 중앙 정부는 1911년 5월 9일 철도 국유화정책을 발표할 수밖에 없었고, 그 달 18일에는 장난(江南)·장시(江西) 총독이었던 두안광(端方)을 웨한·촨한 철도 감독으로 임명한다. 20일에는 우편·전신부의 장관 성선환을 보내 4개국이 협의한 '후광 철도 차관계약'에 조인한다. 차관 6만 파운드는 5%의 연이자에 40년 상환을 조건으로 하고, 영업수익 및 후광 두 성에서 나오는 염세와 이금을 담보로 설정했고, 이를 중앙 정부가 보증한다는 내용이 담겨 있었다.

6월 13일 네 곳의 은행은 합의에 따라 청두(成都)로 차관을 보내오고, 차관조약의 내용을 전부 공개했다. 철도국유화 정책의 속내를 알게 된 사람들이 가만 있을 리 없었다. 쓰촨(四川) 성의 주주들은 편지와 전보로 연락해 상황이 이상하게 변했다는 것을 알렸고, 6월 17일 쓰촨 성의 자문국과 촨한 철도 책임자들이 나서서 '쓰촨 철도 보존동지회(四川保路同志會)'를 조직해서 철도보호가 파기된 것을 명확히 제시했다. 입헌파 역시 철도보호운동을 추진하기 위해 '쓰촨 철도 특별주주회(川路特別股東會)'를 조직해 발기하기에 이른다.

경제적인 면에서의 권익항쟁과 정치적인 면에서의 권리요구가 맞물려 각 성에서는 분분히 철도보호운동이 일어난다. 철도보호운동은 차관을 반대하는 것으로 보일 수 있지만 실제로 그 내면에는 부패한 청 조정의 붕괴를 목표로 하고 있었다. 곪을 대로 곪은 사회적 모순들이 일시에 터지면서 청 조정은 위기를 직감한다. 각지에서 조직된 혁명당은 무장봉기를 일으키며 너도나도 중앙으로 올라온다.

군사마저도 여의치 않았던 청 조정은 후베이(湖北) 성에서 뽑은 군사들을 쓰촨으로 보내 상황을 살피도록 한다.

그러나 쓰촨으로 군사를 파견하자 후베이의 중심인 우한(武漢)이 텅 비게 되었고, 10월 10일 우창(武昌)에서 봉기의 깃발이 올랐다. 우창을 시작으로 한 달 동안 전국 15개 성에서 봉기가 일어나 각자 독립을 선포하기에 이른다. 결국 1912년 1월 1일 청은 막을 내리고, 난징 임시정부가 성립된다.

내우외환의 중국의 열차는 청 왕조를 지나 민국으로 향한다. HSBC 등 4개국에서 나온 차관은 철도보호운동의 도화선이 되었고, 이는 청 왕조의 멸망으로 끝을 맺게 되었다. 새로운 시대가 왔다. 발전 전략을 적시에 바꾸기 위해 HSBC 역시 중국의 정치 경제의 형세에 이전보다 더 촉각을 곤두세워야 했다.

제4장
위안스카이의 황제의 꿈

위안스카이가 황제가 되려면 꼭 필요한 것이
구미 열강에서 차관을 들여오는 것이었다. 영국, 프랑스, 독일, 미국의 대표 은행들로
구성된 은행 신디케이트는 위안스카이가 몸이 달 때까지 기다렸다.

은행 신디케이트가 중국 공공 분야의 차관을 독점했고,
이익의 많은 부분이 HSBC의 차지였다.
중국에서 영국 기업들의 영역 확장에 HSBC가 나섰고,
그 중요한 역할을 탁월히 처리했다.

『주요 외환 은행과 극동 무역』, 벡스터(Baxter, A. J.)

HSBC

중국 정부는 민국시대(역자 주 ─ 신해혁명 이후 국민당 정권이 중국을 장악하고 있던 시기)로 접어들었지만 재정은 여전히 궁핍했다. 아니 더 어려워졌다. 차관 상환하랴, 전후 배상금 갚으랴, 군사비는 물론이고 행정비도 만만찮게 들었다. 더군다나 지방 정부가 독립을 선언하면서 중앙은 지방에서 올라오는 세금을 기대할 수 없었다. 수입 없이 지출만 계속되는 심각한 상황을 피할 방법은 차관뿐이었다. 위안스카이가 자신의 꿈을 이루기 위해 임시 총통을 맡았다가 정식 총통으로 옷을 바꾸고, 결국 중화제국을 세우고 '홍헌(洪憲)' 황제로 스스로를 옹립하는 과정에는 더욱 많은 자금이 필요했다. 서양 열강들도 차관이라는 미끼를 던져 더 많은 특권을 얻어 중국에서의 권익을 유지·확대해갔다. 영국, 프랑스, 독일, 미국 등 열강의 은행들로 구성된 국제 은행 신디케이트에서 HSBC가 대표가 된다. 베이징 HSBC 행장이었던 힐리어, 런던 분점의 행장이었던 아디스는 대표로 차관협상에 참여한다.

01
무대 위의 위안스카이

8국 연합군은 의화단운동을 명목으로 거액의 배상금과 배외운동의 금지 항목이 든 조약을 청 조정에 들이민다. 즈리 총독이었던 리훙장은 병든 몸을 이끌고 1901년 9월 7일 '신축조약'에 조인한다. 당시 중국 최고의 정치가로 인정받던 리훙장이지만 그가 중국을 위해 체결한 무수한 조약 중 가장 치욕스러운 조약이 바로 신축조약이었다. 그가 조약을 체결할 때 중국의 최고 통치자인 자희태후는 서안에서 아직 베이징으로 돌아오지 않은 상태였다. 2개월 뒤 러시아와 조약을 맺은 다음 79세의 리훙장은 한을 품고 세상을 뜬다.

리훙장이 죽은 뒤 조정에서는 개혁파 위안스카이가 실세를 잡고 하북 성 총독 겸 베이양(北洋) 정부의 대신이 된다. 이듬해부터 위안스카이의 정권 장악은 가시화되었다. 군사권을 손에 쥐고 중앙 요직을 차지한다. 여덟 개에 이르는 직위를 겸직함으로써 위안스카이는 황제 못잖은 권세를 갖는다. 1908년 광서(光緒) 황제는 34년의 집정을 끝내고 자희태후와 함께 세상을 뜬다. 뒤를 이어 왕위를 계승한 선통(宣統)을 보좌하기 위해 왕재풍(王載灃)이 섭정하면서 정치와 재정을 담당한다. 위안스카이의 세력을 누르기 위해 선통 원년인

1909년 10월에 왕재풍은 조금도 주저하지 않고 위안스카이를 자리에서 끌어내리고 자리를 비워둔다. 일체의 군정을 빼앗긴 위안스카이는 고향 허난으로 돌아가서 전신기기를 세우는 등 바깥 소식 하나하나에 귀를 기울인다. 야심으로 가득 찬 위안스카이는 칩거하며 정권을 잡을 기회를 기다린다.

1911년 10월 10일 우창에서 봉기가 일어나고, 이듬해 1월 1일 중화민국 수립을 선포한다. 해외에 도피해 있던 쑨원(孫文)이 난징으로 돌아와 임시 정부의 총통을 맡았다. 난징 정부는 영국, 미국, 독일, 프랑스가 연합해 만든 은행 신디케이트에 200만 냥을 대출해줄 것을 요구한다. 그러나 당시 영국 등의 은행은 수립된 지 얼마 안 된 난징 정부에 차관을 제공해주지 않았다. 중국의 정세를 관망하며 정확한 타이밍을 잡고자 한 것이다. 런던 HSBC 은행장 아디스는 쑨원의 차관요구에 '확실한 정부를 수립하기 전에는 차관을 얻을 생각을 하지 말라'며 난징 임시정부를 인정하지 않는다. 영국을 비롯해 구미 열강은 신생 민주공화정 체제 자체에 그리 큰 흥미가 없었다. 아무리 잠재 시장 중국이지만 쑨원에 대해서도 호감을 보이지 않았다. 그들은 중국을 대표하는 인물로 청 조정에서 새롭게 등장한 인물 위안스카이를 보고 있었다. 그들은 '위안스카이는 중국의 정세를 구할 유일한 강력한 지도자'이며, 자신들의 실질적인 이익을 유지해줄 인물도 바로 위안스카이라고 믿었다.

청 조정에서 총리대신과 군무대신으로 임명받은 위안스카이는 베이징의 청 조정과 쑨원의 난징 임시정부를 동등한 지위로 인정하는 행동을 한다. 1912년 2월 12일 청의 선통 황제가 하야하고, 13일 쑨원은 중화민국 임시총통에서 사직한다. 15일에는 민주공화정을 받아들인 위안스카이가 쑨원의 뒤를 이을 인물로 사람들 입에 오르내렸다. HSBC 역시 위안스카이가 중국 대륙을 집권할 인물이라고 판단했다. HSBC의 스타브는 선통 황제가 하야한 뒤로 일단 위안스카이 정부와 서방 열강이 국가적 입장에서 외교관계를 수립하고, 각국 은행은 즉시 재정원조를 준비했다.

1912년 3월 10일 위안스카이는 중화민국의 임시총통에 취임한다. 취임사에서 '공화의 정신을 발양한다' 던 위안스카이는 실제로는 점점 전제독재 정치의 길로 들어서고 있었다. 책임내각을 없애고 그를 반대하는 국민당을 탄압하고, 국회가 그를 정식 총통으로 선출하도록 압력을 가했다. 정식 총통이 된 후 그는 국회를 해산하고 '임시잠정헌법'을 폐지했다. 1916년 스스로를 중화제국의 '홍헌(洪憲)' 황제로 옹립하고, 그 해를 '홍헌 원년'으로 삼았다. 위안스카이가 황제가 되려면 꼭 필요한 것이 구미 열강에서 차관을 들여오는 것이었다. 영국, 프랑스, 독일, 미국의 대표 은행들로 구성된 은행 신디케이트는 위안스카이가 몸이 달 때까지 기다렸다.

02
황제를 위한 차관

위안스카이의 차관 도입 계획을 가장 먼저 나서서 지지한 사람은 중화민국의 초대내각 총리였던 탕샤오이(唐紹儀)였다. 1912년 2월 27일 탕샤오이는 은행 신디케이트 대표와 회견하고 차관계획을 내놓았다. 위안스카이가 안정적으로 정권을 잡을 수 있도록 곧바로 은행 신디케이트를 대표해서 HSBC는 200만 냥의 차관을 내놓는다. 위안스카이는 쑨원이 떠난 난징 임시정부를 북으로 옮기고 베이징에서 군사쿠데타를 일으킨다. 곧이어 110만 냥의 차관을 요구하지만 4국 은행 신디케이트에서는 느긋하게, 그리고 꼼꼼하게 실리를 따져본다. 1주일 후 위안스카이의 손에 돈이 쥐어진다. 그러나 대가는 어마어마했다. 기존의 청 조정을 대상으로 한 차관들을 보면 대부분 관세수입을 담보로 했었다. 하지만 4국 은행 신디케이트에서는 담보물로 염세를 지정한다. 염세는 전국적으로 거둬들이는 가장 안정적이고 거대 수입원이었다. 그러나 돈이 급했던 위안스카이는 무리한 조건에도 눈 하나 까딱하지 않고 탕샤오이에게 조인을 명한다. 거기에 하나 더, 은행 신디케이트는 '기타 황제 취임에 필요한 차관을 맡아 처리한다' 는 조건도 덧붙인다. 이로 인해 4국 은행 신디케이트는 이후 중국 정부 차관을 독점할 수 있게 되었다.

이후 진행된 차관협상에서 4국 은행 신디케이트는 더 많은 권리를 얻어내기 위해 기존보다 더한 조건을 제시한다. 중국의 채무상환 능력을 확보해야 한다는 명분으로 중국 재정 감독권을 요구한다. 즉 군인 급료를 대신 지불하고 해방군은 외국 군관에게 감독을 받아야 하며, 이후로 차관을 사용할 때는 각 은행에서 나온 외국인 세무사가 감독을 한다는 조항이 그러했다. 열강들의 목적은 분명 중국 정치까지 제어하겠다는 것이었으나 황제에 눈이 먼 위안스카이에게 그런 것들은 안중에도 없었다. 이 차관협상이 알려지면서 혁명당의 매서운 비판이 날아왔다. 사회적 압력을 이기지 못하고 협상은 성과 없이 끝난다. 위안스카이는 탕샤오이 대신 재정총장 슝시링(熊希齡)을 보내 교섭을 계속한다.

슝시링과 '위안스카이 선후차관'을 협상하기 전에 영국 정부는 여러 나라와의 협력을 확대하고, 또 각국의 이익에 균형을 맞추기 위해 4국 은행 신디케이트의 주요대표인 런던 HSBC 은행장 아디스의 건의를 받아들여 러시아, 일본 양국을 더해 6국이 참여하는 은행 신디케이트를 구성한다.

6월 24일 6국 은행 신디케이트와 베이양 정부의 외교총장인 루정샹(陸征祥), 재정총장 슝시링은 1차 회의를 진행한다. 은행 측은 정식으로 '위안스카이 선후차관' 계약의 4대 조건을 제시한다.

첫째, 은행 신디케이트 대표에게 5년 채권의 특허권을 부여한다.

둘째, 염세 세무를 세관 세무와 같은 방법으로 바꾼다.

셋째, 은행 신디케이트 중 1인을 재정부 고문으로 삼는다.

넷째, 외국인 회계감사원을 둔다.

아무리 강경한 태도의 열강 정부라 할지라도 국채발행이나 재정에 관련된 부분은 국가 주권에 관한 내용이므로 슝시링으로서는 즉답을 할 수 없었다. 슝시링은 성명을 발표해 차관협상에 난항이 예상되며, 차관협상이 결렬될 때를 대비해 다른 방법을 모색해야 한다고 주장한다. 그 후로 차관협상은 끊어졌다 이어졌다를 반복한다.

1912년 11월 27일 '위안스카이 선후차관' 은 다시 적극적인 협상에 들어간다. 직무한계를 언급하며 차관진행에 미온적인 슝시링은 즉시 퇴출되고 새로 취임한 재정총장인 저우쉐시(周學熙)가 차관협상을 잇는다. 이 무렵 미국 대통령으로 당선된 윌슨은 은행 신디케이트에서 미국을 제외시키겠다고 발표한다. 물론 차관제공도 불가하다는 것이 그의 입장이었다. 윌슨은 차관계약 중에 중국 내정간섭을 거론하는 4대 조항을 지적하며 차관협상에서 발을 뺀다. 미국 금융계에서도 이번 차관은 중국 정부가 큰 손해를 입는 것은 물론이고 미국의 이권 면에서도 그리 매력 있는 조건이 아니라고 생각했다. 결국 5국 신디케이트로 협상은 계속된다.

이즈음 국제 정세는 매우 다급해져 있었다. 유럽 대륙은 1차 세계대전의 그늘로 침체되어 있어 이번 차관제공에 참여한 영국이나 프랑스 정부는 조속히 협상이 체결되어 극동에서 손을 떼고 싶었다. 중국 내에서도 사회적 파란이 일었다. 혁명당이 여론을 앞세워 위안스카이가 부당한 차관을 위해 나라를 팔아먹고 있다고 질책하고, 쑨원을 추대해 '2차 혁명'을 일으키려 하고 있었다. 결국 위안스카이는 급한 대로 은행 측의 요구를 받아들이고, 1913년 4월 22일 국무총리 자오빙쥔(趙秉鈞)과 외교총장 루정샹, 재정총장 저우쉐시는 5국 은행 신디케이트와 '위안스카이 선후차관'의 계약 초안에 서명한다. 2,500만 파운드를 연 5%에 제공받는 대가는 너무도 컸다.

　결국 차관은 위안스카이와 열강 및 HSBC를 비롯한 은행 신디케이트에 모두 떨어지는 게 있었다. 위안스카이는 황제 취임에 필요한 경비로 쓸 돈이 손에 쥐어졌다. 또 이 돈으로는 각 지방 정부의 재정을 지원하는 한편 재무개편을 통해 지방에 대한 제어를 강화할 수 있었다. 차관조약에도 나와 있듯이 열강은 이를 통해 중국의 경제·정치를 제어할 수 있었다. 아이러니하게도 위안스카이는 차관을 통해 재정을 정비하려 했지만, 결국 차관 때문에 재정권이 완전히 열강의 손에 넘어간 것이다. 이번 차관에서 담보로 묶은 염세는 중국은행이 거둔 뒤 HSBC, 중국—러시아은행(Russo—Chinese Bank), 요코하마 정금은행(正金銀行, 외국 무역금융 업무를 주로 하는 특수은행), 인도—차이나 은행, 독일—아시아 은행이 각각 나눠 받아 보관했다.

　이번 차관에서도 역시 HSBC가 큰 역할을 했다. 베이징 HSBC의 힐리어는 위안스카이 정권과 직접 접촉하면서 협상을 진행했고, 런던 분점의 아디스는 은행 간에 일어날 수 있는 소모전을 최소화하기 위해 조율에 최선을 다했다. 둘의 활약으로 HSBC 역시 은행 신디케이트에서 자연스럽게 수위의 자리를 차지할 수 있었다. 사실 HSBC

말고도 영국의 다른 은행들도 차관협상에 참여하고 싶어 했다. 이들은 HSBC의 극동에서의 금융 독점에 질시어린 눈길을 보내고 있던 참이었다. 그런데 이번 차관에서도 HSBC만이 참여하자 정부에 강하게 불만을 표했었다. 그러나 영국 정부는 다른 은행의 개입을 절대 허가하지 않았다. 사실 그 이면에는 HSBC와 차관으로 돌아오는 이익에 대해 인식을 같이 하고 상호 협조한다는 암약이 있었다. 영국의 외무장관 그레이(Gray)는 편지에 다음과 같은 입장을 밝혔다.

"HSBC가 차지하고 있는 특별한 지위에 대해서 우리는 어느 정도 인정해야 한다. 사실상 HSBC가 처음으로 극동에 진입한 은행이기도 하지만, 지금도 여전히 국제적 합작을 주도하고 있기 때문이다."

은행간 신디케이트는 서로가 손해를 보는(lose—lose) 게임을 피할 수 있다. 은행마다 차관에만 목을 맨다면 중국의 담보물은 모두 동이 날 것이고, 더 이상 차관제공을 할 수 없을 것이기 때문이다. 또 은행으로서도 업무 영역의 확장이 어려울 수 있었다. 국제 금융계에서는 은행 신디케이트가, 은행 신디케이트 안에서는 어느 한 은행이 독점적인 지위를 차지하고 있는 것이 당시 금융계의 독특한 부분이었다.

03
위안스카이의 꿈

위안스카이는 차관을 통해 어느 정도 지위가 강화되었다. 그러나 위안스카이는 결코 총통 취임식에서 맹세한 '공화의 정신을 발양해' 민주적인 국가를 만들 생각이 없었다. 오직 황제의 옥좌만이 그의 머리에 가득할 뿐이었다.

1914년 8월 1차 세계대전이 발발한다. 전쟁이 터지기 2주 전 런던 HSBC 은행장 아디스는 힐리어에게 당시 유럽의 상황을 알린다.

"여기에 중국 차관에 대한 내용은 쓰지 않겠습니다. 오스트리아와 세르비아 간에 전쟁이 일어났습니다. 주변국들은 이번 소용돌이에 휘말릴 것 같습니다. 이제 국가 차원에서 공채를 발행하기란 쉽지 않을 … 아니 완전히 불가능할 겁니다."

멀리 유럽에서 일어난 전쟁은 위안스카이와 런던 금융가의 관계를 끊어놓았다. 다른 유럽 국가들도 극동까지 신경 쓸 여유가 없었다. 어부지리

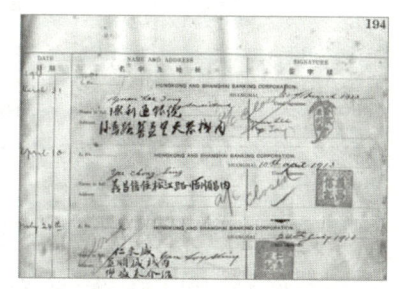
1913년 중국 고객이 사용하던 예금 통장

로 일본이 중국 침략의 기회를 잡는다. 일본 정부는 '훙무 21조'를 제정하고 1915년 1월 위안스카이 정권에 이를 제의했다. 위안스카이라고 훙무 21조의 위험을 모르는 바가 아니었다. 그러나 황제가 되고 싶은 그에게 일본의 지지가 필요했다. 그 해 5월 자의 반, 타의 반으로 위안스카이는 훙무 21조를 수용한다. 그러나 조약 체결 후 위안스카이의 욕심대로 '공화제는 중국에 부적합하다'는 이야기들이 거론된다. 그 해 12월 위안스카이는 참정원에서 황제 옹립 추대서를 못이기는 척 받아들인다. 19일 드디어 위안스카이는 황제가 된다. 그것도 선통 황제를 끌어내린 즈진청(紫禁城)에서 말이다. 이 일에 든 돈만도 무려 200만 위안에 이른다고 한다. 학자들은 위안스카이가 여러 경로를 통해 돈을 모았을 것이라고 추측한다. 중국은행이나 교통은행의 자본금을 사사로이 털어 쓴다든가, 국내 공채를 발행하거나, 아편상에게까지도 상납을 받아서 말이다.

1915년 12월 31일 위안스카이는 1916년을 '중화제국 훙선원년'으로 선포하고, 새해에 대전에 오를 준비를 한다. 베이징은 세월을 잊은 듯한 풍경이었다. 윈난(雲南)에서는 독립을 선포하고 위안스카이를 토벌할 군대를 모집했고, 중국 변방에서는 농민봉기가 일어났지만 위안스카이는 여전히 등극 준비에 눈코 뜰 새 없이 바빴다. 하지만 위안스카이의 생각대로 모든 것이 순조롭지는 않았다. 윈난에 이어 구이저우(貴州)와 장시, 광둥에서는 일부 군관들을 중심으로 독립을 선포했고, 전국은 민중들의 봉기로 벌겋게 달아올랐다. 또 내부에서도 반 위안스카이 세력이 나타났다. 두안치뤼(段祺瑞)와 펑궈장(馮國璋)은 위안스카이가 황제 등극에 도움을 청했으나 모두 병을 핑계로 등청하지 않았다.

이처럼 위안스카이는 중화민국의 반역자라는 규탄을 받았다. 그는 총통에 당선될 때 약속한 것처럼 민주주의의 수호자가 되어야 했다. 결국 1916년 3월 위안스카이는 어쩔 수 없이 황제 자리를 내놓고 공화정으로 돌아가겠다는 성명을 발표한다. 그러나 이제 사람들은 그를 믿지 않았다. 그는 중화민국의 총통자리에서도 물러나야 했다. 황제의 꿈은 산산조각났고, 위안스카이는 6월 6일 56세의 일기로 세상을 뜬다.

힐리어는 베이징의 정세에 주목했다. 그러나 이때처럼 정세 예측이 어려운 적은 없었다. 런던 HSBC의 아디스는 위안스카이가 죽었다는 소식에 중국의 상황을 낙관하고 있었다. 그러나 일주일 후 베이징 HSBC 부행장 앨런(Allen, G. C.)은 편지를 통해 중국 정부의 재정 상황을 설명했다.

"현재 중국은 통상적인 채무청산도 어려운 지경에 처해 있습니다. … 광주(廣九)철도 차관도 배상할 방법이 없습니다. … 게다가 일본의 중국 경제 수탈이 심화되어 매우 우려됩니다. … 이제 극도의 재정난을 겪고 있는 중국 정부는 머잖아 붕괴될 것이며, 일본은 기회를 기다렸다 미끼를 던져 중국을 통째로 집어삼킬 것입니다. 아마도 미끼는 차관이 될 것입니다. 사실 은행 신디케이트의 협약에는 참여한 은행에 균등한 기회배분을 규정하고 있지만 만약 이렇게 된다면 우리의 이권이 줄어들 것입니다. … 또 하나 유럽 전쟁이 확대되면 기존처럼 중국에 대한 차관제공에 있어 시기나 방법을 예측하기 어려울 것입니다."

이제 세계는 안개 속에서 방향을 잡지 못하고 있었다. 중국에서는 위안스카이가 죽은 후 각지의 군벌들이 세력을 다투는 혼란의 시대에 접어든다. 승승장구하던 HSBC는 극동에서의 경영에 큰 위기를 맞는다.

제5장
급변하는 베이양 정부와 HSBC

일본의 '서원차관'처럼 거액의 개별적인 차관이 계속해서 비준을 받는다면 중국은 얼마 가지 않아 파산할 것이고, 우리는 영영 중국에 차관을 제공할 기회조차 잃을 것이다.

> 은행 신디케이트 대표에 HSBC가 올랐다는 것은
> 런던 금융계에서 그에 필적할 만한 은행이 없다는 것을 의미한다.
>
> 런던 HSBC, 아디스

HSBC

1916년 위안스카이가 죽은 후 중국은 12년 동안 군벌 간의 전쟁으로 혼란한 시기를 보낸다. 중국 정부는 겉에서 보기에 공화정 체제를 유지하고 있었지만 실제로는 군사력을 바탕으로 한 전제정치를 행하고 있었다. 겉과 속이 다른 독특한 정치구조였다. 북쪽에는 완(晥, 안후이(安徽)를 중심으로 한 군벌), 즈(直, 후베이를 중심으로 한 군벌), 펑(奉, 산둥을 중심으로 한 군벌) 군벌이 차례대로 베이양을 차지했다(역자 주 — 베이양(北洋) 군벌은 청나라 말기 위안스카이가 육성한 신식 육군을 바탕으로 하여 중화민국 이후에 무력을 배경으로 베이징 정권을 장악한 군벌의 총칭). 남쪽에서는 1916년 7월 쑨원이 해군의 지지를 바탕으로 광저우에 군 정부를 세운 상태였다. 쑨원은 대원수 자리에 앉긴 했지만 실권은 군벌들의 손에 떨어지곤 했다. 분할된 전국을 통일하는 활동은 1926년 국민혁명군의 북벌로 시작되었다. 1928년 난징 국민 정부가 설립되고, 펑 군벌의 장쉐량(張學良)이 정치적 노선을 바꾸면서 국민혁명군을 이끌었다. 전반적으로는 분열된 상황이 종결되었다.

군벌들이 정권을 차지하려는 혼란한 정세에도 흔들리지 않는 HSBC만의 전략이 있었다. 바로 북방 정권을 차지한 세력들을 지지하는 것이다. HSBC는 예전처럼 차관을 통한 막대한 이윤은 얻을 수 없었지만 다른 회사들처럼 정세에 흔들리지 않고 회사의 규모를 유지할 수 있었다. 1차 세계대전이 장기화되면서 영국 정부는 극동지역을 돌볼 틈이 없었다. 베이양 정부의 차관제공을 눈 뜨고 놓칠 수밖에 없었다. 끝나지 않을 것 같은 전쟁이었지만 어떻게든 결말이 났고, 전후 새로운 은행 신디케이트를 주도한 것은 당연히 HSBC였다. 기존의 차관을 통한 이윤만은 못했지만 예금, 단기자금 대출, 어음환매 등의 서비스로 벌어들이는 수익은 대단했다. 중국의 외국계 은행에서 선두자리를 유지할 수 있었다.

01
장쉰의 부활

1916년 리위안훙(黎元洪)이 중화민국 총통직을 승계한 후 위안스카이에 의해 해산되었던 국회가 다시 모였다. 국회가 열리자마자 의원들을 두안치뤠(段祺瑞)의 내각 총리직 유임을 비준하고, 베이양 군벌의 제2인자였던 펑궈장(馮國璋)을 부총통으로 선출한다. 그러나 총통권의 이동이나 국회의 복구로는 권력의 분배문제를 해결할 수 없었다. 군권을 장악한 두안치뤠의 강력한 간섭 때문에 총통부와 국무원의 권력투쟁은 끊이질 않았다. 독일에 대한 선전포고 문제를 두고서도 첨예한 갈등을 보인다.

1917년 4월 미국은 연합군을 지지하며 독일과의 전쟁을 벌이겠다고 발표했다. 중국에서도 참전여부를 두고 찬반논쟁이 뜨거웠다. 총리 두안치뤠는 참전에 적극적으로 찬성을 표했고, 리위안훙은 반대의 뜻을 굽히지 않았다. 두안치뤠는 국회의 허가 없이 독자적으로라도 참전하겠다며 리위안훙에게 국회 해산 압력을 가한다. 참다 못한 리위안훙은 5월 23일 두안치뤠를 해임하고 베이양 군벌에 연락을 한다. 그곳에는 그동안 청 왕조의 부활을 부르짖었던 장쉰(張勳)이 있었다. 그를 불러들인 뒤 두안치뤠를 설득할 생각이었다. 그러나 장쉰은 그 대가로 국회 해산을 요구한다. 리위안홍은 어쩔 수 없이 국회를 해산했고, 장쉰은 그 즉시 '변자군(辮子軍)'을 이끌고 베이징으로 들어온다. 장쉰의 엄호를 받으며 1917년 7월 1일 예전의 청 황제 푸이(溥儀)가 황제의 보위에 오른다. 그의 나이 겨우 11살 반이었다.

다음날 곧장 힐리어는 상하이 HSBC 은행장 스티븐(A.G. Stephen)에게 이 소식을 알린다.

"어제 중국은 왕정복구를 선포했다. 총통은 해임을 거부하고 2천여 명의 호위를 받으면서 총통부에 남게 되었다. 도처에 용 깃발(만청 국기는 용(龍) 기로 삼았다. 기록에 의하면 당시 장쉰은 쉬저우에서 올라올 때 아예 깃발 한 수레를 싣고 올라왔다고 한다. 베이징의 화공들은 너도 나도 황룡이 그려진 국기를 그렸고, 시장에는 황룡의 깃발과 청나라에서 입던 옷들이 불티나게 팔렸다)이 휘날리고 있다. 베이징은 아직 조용하다. 아직 베이징에서 쿠데타나 반란은 발생하지 않고 있지만, 머잖아 각 지역에서 반란이 예상된다."

왕정복구를 거부한 총통 리위안홍은 공화정 부활을 목적으로 두안치뤼 군대를 다시 베이징으로 불러들였다. 그리고 자신의 총통직은 임시로 펑궈장에게 맡긴 후 일본 영사관으로 숨었다. 두안치뤼는 '반역토벌군'을 조직해 톈진에서 베이징으로 진군하고 있었다.

푸이가 왕위에 앉은 지 1주일 만에 두안치뤼의 군대는 베이징 성을 에워싸고 있었다. 힐리어는 스티븐에게 또 한 통의 전보를 보낸다.

"현재 청 황실 군대는 사기가 떨어져 있을 뿐 아니라 수적으로도 민국 군에 미치지 못한다. … 백성들은 긴장하고 있지만 그리 혼란한 상황은 아니다. 화폐가 부족하고 화폐가치가 엄청나게 떨어졌다."

장쉰의 '변자군'과 두안치뤼의 군대는 수일 동안 대치했다. 7월 11일 모든 것이 여느 때와 다름없었다. 베이징 성에는 무거운 분위기가 흐르고, 힐리어는 불안함을 벗어버리려 베이징 동쪽의 별장으로 갔다. 저녁쯤 도착한 힐리어는 장쉰과 두안치뤼가 다음날 공격에 들어간다는 소식을 듣는다. 두안치뤼의 군대가 이미 성을 포위하고 있지만 장쉰이 투항하지 않고 있었다. 다음날 새벽 힐리어는 천둥같은 대포소리에 놀라 잠에서 깼다.

"새벽 6시 대포소리가 잠시 멈췄다. 앨런이 나를 걱정할 것이라고 생각해서 나는 말을 달려 마진청(馬進城)으로 갔다. 마을과 마을을 잇는 길은 매우 조용했다. 가는 길에 공화군과 마주치긴 했지만 그들은 나를 잡지 않았다. 성문에 도착하니 공화군이 지키고 있었고, 그들 중 나를 아는 사람이 있어 나는 무사히 통과할 수 있었다. … 순간 즈진청 부근에서 들려온 총소리는 침묵을 깨뜨렸다."

힐리어는 큰 길로 나가다 경찰에게 잡혔는데, 천만다행으로 때마침 앨런이 나타났다. 앨런은 아침부터 힐리어를 찾으러 다녔던 모양이다. 앨런의 얼굴은 공포와 안도의 표정이 뒤섞여 나타났다. 앨런의 말에 의하면 두안치뤼 군대의 대포는 톈탄(天壇)에 주둔 중인 장쉰 부대를 공격하고 있었다. 그 때 두안치뤼 군대 소속인 듯한 병사들은 앨런과 힐리어가 탄 자동차를 향해 기관총을 쏘아댔다. 그러나 잠시 후 군인들은 앨런과 힐리어의 얼굴을 보고 곧 그 자리를 떠났다. 둘은 차를 HSBC로 몰았다. 하필 조금 전의 기관총에 오일탱크가 터져 차가 멈췄고, 둘은 그늘에 몸을 숨기며 영국 성공회 건물까지 걸음을 재촉했다. 그곳에서 해가 질 무렵까지 피해 있다가 마침 지나던 자뎅매서슨 직원의 도움으로 HSBC까지 갈 수 있었다.

　결국 그날 오후 6시 장쉰은 항복한다. 두안치뤼 군대는 거센 대포 세례로 그들을 위협했고, 투항만 하면 8만 냥을 주겠다고 회유하기도 했다. 오랫동안 봉급도 받지 못하고 톈탄을 지키던 2천 명의 변자군은 투항한다. 이튿날 두안치뤼가 베이징을 공격하고, 장쉰은 네덜란드 영사관으로 피신한다. 보좌에 오른 지 2주밖에 안된 꼬마 황제는 자리에서 쫓겨났다. 이로써 두 번째 시도한 왕정복구는 2주 만에 막을 내린다. 두안치뤼는 총리에 임명되고, 펑궈장이 베이징으로 올라와 총통직무를 임시 대리한다. 완 군벌의 보스 두안치뤼와 ㅈ 군벌의 영수 펑궈장은 베이징에서 얼마간 협조체제를 갖춘다.

02
완 군벌과 HSBC

위안스카이가 죽은 뒤 군권을 장악한 두안치뤼는 재빨리 내각의 행정권도 강화한다. 그러나 일본 영사관에서 돌아온 리위안홍 총통과 사사건건 충돌을 일으킨다. 개인의 정치적 입지를 다지기 위해 두안치뤼는 영국 등 구미 열강은 물론 일본과도 좋은 관계를 맺는 것이 필요했다. 1917년 1월 니시하라 가메조(西原龜三)의 도움을 받아 두안치뤼 정부는 일본에서 500만 엔의 차관을 빌린다. 1918년 9월에도 두안치뤼 정부는 일본에서 여러 번의 차관을 들여왔는데, 매번 일본 수상 데라우치 마사타케(寺內正毅)를 대신해 니시하라가 양측을 오가며 협상을 진행했다. 이 차관을 '니시하라 차관'이라 하는 이유가 여기에 있다.

교통은행(交通銀行) 차관은 일본 데라우치 내각이 두안치뤼 정부에게 제공한 첫 차관이다. 1917년 1월 20일 일본은 고교은행(興業銀行)과 타이완은행(台灣銀行), 조선은행(朝鮮銀行)으로 구성된 특별 은행 신디케이트를 비준하고 중국에 정치 차관을 제공한다. '요코하마 정금은행이 주로 그 책임을 지고' '일본 고교은행과 타이완은행, 조선은행이 공동으로 출자하여 중국 경제 차관을 제공한다'는 내용으로 '니시하라 차관'은 시작되었다. 일본 수상 데라우치

차관 분야	일시	차관 금액 (만 엔)	연이자 (%)	기한
교통은행(交通銀行) 차관	1918.1.20	500	7.5	3
교통은행 연속차관	1917.9.28	2000	7.5	3
전신차관	1918.4.30	2000	8	5
지후이(吉會) 철도 차관	1918.6.18	1000	7.5	
지헤이(吉黑) 삼림금광차관	1918.8.2	3000	7.5	10
만멍쓰(滿蒙四)철도차관	1918.9.28	2000	8	
지쉰가오쉬얼(濟須高徐二) 철도차관	1918.9.28	2000	8	
참전차관	1918.9.28	2000	8	

출처:『민국외채 안건 사료民國外債檔案史料』, 재정과학연구소 1990

　마사타케는 1918년 자리에서 내려오면서 그간 진행했던 일들에 대해 성명을 발표한다. 일본이 제공한 '서원차관'은 기존 금액의 3배에 달하며, 이를 통해 일본은 중국의 이권 21조 엔을 얻는 셈이라고 밝혔다.

　이때처럼 국가 뒷심의 위력을 절감한 적은 없었다. 사실 HSBC가 아무리 날고 긴다지만 유럽 대부분의 국가가 참여하는 1차 세계대전의 여파로 영국은 극동에 관심을 접은 상태였다. 차관제공에서 큰 재미를 봤던 HSBC는 이즈음의 차관을 모두 일본에 빼앗기는 것이 여간 속 쓰린 일이 아닐 수 없었다. 아디스는 1917년 가을 친구에게 보낸 편지에 당시 일본의 야욕과 중국의 상황을 썼다.

　"지금의 중국 정부는 오로지 눈앞의 돈만 보느라 국가의 장래는 아랑곳하지 않는다. 자신의 자리만 지킬 수 있다면 뭐든 받아들인다. 분명 이들은 나라를 일본에 팔아먹게 될 것이다."

1917년 1차 세계대전은 3년째로 접어들었다. 그러나 중국은 여전히 중립을 유지하고 있었고, 독일인들도 중국 시장에서 영업을 계속하고 있었다. 이를 보다 못한 영국은 중국에게 연합군에 참전할 것을 제의했다. 그렇게만 하면 두안치뤼 정부에 정권유지에 필요한 각종 원조 지원을 약속했다. 미국도 1917년 4월 참전의사를 밝히고 두안치뤼 정부의 참전을 요청했다. 게다가 두안치뤼 정부와 돈독한 관계를 맺고 있는 일본까지 거들고 나서니 두안치뤼로서는 더 이상 빼는 것도 예의가 아니다 싶었다. 또 실제로 참전했다 이기기만 하면 승전국으로서 얼마간의 승전비를 받을 수 있을 것이고, 최소한 열강들의 중국 침략을 막을 수는 있을 것이었다. 밑져야 본전이라 생각한 두안치뤼는 내각을 설득해 1917년 8월 17일 참전을 결정한다.

그 해 11월 22일 권력투쟁에서 패한 두안치뤼는 4개월간의 총리직을 내어놓고 정계를 떠난다. 중국 정계는 정말 한 치 앞도 알 수 없는 안개 속 같았다. 다시 힐리어의 편지를 보자.

"새로 취임한 총통이 새 내각을 짜느라 고심하고 있지만 사실 그 임기는 더 짧을 것이다. 내 생각으로는 남방의 정부에 정권을 나눠주는 식의 내각이 구성되지 않는 한 중국에 안정적인 정부가 들어서기는 어려울 것이다. 정권이 흔들리면 나라의 미래도 보장할 수 없다. 지금은 곳곳에 무장당원들이 각자 세력을 모아 독자적인 정권을 만들고 있다. 마치 유럽의 중세사회를 보는 듯하다. … 내가 감히 지금 어떤 예측을 할 수 있겠는가? 그저 중국인들 특유의 의지로 이 나라가 다시 설 것을 믿는 수밖에."

HSBC가 급변하는 중국의 정세에 주목하는 이유는 정치 차관을 위해서이다. 금융 서비스의 한계를 뛰어넘는 정치 차관은 중국에서의 특혜와 많은 이권을 보장하기 때문이었다. 다른 열강의 기업들이 정치 차관에 목을 매는 이유도 그렇다. 잘만 이용하면 중국의 정치·경제적 파워를 확대할 수 있다.

그러나 이즈음 HSBC는 매력적인 정치 차관에는 접근하기 힘들었다. 영국 정부의 지원 부족이 컸지만, HSBC에 포함된 독일 자본 때문에도 그렇다. HSBC 이사진 중에는 독일인들이 섞여 있었다. 창립 당시 중국에서 크게 사업을 하고 있던 독일 기업들이 HSBC에 투자를 하면서 들어온 것이다. 이들로 인해 HSBC는 영국 정부로부터 부당한 대우를 받기도 했고, 여론도 매우 불리하게 돌아갔다. 양국의 대립적인 상황으로 인해 독일인 이사들 중 둘은 투자를 거뒀고, 둘은 장기휴가를 명목으로 실제 경영에서 빠진다. HSBC의 사업 중 적지 않은 부분이 독일—아시아은행과 관계가 있거나 독일 이사들이 운영하던 기업의 수출입 무역 지원과 밀접하게 연계되어 있었다. 게다가 12명의 이사진 중 1/3에 해당하는 네 명이 빠졌으니 HSBC의 사업영역은 크게 축소되었다.

그러나 HSBC는 중국에서의 예금, 단기자금대출, 환어음 등 금융 서비스에서 짭짤한 이익을 보고 있었다. 1차 세계대전을 전후하여 은행 규모를 비교해보면 HSBC는 아시아에서 단연 톱이었다. 세계 경제를 호령하는 유수의 금융기업들과 비교하면 HSBC는 아직까지 업무 영역이 아시아에 국한된 은행이었다. 그러나 아시아, 특히 중국의 이익을 염두에 두고 설립된 은행인 만큼 중국에서는 대단한 세력을 가진 은행이었다.

1차 세계대전 동안 HSBC는 안정적인 경영실적을 유지한다. 중국의 불안한 정세와 어수선한 사회였지만 HSBC에게 악재로만 작용한 것은 아니었다. 당시 HSBC의 예금 이자는 그리 높은 편이 아니었다. 중국인이 운영하는 전포에 비하면 아주 낮은 편이었다. 그러나 은행의 신뢰도가 높았기 때문에 군벌이나 정부 관료, 지주나 민족자본가처럼 돈이 좀 있다 하는 사람들은 대부분 이곳에다 돈을 맡겼다. 1차 세계대전이 끝나자 HSBC의 예금액은 빠른 속도로 증가했다. 정부 차관이나 국제무역에서의 손실을 벌충할 정도였다. 1914년 전쟁은 시작되고 세계 경제는 얼어붙었지만 HSBC는 오히려 732.8만 위안의 순이익을 달성했고, 전쟁이 끝난 1918년의 순이익도 659.72만 위안으로 1914년보다 약간 준 정도에 그쳤다. 전쟁이 분명 악재만은 아니었던 것이다. 전후 4년이 지난 1922년 HSBC는 최고액을 달성했던 1914년의 배에 달하는 1293.24만 위안의 순이익을 달성했다. 영업실적뿐 아니라 1914년 칭다오, 1915년 하얼빈에 분점을 설립하는 등 사업영역 또한 차근차근 넓혀갔다.

03
새로운 은행 신디케이트

1차 세계대전으로 5국 은행 신디케이트는 유명무실해졌다. 유럽 열강들이 극동지역에서 대부분 손을 뗀 상태라 일본만이 중국에게 차관을 제공하고 있었다. 전장에서 한참을 떨어진 극동에 위치한 일본은 후방에서 전쟁 물자를 지원하며 세력을 확장하고 있었다. 그런 나라가 또 있었으니 바로 미국이었다. 미국은 전쟁 초기에 참전하지 않고 일본처럼 유럽에 군수물자를 대주며 많은 이익을 챙기고 있었다. 경쟁자가 사라진 중국에서 일본과 미국은 번번이 충돌을 빚었다. 그러다 1차 세계대전이 끝나고 영국이 다시 중국으로 걸음을 했다. 몇 년에 걸쳐 영국과 우호관계를 맺고 있던 일본이었지만 먹이를 앞에 두고 서로에게 양보하지는 않았다. 또 이미 영국을 대신해 세계 경제의 중심이 된 미국으로서는 영국에 굽힐 이유도 없었고, 그러고 싶지도 않았던 것이다. 1차 세계대전에서 패한 독일과 10월 혁명으로 국내 상황이 악화된

1921년 우한에서 발행된 10달러 지폐

1922년 베트남 하이퐁에 들어온 HSBC

러시아는 자연스럽게 중국의 차관경쟁에서 빠진다. 이로써 1920년 10월 미국, 영국, 프랑스, 일본의 4개국은 새로운 은행 신디케이트를 구성한다. 협정에 조인한 이상 중국 중앙·지방 정부에 제공하는 차관이나 중국 기업에 대출을 해줄 때 똑같은 액수를 출자해야 했다. 또 은행 신디케이트에 속한 은행들을 지원하는 정부에서도 이들이 진행하는 업무가 국가의 방향과 일치한다면 이들을 지지하기로 했다. 이로서 4개국은 말 그대로 동등한 위치에서 사업을 시작한다.

이번 은행 신디케이트에서는 영국의 HSBC 외에도 바링브라더스은행(Baring Bros. & Co.), 국립 웨스트민스터은행(National Westminster Bank Ltd.), 차터드은행, 슈뢰더투자관리(Schroder Investment Management Limited, 이하 슈뢰더 사), 로스차일드은행이 참여했고, 영국 무역(British Trade Corporation)이 참여했다. 중국에서 장기간 일을 주도했던 HSBC가 은행 신디케이트에서 영국 기업들을 대표해 업무를 진행했다. 지난 번 은행 신디케이트와 비교해 보면 HSBC의 영향력이 얼마나 커졌는지를 쉽게 알 수 있다. 앞서도 살펴본 것처럼 은행 간의 불필요한 소모전과 과다경쟁에서 오는 출혈을 방지하기 위해 은행들은 국제적 합작이라는 방식을 통해 물어 온 먹이를 서로 나누어 모두가 배부른 결과를 낳고자 한 것이다. 아디스의 생각도 이러했다.

"일본의 '서원차관' 처럼 거액의 개별적인 차관이 계속해서 비준을 받는다면 중국은 얼마 가지 않아 파산할 것이고, 우리는 영영 중국에 차관을 제공할 기회조차 잃을 것이다. 이런 근시안적인 경영을 막을 수 있는 유일한 방법은 국제적 합작뿐이다. … 이번 은행 신디케이트에 참여하는 것은 우리에게 특별한 의미를 지닌다. 기존과 달리 이제 우리는 정치적 의무도 져야 할 것이다."

하지만 아디스의 생각처럼 이번 은행 신디케이트는 실제적인 결과물을 내지 못했다. 사실 위안스카이에게 차관을 제공할 때만을 생각하고 일할 수는 없겠지만 그래도 결과는 너무 형편없었다. 몇 년 후 아디스는 본사에 상황을 알린다.

"현재 은행 신디케이트의 활동에 대해 원망할 생각은 없다. 그러나 지금 우리는 차관을 제공할 대상을 정하지 못해 갈팡질팡 하고 있다. 대체 누구에게 차관을 제공해야 하는가? 중국 정부, 아니면 남쪽 정부? 사실 중국에는 공인된 정부가 없는 상태이며, 그것이 단시일 내에 가능할 것 같지도 않다. 더군다나 이제 받을 만한 담보도 없잖은가? 이런 상황에서 중국에 차관을 제공하자는 주장은 공론일 뿐이다. 아무리 중국이 돈이 급하다 해도 기업에서 돈을 갈취해갈 수는 없다. 중국 정부로서는 우리 은행들이 서로 피 터지게 싸우길 바랄 것이다. 그래야 그들에게 좀 더 유리한 조건으로 차관을 제공받을 수 있을 테니까. 그러니 우리가 은행 신디케이트를 구성하고 있는 지금 그들은 우리를 믿지 않고 국민들까지 선동해 우리의 기업

근간을 흔들 것이다. … 일본은 민족적, 지리적인 이유 등으로 중국에서의 경쟁에 매우 유리한 위치를 점하고 있다. 그러니 우리로서는 영국의 무역 점유율이 낮아지는 지금의 상황을 직시해야 할 것이다. 그리고 영국의 기업들이 상호보완적인 전략들을 내놓아 이를 위해 힘을 모아야 일본의 독주를 막을 수 있을 것이다."

아디스의 열변에도 은행 신디케이트에 참여한 기업들은 전혀 반응이 없었다. 그러나 HSBC로서는 이번 신디케이트에서 대표 역할을 함으로써 런던 금융계에서 수위의 자리에 오를 수 있었으며, 영국 정부에게도 신임을 받을 수 있었다.

04 즈 군벌의 백일몽

1922년 1월 22일 중국 정부는 새롭게 구성된 은행 신디케이트에게 9,600만 파운드의 차관 제공을 요구했다. 그러나 중국이 제시한 담보는 염세였다. 이미 염세는 기존의 차관에 묶여 있었으므로 이번에는 특별히 중국 정부에 대한 실사가 필요했다. 은행 신디케이트를 대표해 1922년 2월 아디스는 베이징을 방문한다. 모든 일정을 마치고 중국을 떠나기 전 톈진에서 량스이(梁士治)와 회견했다. 교통은행(交通銀行, 역자 주 — 1908년 설립되어 청 왕조의 우전국의 운영자금을 관리했다. 1914년 교통은행에 화폐발행권이 부여되고 중국은행과 함께 국가 재정을 관리했다) 창립 멤버인 량스이는 당시 즈 군벌이 장악하던 베이징 정부의 총리가 되어 있었다. 그러나 량스이는 원래 펑 군벌 장쥐린(張作霖)의 사람으로 아디스에게 국정의 은밀한 상황을 알려주었다. 그의 말에 따르면 장쥐린은 남방에서 정권을 다시 잡은 쑨원과 연합해 베이징 정부의 우페이푸(吳佩孚)를 칠 계획을 세우고 있는 중이었다. 쑨원이 북방으로 진군하면 우페이푸는 남으로 병력을 집중시킬 것이고, 병력이 빠져나간 베이징을 장쥐린이 뒤에서 공격한다는 것이다. 남북이 협공하면 우페이푸의 즈 군벌은 산산조각날 것이었다. 아디스는 이 계획의 가능성을 타진해보았다. 아디스 생각에도 우페이푸가 패할 것 같았다. 량스이는 대답을 듣지도 않고 말을 이었다.

"장줘린과 쑨원의 이상이 같은 이상 우페이푸만 없애면 양측이 연합해서 새로운 중국 정부를 세울 것입니다. 이렇게 통일이 되면 중국은 통일 정부를 구성하기 위한 자금이 필요할 것이고, 이때 HSBC가 나서서 통일 차관을 제공하면 됩니다. … 허나 그에 앞서 우페이푸를 칠 전투자금을 제공해주시면 좋겠습니다. 장줘린이 500만 위안을 마련하긴 했지만 지금 남방 정부는 돈을 융통할 곳이 아무 데도 없습니다."

아디스는 즉답을 피했다. 다음날 은행 신디케이트의 대표들을 만나 량스이가 말한 통일 차관을 의논할 계획이었다. 그러나 사태는 량스이의 예측대로 전개되지 않았다. 1922년 4월 즈·펑 간에 1차 군벌전쟁이 벌어졌다. 장줘린은 펑 군벌을 지휘해 우페이푸를 공격했지만 오히려 장줘린이 즈 군벌에 밀려 동북으로 도망쳤다. 우페이푸는 여전히 베이징에서 정권을 유지했다. 1차 즈·펑 군벌전쟁은 즈 군벌의 승리로 끝이 났다.

펑 군벌을 도울 남방 정부 역시 곤경에 처해 있었다. 1922년 6월 광둥군 통솔권을 쥐고 있는 천중밍(陳炯明)이 광저우에서 반란을 일으켰고, 쑨원은 광주에서 상하이로 쫓겨 왔다. 우페이푸는 총통과 총리를 자리에서 끌어내리고 더 강력한 정권을 구성했다. 금융계에서 내로라하는 HSBC 경영진일지라도 중국 정세와 베이양 군벌의 동향을 예측하고 그에 맞는 전략을 짜는 것은 결코 쉬운 일이 아니었다.

베이징 근교에서 약 40년간 중국의 정치·경제를 살펴온 힐리어는 1923년 4월 런던으로 돌아가 중국의 재정 상황을 보고한다.

"중국에는 무담보 채권만도 7억 위안에 이르고 있다. 부패하고 계획성 없는 정부로 인해 재정 낭비가 심하며, 각 지역에 주둔하고 있는 군벌들로 인해 수입원이 고갈되고 있다. … 믿을 만한 소식통에 따르면 우페이푸는 남북을 통일한 후 자신이 그 통일 정부의 책임자가 될 것을 확신하고 있다고 한다. 머잖아 쑨원과 남방 정부를 타도하고, 동북에 숨어 있는 장쭤린을 공격하면 가을 이전에 통일 구도는 완성될 것이라고 예측하고 있다."

그러나 결과를 보면 우페이푸는 달콤한 백일몽을 꾸었을 뿐이다. 통일은커녕 이듬해 벌어진 2차 즈·펑 전쟁에서 여지없이 패배하고 만다.

05 상하이의 랜드마크

1923년 6월 23일 정오, 상하이 와이탄(外灘) 거리는 꼬리에 꼬리를 물고 차량들이 줄을 이었고, 붐비는 사람들로 발 디딜 틈이 없었다. 상하이탄을 대표하는 중국인들이나 세계 경제, 금융의 주요 인사들이 상하이 HSBC 준공식에 얼굴을 비쳤다. 상하이 화교인을 대표하는 군벌 허펑린(何豊林)까지 중국의 거물들이 모두 모였다. 2년 전 첫 삽을 들었던 상하이 HSBC 신사옥의 준공식이 열린 그날 와이탄에서는 축제의 장이 벌어졌다.

1차 세계대전이 끝나고 영국은 동쪽으로 다시 돌아왔고, 이에 힘입어 HSBC는 더욱 적극적으로 사업을 펼쳐나간다. 화폐발행 조건이 완화되면서 HSBC에서도 지폐를 발행할 수 있었다. 발행액도 점점 증가해 1912년에는 2,480만 위안, 1919년 12월에는 3,050만HK$, 1921년 12월에는 4,400만HK$로 늘어났다. 최대 수익을 기록하고 영업망을 확장한 1922년의 기쁨이 채 가시기도 전에 1923년 상하이탄에서 성대한 개막식이 열린 것이다. 신사옥은 상하이의 랜드마크로서 부족함이 없었다.

2년 전인 1921년 HSBC는 와이탄 10번지 건물을 사들였다. 만 2년

걸려 완성된 신사옥은 와이탄에서 가장 멋있는 고전주의 건축물로 주변에 필적할 만한 건물이 없을 만큼 대단한 위용을 자랑했다. 중앙은 7층에, 양쪽은 5층 높이로 지었고 건물 꼭대기는 거대한 돔으로

사자 스티븐. 1920년대부터 상하이 HSBC를 지키고 있다

덮었다. 건물은 철골 프레임에 벽돌을 채웠고, 게다가 당시로서는 최신 설비인 에어컨디셔너(온냉풍기) 시스템을 설치했다. 안전하기로 소문난 지하1층 창고에는 상하이의 돈이 숨쉬고 있는 안전금고가 설치되어 있었다.

   건물의 디테일까지도 얼마나 공을 들였는지 어느 한 곳도 그냥 지나칠 수 없을 정도다. 그보다 상하이 HSBC를 더 빛나게 한 것은 건물 앞의 사자상이다. 구리로 주조한 두 마리의 사자는 HSBC 건물 입구에서 마주보며 은행을 지키고 있다. 입을 벌리고 포효하는 숫사자의 이름은 스티븐이다. 당시 HSBC 빌딩을 지을 당시 HSBC를 지휘하던 스티븐이 사자상을 놓자고 아이디어를 내놓았기 때문에 그의 이름을 땄다고 한다. 반대편에 입을 다물고 있는 사자는 스티였는데, 당시 상하이 HSBC 은행장 스티(G.H. Stitt)의 이름에서 따온 것이다.

06
힐리어의 죽음

베이양 군벌 시대 의 HSBC는 중국 상하이 점과 베이징 점을 중심으로 활동했다. 상하이는 중국 최대의 경제도시로 상하이 HSBC는 중국 상업 금융의 모범이 되고 있었다. 실제로 상하이 HSBC 은행장은 HSBC 본사 경영의 전 단계라고 할 수 있었다. 반면 베이징은 중국 정치의 중심으로 베이징 HSBC는 베이양 정부의 고위 관료들과 관계를 맺을 수 있는 거점으로 제 역할을 톡톡히 해냈다. 베이징에서 오랫동안 중국의 정세를 지켜보며 차관을 제공할 기회를 잘 잡았던 힐리어는 영국 왕실에서 작위를 받게 되었다. 그러나 안타깝게도 작위수여식이 열리기 몇 주 전 폐렴으로 세상을 떠난다. 그 때가 1924년 4월 13일 새벽이었다.

4월 12일 앨런은 침대에서 일어나기 무섭게 병원으로 달려갔다. 입원 중인 힐리어를 병문안하고 집으로 돌아와 아침을 먹고 있는데, 힐리어가 그를 급히 찾는다는 연락을 받았다. 그러나 사전에 약속되어 있던 은행 대표들과의 회의로 점심 때나 돼서야 힐리어를 다시 찾았다. 아마도 힐리어는 자신의 생이 얼마 남지 않았다는 것을 알고 있었던 것 같다. 힐리어는 회의의 내용을 묻고, 자신이 말한 정치 차관에 대해 어떻게 진행할지 정해졌는지도 물었다. 앨런이 알아들을 수 있었던 힐리어의 마지막 말이었다. 힐리어는 죽기 전까지 HSBC의 대표라는 소임을 놓지 않았다. 그날 자정 무렵 힐리어는 67세의 일기로 생을 마쳤다. 이튿날 중국 주재 각국 공사들을 비롯해 은행 신디케이트 대표들은 그의 장례에 참석해 그의 죽음을 애도해 마지않았다.

1898년부터 힐리어는 시력이 나빠졌는데 치료를 할 시간이 없어 방치했다가 1907년에는 완전히 실명한다. 그럼에도 베이징을 떠나지 않고 중국 정부에 대한 촉각을 세우고 있었다. 힐리어와 14년을 함께 해오면서 일에 대한 열정을 배운 앨런이었기에 누구보다 슬픔이 컸다.

"힐리어는 HSBC에서도 세 손가락 안에 드는 뛰어난 경영자였습니다. 우리가 그를 대신할 사람을 찾을 수 있을까요?"

베이징은 힐리어의 제2의 고향이었다. 40년 넘게 베이징에서 청불전쟁과 중일 갑오전쟁, 의화단운동을 바로 눈앞에서 지켜보고 베이양 정부의 여러 주인과 관계를 맺었다. 여러 방식으로 진행된 정치 차관에 대한 정확한 판단으로 HSBC의 이윤은 물론 영국 정부의 권위를 위해 일 해온 나이든 청년, 힐리어. 비록 HSBC 전체를 진두지휘한 잭슨 같은 지위에 오르지는 못했지만, 힐리어만큼 현지에서 본사의 목표를 위해 일한 사람도 드물 것이다.

07 두안치뤼와의 접견

힐리어가 세상을 뜨기 전부터 앨런은 힐리어의 뒤를 이어 베이징 HSBC를 지휘하고 있었다. 힐리어가 실명했기 때문에 중국 정부, 혹은 은행 신디케이트와 회의에는 앨런이 나가 일을 처리했다. 이제 앨런이 베이징 HSBC를 총체적으로 지휘할 시기가 온 것이다. 그 해 베이징은 거대한 지각변동이 일어났다.

1924년 9월 우페이푸가 장쥐린을 칠 시기에 이르렀다고 판단했다. 우페이푸는 동북 변경에 몸을 낮추고 숨어있는 장쥐린을 찾아 나섰다. 이미 장쥐린은 산하이관에 진을 쌓고 우페이푸를 기다리고 있었다. 제2차 즈·펑 군벌전쟁의 시작이었다. 우페이푸와 장쥐린은 각각 50만 대군을 몰고 전쟁을 벌였다. 민국시대에 일어난 군벌전쟁 중 최대 규모의 서막이 오른 것이다. 그런데 변수는 당시 즈 군벌의 지휘관 펑위샹(馮玉祥)이었다. 당시 즈 군벌 일부 군사들은 펑위샹의 지휘를 받고 있었는데, 전투 중 펑위샹이 급히 말머리를 돌려 베이징을 점령했다. 앨런은 10월 27일 본부에 이를 알린다.

군벌의 뒤에는 늘 열강이 있다. 열강은 음으로 양으로 군벌을 지원하고 자신들의 이익에 맞춰 그들의 방향을 정해준다. 완 군벌의 두안치뤼만 보더라도 처음에는 일본을 끌어들여 군벌의 세력을 확장했었다. 그러나 후에는 일본과 경쟁관계에 있는 영국까지 끌어들여 일본의 미움을 사기도 했다. 영국 역시 겉으로는 돕는 척 했지만 실제로 우페이푸의 즈 군벌을 지원했다. 일본은 장줘린을 조종해 동북에서 베이징까지 세력을 확장하고 싶었던 것이다. 이번 우페이푸와 장줘린의 전쟁은 실제 영국과 일본의 세력 다툼을 대신한 것이다. 그런데 생각지 못하게 펑위샹이 득을 본 것이다. 우페이푸는 오랫동안 양쯔강 부근에서 때를 기다려야 했다.

펑위샹은 내각을 점령하고 그 추운 겨울에 청의 마지막 황제 푸이를 꾸궁(故宮)에서 쫓아냈다. 푸이는 자신의 아버지가 감금되었던 곳에 다시 감금되었다. 이 소식을 들은 장줘린은 완 군벌의 두안치뤼와 손을 잡고 베이징을 공격한다. 1주일 만에 베이징의 주인이 또 바뀌었다. 펑위샹은 도망치고, 장줘린은 두안치뤼에게 임시 내각의 지휘권을 맡긴다.

한 치 앞도 내다보기 힘든 상황에 HSBC는 금융업뿐 아니라 정치적 관계에도 매사 조심스러운 반응을 보일 수밖에 없었다. 조용히 있으면서 2등이라도 해야 했다. 이런 상황에 대한 HSBC의 사업 원칙이라면 바로 베이징을 장악한 세력을 지지하는 것이다. 실제야 어떻든 겉으로는 그렇게 해야 정치에 흔들리지 않고 사업을 이끌어갈 수 있었다.

그즈음에 HSBC의 체면을 살려준 일이 있었다. 그 해 12월 두안치뤼는 앨런에게 만나고 싶다는 말을 전했다. 앨런은 고민했다. 사실 두안치뤼를 만나는 것이 썩 마음에 내키지 않았다. 분명 두안치뤼는 HSBC에게 새로운 정부에 대한 재정지원을 바라고 있을 테니 말이다. 하지만 초대에 거절했다 괜히 미운털이 박힐까 봐 안 갈 수도 없고, 그렇다고 가자니 새 정권에 대한 각국의 태도가 어떤지도 알 수 없었기 때문이다. 게다가 재정지원 얘기라도 나오면 은행 신디케이트를 대표해 가부를 대답할 수도 없었기 때문이다. 더 이상 중국에 대한 정치 차관은 고물 없는 맨 떡이니 은행 신디케이트에서는 분명 이를 반대할 것이었다.

그래서 앨런은 당시 중국 주재 영국 대사인 맥클레이(Macleay, Sir Robert)에게 의견을 구했다.

"영국 정부 역시 베이징 정권을 인정하고 있는 상태네. 쑨원에 대해서는 정통성을 인정하지 않고 있지. 현재 정권이 기존에 영국과 맺었던 조약들만 잘 이행해준다면 우리 정부는 두안치뤼를 지지할 것이네."

앨런은 그제서야 두안치뤼를 예방한다. 회견은 두안치뤼의 사택에서 진행되었다. 앨런이 도착했을 때 많은 정·재계 인사들이 기다리고 있었다. 앨런이 도착하자 두안치뤼가 반갑게 맞았다. 앨런이 괜한 걱정을 했다. 이번 회견은 그저 순수한 상견례 정도로 두안치뤼는 차관이나 일시 차입금에 관한 말은 꺼내지도 않았다.

"HSBC가 과거 중국 정부에게 얼마나 많은 도움을 줬는지 익히 잘 알고 있습니다. 지금 우리 정부 앞에는 해결해야 할 문제들이 쌓여 있습니다. 넘어야 할 장애물도 많지요. 앞으로 혹시 우리 정부에서 해결할 재정적인 문제가 있을 때 HSBC의 많은 도움을 바랍니다."

앨런도 의례적인 대답으로 괜한 오해가 생기지 않도록 했다.

"초대해주셔서 감사합니다. HSBC로서나 제 개인적으로 매우 영광입니다. 저희 HSBC는 중국 정부가 중국을 보호하는데 있어 미력하나마 힘을 보태겠습니다. … 앞으로 중국 정부에서 필요한 일이 있다면 즉각적으로 준비하겠습니다."

양측은 얼마간 중국의 현 상황에 대해 의견을 나누었고, 앨런은 자리에서 일어났다. 그러자 두안치뤼가 앨런을 문 밖까지 배웅했다. 나중에야 안 일이지만 두안치뤼는 이제껏 웬만한 사람에게는 그렇게 하지 않았다고 한다. 두안치뤼로서는 HSBC에 대한 특별한 경의를 표한 것이다.

두안치뤼가 그렇게 한 이유에는 두 가지가 있다. 당시 영국은 중국 대외수출의 주요국이었다는 것과 앨런이 몸담고 있는 HSBC가 중국 금융시장에서 무시할 수 없는 은행이었기 때문이다. 급변하는 정세에 결말을 감히 예측할 수 없었기 때문에 HSBC는 그저 베이징 정부의 실권자와 좋은 관계를 맺어두는 것이 최고의 방어였다.

08
중국의 3대 월스트리트

HSBC의 입장에서 한 발 물러서서 객관적인 시각으로 1920년대 중국 금융업을 살펴보고자 한다. 우리는 그동안 상하이를 중심으로 한 중국 경제를 배경으로 했었지만 톈진이나 베이징 역시 로컬 금융 시스템을 갖추고 있었다.

1930년대 상하이는 다른 국제도시와 견주어도 빠지지 않을 정도의 금융 시스템을 갖추고 있었고, 중국 경제에서도 특별한 역할을 했던 곳이다. 상하이 인들의 자부심은 바로 여기에서 나온 것이 아닐까. 그 별나고 기형적인 시대에도 상하이는 상상할 수 없을 정도로 특별한 지위에 있었다. 항일 전쟁이 발발한 1937년 이전에 상하이는 중국 대외무역의 중심이었다. 상하이를 통한 수출입 무역이 중국 전체의 80% 이상을 차지했고, 상하이의 직접 무역 총액만도 전국의 50%나 됐다. 상하이는 민족 공업자본의 40%가 집중되어 있어 업의 중심으로 거듭나고 있었다.

상하이는 중국 최대의 월스트리트로 전국 대비 외자 총액이 80%에 육박했다. 게다가 대형 은행이 모두 이곳에 집중되어 있어 서비스 영역도 크게 확대되어 있었다. 상하이가 중국 금융의 중심이 된 것은 1800년대 후반에서 1900년대 초반까지 열강의 대형 은행들이 상하이로 들어오면서부터였다. 이름만 대면 알 만한 탄탄한 자본력과 경영 실력을 자랑하는 은행들이었다. 독일의 독일―아시아은행(1890), 일본의 요코하마 정금은행(1893), 제정 러시아의 중·러은행(1896), 프랑스의 동방 인도―차이나은행(1899), 미국의 씨티은행(Citi Group, 1902), 벨기에의 벨기에 외자은행(Banque Belge Pour l'Etranger, 1902), 네덜란드은행(1903) 등 세계 유수의 은행들이 줄지어 있었다. HSBC처럼 이들도 본국 정부를 위한 이권 획득을 목적으로 진입했기 때문에 상품과 자본의 수출입이 이들을 통해 크게 늘어났다.

1차 세계대전으로 중국에도 현대적 은행을 설립할 모처럼의 기회가 생겼다. 유럽 열강들은 중국 시장에서 속속 손을 뗐고, 절호의 기회를 잡아 중국 금융시장은 자유롭게 호흡하고 자체적으로 발전할 수 있었다. 통계를 보면 1912~1927년 사이 중국에 새로 설립된 은행만도 313곳에 이르며, 자본 총액이 12억여 위안이었다. 국내 자본으로 설립된 은행들로 금융업은 일정 규모로 성장했다. 기존의 금융 인프라를 이용하기 위해서는 자연스럽게 상하이를 거점으로 시작해, 상하이는 다시 한 번 중국 제일의 월스트리트로 자리매김했다.

많은 외자은행과 그를 모델로 설립된 국내 은행의 진입으로 상하이 거리는 화려해졌다. HSBC 옛 사옥을 중심으로 만국 건축박람회라고 해도 좋을 만큼 다양한 건물이 세워졌다. 1923년의 HSBC 외에도 중·러은행(1905), 동방 인도―차이나은행(1911), 차터드상업은행(1916), 차터드은행(1923), 일본 요코하마 정금은행(1924), 양쯔보험(Yangtsze Insurance Association, 1928), 중국통상은행 등이 이곳에 자리를 잡았다. 세계 정세의 변화로 이 시기 톈진과 베이징에도 월스트리트가 형성된다.

톈진은 상하이와 마찬가지로 조계지가 되었고, 일찍부터 무역과 상업이 발달해 있었다. 베이징의 외항으로서 굳게 닫혀 있던 베이징에 진입하지 못한 기업들이 그 차선책으로 톈진에 회사를 설립하고 상업 활동을 하고 있었다. 1881년 HSBC가 톈진에 분점을 설립한 뒤로 1920년대 후반까지 외국계 은행과 중국의 현대적 은행들이 속속 거리를 메웠다. 영국·프랑스 조계지였던 지금의 해방북로가 톈진에서 가장 먼저 개발된 거리로 많은 은행이 집중된 톈진의 월스트리트였다. 건물 역시 1920년대 크게 발달했다. 1900년대를 전후하여 건설된 은행 빌딩은 대부분 소박하다. 그러나 톈진 금융계의 발달로 1920년대에 들어 은행 건물은 세상의 발전에 따라 함께 발전한다. 지금까지도 기세등등한 건물은 여전히 자태를 자랑하고 있다.

베이징의 시쟈오민항(西交民巷), 둥쟈오민항(東交民巷)은 베이징을 대표하는 월스트리트였다. 청 말 민국 초기 시쟈오 가에 은행 10곳이 한꺼번에 들어섰다. 1905년 중국 베이징의 관영은행인 호부은행(戶部銀行)도 이곳 시쟈오민항 27번지에서 처음 문을 열었다. 이듬해 겨울 관제개혁으로 호부(戶部)가 탁지부(度支部)로 바뀌면서, 얼마 뒤 호부은행이 대청은행(大淸銀行)으로 옷을 갈아입었다. 교통은행(交通銀行) 역시 베이징에서 첫 영업을 시작했다.

시쟈오 가가 중국 자본 은행의 집성지였다면 둥쟈오 가는 외자은행의 캠프였다. 중국—프랑스 공상은행(Banque Franco—Chinaise pour le Commerce et l'Industrie), 인도—차이나은행, 씨티은행, 차터드은행, HSBC, 독일—아시아은행이 모두 여기에 설립되었다. 〈연도총고(燕都叢考)〉의 기록을 보면 "민국 10년(1921) 이전까지 많은 은행들이 경쟁적으로 이곳에 들어서 은행가가 되었지만 시장이 쇠락하자 예전의 활기를 찾아볼 수 없었다."고 한다.

베이징과 톈진은 중국 북부 금융의 중심지였지만 1928년부터 급격히 쇠락한다. 이 해는 국민혁명해방당이 톈진과 베이징을 장악한 때이다. 이들은 베이징의 펑 군벌을 몰아내고 베이양 군벌 정부까지 장악했다. 베이양 정부의 기관은 난징으로 자리를 옮겨 난징 임시정부에 병합되었다. 둥쟈오 가에 있던 외국 대사관도 정부를 따라 난징으로 옮겨갔고, 외자은행들도 서둘러 베이징을 뜬다. 그들이 택한 곳은 상하이였다. 이제 상하이는 명실상부 중국 최대의 금융도시로 거듭난다.

제6장
HSBC의 사이클

중국의 화폐개혁은 당시 금융위기를 넘기고 경제를 안정시켰다.
특히 민족공업의 회복에 지대한 공헌을 했다.
또 이후 벌어질 항일전쟁에도 큰 도움이 되었다.

이 때(1942) 장제스는 충칭에 정부를 세웠지만 일본은 필리핀에서 미얀마에 이르는 동남아시아를 집어삼켰다. 그보다 더 큰 야망을 가진 HSBC는 극동 경제 전체가 목표였다.

콜리스(Collis, Maurice)

1952년 4월 중국에 설립된 영국 기업 대부분은 영업중지를 선언했다. 그들이 아무리 현대적 상업체제로 중국 경제를 바꾸고, 어마어마한 자본을 투입해도 중국의 현대화는 요원했기 때문이다. 게다가 불안정한 정세 때문에라도 철수할 수밖에 없었다.

셰아이룬(謝艾倫)

HSBC

HSBC 경영진 중 반델루어 그레이번(Vandeleur M. Grayburn)처럼 우여곡절을 많이 겪은 사람도 드물 것이다. 그 역시 앞선 경영자들처럼 HSBC의 역사를 빛낸 인물이었다. 그러나 불행히도 일본의 중국 침략에 휘말려 희생되고 만다.

그레이번은 1930년 하인스에게서 HSBC의 바통을 이어받았다. 1차 세계대전이 끝난 후 유럽의 태양 영국은 저물어갔지만 HSBC는 동양에서 예의 그 활기 넘치는 모습을 보여주고 있었다. 홍콩에서는 매년 수익률을 갱신하고 있었고, 다른 국가나 지역에서도 착실히 기반을 다지고 있었다. 원래 그레이번은 장제스와의 회담에서도 상석에 앉을 만큼 홍콩 정계나 재계에서 상당한 영향력을 지닌 인물이었다. 그러나 그가 HSBC를 경영한 10년은 그렇지 못했다. 일본의 중국 침략전쟁으로 중국 대륙 대부분의 영업소가 문을 닫아야 했고, 홍콩이나 동남아시아 주요 국가들도 일본의 수중에 함락되어 영업실적이 말이 아니었다. 마침내는 그레이번이 일본군에게 끌려가 형을 받고 노역까지 하는 신세로 전락했고, 원대한 꿈을 펼쳐보지도 못한 채 옥사하게 된다.

그레이번의 뒤를 이은 모스(A. Morse)는 행운아이자 실패자였다. 원래 HSBC의 경영권은 다른 사람으로 낙점되어 있었다. 그러나 예상치 못했던 그레이번의 죽음으로 그 공석을 메우기 위해 모스가 급조되었다. 일본이 태평양전쟁에서 패하고 항복을 선언하면서 HSBC는 본사를 런던에서 다시 홍콩으로 옮겼고, 중국 대륙 및 기타 아시아 지역에서 영업을 재개했다. 저력 있는 HSBC인지라 금세 영업실적은 호전되었고, 중국 대륙에서도 적극적으로 활동했다.

그러나 자신만만한 HSBC의 발전 계획은 중국 혁명의 거센 불길로 재만 남게 되었다. 1949년 마오저둥이 '일어나라, 중국 인민이여!'라고 외친 그 때, 모스는 알게 되었다. 그 동안 제국주의 국가의 은행으로서 누렸던 각종 특권을 다시는 손에 쥘 수 없다는 것을. HSBC는 제국주의 은행으로 매도되어 중국에서 존재하는 것 자체가 문제시되었다. 결국 1955년 HSBC는 상하이 영업소만을 상징적으로 남기고 중국 대륙에서의 활동을 접었다. 모스가 부임했던 1941년에서 1953년까지 HSBC는 최고까지 올라갔다 끝이 보이지 않는 밑바닥으로 떨어지는 사이클을 보였다.

01
상하이를 장식한 원형 돔

　　HSBC는 중국 제1의 은행이 되려는 목표를 세우고 그 의지의 상징으로 신사옥을 짓는다. 1차 세계대전이 끝난 후 우뚝 솟은 원형돔이 상하이 와이탄의 하늘을 장식했다. 얼마 후 착공한 홍콩 본사 사옥 역시 그레이번의 아이디어였다. 1886년부터 사용된 홍콩 사옥은 50년이란 세월에 낡기도 낡았지만 그보다는 HSBC의 영업량을 해결하지 못할 지경에 이른 것이다. 지하 창고에도 더 이상 은화를 보관할 데가 없어 예금을 받지 못했다. 게다가 1923년에 준공된 상하이 HSBC 건물이 어찌나 화려했는지 홍콩 사옥은 궁상맞아 보이기까지 했다. HSBC 이사진들 사이에서 홍콩 사옥도 재건축에 들어가야 한다는 의견이 오고갔다.

1935년 홍콩 HSBC 사옥을 짓는 모습

　　홍콩 HSBC는 빅토리아 항에서 가장 번화한 퀸즈 로드에 위치해 있었다. 그러니 다른 부지를 택해 신사옥을 짓는 것보다 이곳의 땅을 사들여 신사옥을 새로 짓는 것이 나았다. 그레이번은 홍콩 정부의 도움으로 빌딩 주변에 있던 홍콩대회당의 부지를 얻었다. 사옥 재건축이 결정되면서 은행 금고에 있던 은화를 계산하고 운반하는 게 큰일이었다. 보관된 은화가 얼마나 많았던지 이 일에만도 몇 개월이 걸렸다고 한다. 모든 준비가 끝났다. 상하이 분점 건물보다 화려한 설계도를 가지고 퀸즈 로드 1호에서 그 첫 삽을 떴다.

호사다마라던가. 1933년 중국에서는 혁명전쟁이 발발했고, 호시탐탐 기회를 노리던 일본은 만주사변을 계기로 중국 화남 지역까지 진군했다. HSBC는 일본의 야욕을 꿰뚫어보고 있었다. 일본이 중국 침략전쟁을 공식적으로 선포했을 때 HSBC가 그리 놀라지 않았던 것도 이 때문이다. 중국 대부분의 자본이 이미 상하이나 홍콩으로 이동하고 있었고, 창장(長江) 하류 지역의 부호와 거상, 숙련공들은 너도나도 상하이로 내려와 터를 잡았다. 주장(珠江) 하류 지역의 부호와 자금은 홍콩으로 유입해 안전을 확보한 상태였다.

전쟁이란 것이 그렇다. 일단 시작하면 사람은 물론 기업도 갈대처럼 쓰러지기 마련이다. 하지만 HSBC는 달랐다. 중국 대륙에서 전쟁이 일어났다 하면 HSBC는 이를 발판으로 한 단계씩 업그레이드되었다. 2차 아편전쟁으로 조인한 조약으로 인해 HSBC는 세상에 나올 수 있었다. 1883년 시작된 중국-프랑스 전쟁과 1894년 중일 갑오전쟁이 일어났을 때 청 조정에 제공한 고리의 차관과 전후 배상금으로 큰 이윤을 얻었다. 게다가 1900년 청 조정이 의화단운동으로 인해 8국 연합군과 벌인 전쟁도 HSBC에게는 발전의 기회였다. 8국 연합군은 천문학적인 배상금을 요구했고, 차관을 제공하면서 HSBC는 다른 외국계 은행들과 함께 짭짤한 이윤을 보았다.

이번에도 중국의 혼란한 정세에서 상하이나 홍콩은 사람들의 '피난처'가 되었다. 거상들을 따라 자금도 상하이나 홍콩으로 집중되었고, 이곳에서 꽤 신용 있는 은행이었던 HSBC는 그들의 재산을 보호·관리하는 안전한 금고가 되었다. 이는 HSBC의 실적에 직접적인 영향을 미쳤다.

1935년 10월 상하이 HSBC 건물보다 더 웅장한 모습의 빌딩이 홍콩에 첫 모습을 드러냈다. 총 12층의 이 철골 구조물은 당시만 해도 홍콩 최고의 건물이었다. 사실 상하이 HSBC 빌딩이 완공된 지 10년이 지난 뒤였다. 강산도 변하는 10년 동안 과학기술은 빠른 속도로 발전했고, 건축물도 몰라보게 달라졌다. 홍콩 사옥 내부에는 복사판식 온열 시스템과 중앙 에어컨디셔너 시스템과 고속 엘리베이터가 설치되었다. 당시 최고의 과학기술로 만든 건물이었다. 또 지하에는 기존보다 더 크고 안전한 보관고를 설계했었다. 그러나 홍콩 사옥이 완성된 그 해 중국은 은의 시대와 작별했다. 난징 정부가 은본위제를 폐지함에 따라 홍콩에서도 은본위를 버렸다. 그렇게 보면 은화보관을 목적으로 제작한 창고는 시기적으로 적당하지는 않았다. 어쨌거나 홍콩 HSBC 신사옥의 건설로 HSBC는 금융계에서 수위를 차지하고 있는 은행으로서 위세를 떨칠 수 있었다.

⇢⇢⇢ 02
중국, 은 냥의 시대와 작별하다

홍콩 HSBC 빌딩을 지을 무렵 중국 금융계에는 거대한 변혁이 일어난다. 은본위제를 기본으로 하는 법정 화폐 단위 량(兩)을 폐지하고 위안(元)으로 바꾸었다. 이제 중국은 은 냥과 작별을 고했다. 중국에서 은 냥은 짧지 않은 시간 동안 사용되었다. 그러나 상업량이 크게 늘면서 휴대성이 떨어지는 은 냥은 점점 천대를 받았다. 게다가 지역별로 은 냥의 크기나 모양이 달라 환전이 어려웠음은 물론 계산도 복잡하기 이를 데 없었다. 이전에 위안스카이 시대에도 은 냥을 위안으로 바꾸자는 여론이 있었다. 베이양 정부는 이를 수용해 1914년 은냥 7전2분과 동일한 가치의 화폐를 주조, 발행했고 잠시나마 전국적으로 통용되었다. 이때 주조된 1위안짜리 은 냥은 위안따토우(袁大頭)라고도 불렸다. 위안스카이의 두상이 새겨져 있었기 때문이었다. 위안스카이의 뒤를 이어 베이양 군벌 정부도 화폐 개혁을 실시하려 했으나, 군벌 간 세력전쟁으로 사회적 여론이 일치되지 않았고, 시장도 어지러워 추진할 수 없었다.

1928년 난징 정부가 정식으로 성립되었다. 난징 정부는 금융개혁의 일환으로 그 해 11월 상하이에 중앙은행을 설립했다. 중앙은행은 은행의 은행으로써 '화폐제도 통일, 금융 조정'을 우선과제로 삼았다. 그동안 HSBC가 맡고 있었던 세금 대리보관 업무도 중앙은행과 중국은행, 교통은행으로 넘어갔다.

1933년 3월 1일 민국정부는 화폐개혁령을 공포하고 상하이를 시작으로 전국적으로 확대 실시한다고 발표했다. 이제부터는 일체의 교역에 있어 은 위안(元)을 사용해야 했다. 오랫동안 중국 시장에서 유통되던 은 냥은 역사의 뒤로 사라졌다. 이번 화폐개혁령은 전국적으로 화폐를 통일시키고, 시장도 활성화시키는 등 어느 정도 성공을 거두었다. 화폐개혁령에서 더 나아가 민국 정부는 화폐발행권을 통일하는 정책도 시행했다. 조폐권을 중앙 정부로 귀속시키고 그동안 화폐발행권이 인가되었던 중국은행과 교통은행에 대해서도 정부의 지분을 늘려나갔다. 결국 두 곳의 화폐발행권은 정부의 수중에 놓이게 되었다. 이밖에도 중국통상은행, 중국실업은행, 사명은행에도 손을 뻗어 경영권을 장악했다.

위안으로 화폐를 개혁했더라도 중국은 역시 은본위제 국가로, 주요 은 생산국은 아니지만 엄청난 양의 은을 보유한 국가였다. 은 역시 하나의 상품으로 시장의 수급에 따라 상승과 하락폭이 컸다. 그러니 은 위안이라 할지라도 세계 시장의 수급 균형을 맞추기 위해 은의 가격은 거대한 폭이 형성되었다.

1930년대 초 미국 정부는 '은 법안'을 공포하고 복본위제(複本位制)를 실시하려고 했다. 미국은 엄청난 백은이 필요했고 '은 구입법'을 시행하면서 세계 은시장 가격의 폭등을 부추겼다. 엄청난 속도로 중국의 은이 상하이를 통해 미국으로 유출되었다. 중국 시장에는 통화긴축이 일어났다. 은의 유출로 은 가격이 상승하고 물가가 급속히 하락하면서 국민 경제는 큰 위협을 받았다. 1934년 9월 난징 정부는 미국 측에 은 구입 법안으로 중국 경제가 큰 타격을 받고 있다고 항의했다. 그러나 미국 정부는 대응하지 않고 법안을 계속해서 유지했다. 이에 난징 정부는 은의 수출입에 엄청난 세금을 부과해 은의 유출을 막았다.

그러나 벌써 은 수출로 돈맛을 본 상인들이 그만둘 리 없었다. 오히려 밀수가 늘어 은 유출은 더욱 심해졌다. 여기에는 난징 정부가 교역이 진행되는 중국 동남부의 해안선을 다 막을 수 없었던 이유도 있었지만 중국 경제가 붕괴되기만을 기다린 일본군의 농간도 컸다. 정부의 감시로 항구에서의 은 교역이 어려워지자 밀수꾼들은 '만주국'으로 교역장소를 바꿨다. 그때 일본군들이 이를 눈감아준 것이다. 1939년 3월부터 1여 년 동안 중국은 은본위제를 대신할 다른 제도를 찾지 못하는 위험한 시기에 처하게 된다.

국민 정부는 재정곤란을 겪었다. 당시 쑹즈원(宋子文) 등의 고위 인사들은 HSBC와 빈번하게 접촉하고 있었다. 1934년 12월 쑹즈원은 HSBC를 통해 2천만 파운드의 차관을 들여오려고 영국 측에 제의했다. 만기 채권으로 인한 외채를 갚고 화폐가치도 안정시키기 위해서였다. 그러나 이런 거액의 차관은 성사되기 어려웠다. 결국 상하이 HSBC 은행장인 헨치만(Henchman, A. S.)이 나서 이를 해결했다.

이 공로로 헨치만은 장제스로부터 훈장을 받는다. 헨치만의 자서전을 보자.

"HSBC가 지원하지 않는다면 국민 정부는 금세 무너지리라는 걸 나는 잘 알고 있었다. 그러면 우리로서도 상상을 초월하는 거액을 손해볼 수도 있었다."

은의 해외 유출로 시작된 금융위기를 극복하기 위해서 국민 정부는 화폐제도 개혁안을 만든다. 먼저 통화팽창을 억제함으로써 물가를 안정시킨 뒤 무역을 촉진한다는 것이 주요 골자였다. 사실 이렇게 하면 영국이나 미국이 차관을 제공할 수도 있었다. 1935년 3, 4월쯤 화폐제도 개혁의 기초 윤곽이 확정되었다. 당시 상하이은행의 은행장 야오화(耀華)는 당시의 상황을 설명했다.

"처음에 국민 정부는 미국에서 차관을 원조 받아 화폐제도를 개혁하려 했었다. 하지만 미국 정부는 결정을 유보하며 소극적인 태도를 보였다. 국민 정부 재정부장이었던 쿵샹지(孔祥熙)는 영국 정부에 도움을 청했다. 영국 정부도 미국, 프랑스, 일본과 공동으로 일을 처리하길 원했다. 그러나 반응이 시큰둥하자 영국 정부는 독자적으로 재무부 고문 로스(Leith—Ross, Sir)를 중국으로 파견한다. 국민 정부는 로스의 자문을 받아 법정화폐 개혁을 실시한다. 국민 정부는 은 근히 영국의 파운드 제도를 들여와 거액의 차관을 받을 수 있기를 원했다. 그러나 만약 이렇게 진행된다면 분명 다른 열강들의 거센 공격을 받을 게 뻔했다. 결국 로스는 중국의 환율을 적정 수준까지 끌어내려 경제안정을 시도했다."

1935년 11월 3일 화폐제도 개혁안이 공표되었다. 법정화폐의 발행은 중앙은행 · 중국은행 · 교통은행으로 제한하고, 이후 국내 경제활동에는 법정화폐만을 사용할 것을 규정했다. 이제 법정화폐 이외의 화폐들은 점점 사라져갔다. 정부는 법정화폐 준비금관리위원회를 설치해 기존의 은화와 은 현물은 의무적으로 법정화폐로 바꾸도록 했다. 외화에 대한 법정화폐의 환율을 유지하기 위해 외환매매 제한을 일시적으로 풀어주었다.

법정화폐 개혁안이 공표되자 영국, 미국, 일본 등에서는 각기 다른 반응을 내놓았다. 영국은 주중 영국 대사를 통해 영국인들에게 이 법령을 준수하여 법정화폐를 사용할 것을 명령했다. HSBC와 차터드은행 등 영국 은행은 보관고에 있던 현금과 은을 가지고 중국 중앙은행에 가 환전을 해왔다. 미국 대사 역시 대기업이나 씨티은행과 같은 금융기관에 법정화폐 사용을 권고했다. 반면 중국 재정의 혼란을 기대했던 일본 정부는 이에 비난을 퍼부었다.

법정화폐 개혁안이 발효된 후 국민 정부는 회수된 은을 홍콩의 HSBC에 보관했다. 그 은은 런던을 거쳐 미국 재정부에 팔렸고, 받은 대금은 뉴욕과 런던에서 중국 화폐발행 준비금으로 쓰였다. 그 사이에 HSBC는 국민 정부에 200만 파운드를 제공한다. 홍콩 정부 역시 국민 정부를 따라 은본위제를 폐지하는 화폐관리안을 입법화한다. 1935년 12월 6일 홍콩 정부도 법정화폐령을 반포한다. 그리고 HSBC, 차터드은행과 차터드상업은행은 법정화폐 발행은행으로 지정된다.

영국이 중국의 화폐제도 개혁에 깊이 개입하자 미국은 못마땅했다. 미국은 중국에서 사들이던 은이 줄어들자 곧장 경제가 위축되었다. 이에 미국은 은 매입을 줄여 런던 은 매매 시장을 흔들었다. 런던에서 매매되던 은 가격은 급락했다. 게다가 화폐제도 개혁이 실시된 지 1주일 후인 11월 11일 일본 은행들이 수단을 가리지 않고 외화를 끌어들였다. 이는 법정화폐의 혼란을 야기하기 위한 것이었다. 이튿날 국민 정부는 국내 은행의 외환보유고를 두 배로 올리는 선에서 미국 정부와 합의해 은에 대한 법정화폐의 환율을 유지했다. 하지만 이미 미국 정부로 인해 은 가격이 떨어진 것은 어쩔 수 없었다. 법정화폐 개혁안에서 본위화폐 준비금에 은을 포함하도록 규정해 놓았기 때문에 법정화폐의 가치는 폭락할 위기에 처했다. 중국은 미국에 기존의 가격에 은 구입을 요구했다.

1936년 1월 미국 재정부 장관인 모겐서우(H. Mongenthau)는 중국에 신통화정책을 설명할 특사 파견을 요청한다. 당시 재정부 장관이었던 쿵샹지는 중국은행 이사 천광푸(陳光甫)를 미국에 급파한다. 천광푸는 미국의 지원을 받고 있던 상하이 상업저축은행의 대표였고, 모겐서우와도 사적으로 아는 사이였다.

결국 중국은 미국에 유리한 환율조정을 약속하고 '중미 은 협정'을 체결한다. 미국은 중국에서 은 7,500만 온스를 구매하고, 5,000만 온스의 은을 담보로 2,000여만 달러의 차관을 제공하는데 동의했다. 통계에 따르면 1934년에서 1941년까지 미국이 사들인 은만도 총 5.53억 온스로 2.5억 달러어치나 된다. 이 돈은 법정화폐의 외환보유고로 책정되어 미국 뉴욕 연방준비은행에 보관되었다. 이로 인해 중국은 영국을 비롯한 외국 자본으로부터 독립할 수는 있었지만 도리어 미국에 대한 재정의존도가 심화되었다.

곡절 많은 중국의 화폐개혁이 일단락되었다. 화폐개혁은 당시 금융위기를 넘기고 경제를 안정시켰다. 특히 민족공업의 회복에 지대한 공헌을 했다. 또 이후 벌어질 항일전쟁에도 큰 도움이 되었다. 항일전쟁 당시 국민당을 이끌던 장제스는 이런 말을 했다.

"만약 항일전쟁이 화폐제도 개혁 전에 일어났다면 중국은 벌써 일본의 발아래 짓밟혔거나 치욕스러운 평화조약을 맺었을지도 모른다. 다행히 정착된 법정화폐제도 덕분에 금융질서가 형성될 수 있었고, 이는 장기화되는 항일전쟁에 큰 도움이 되고 있다."

화폐제도개혁은 분명 중국 금융사상 엄청난 변화이다. 그러나 보존가치가 높은 은을 지폐로 바꾸게 되자 고통은 고스란히 국민들에게 넘어왔다. 일본의 중국 침략전쟁이 본격화되면서 정치, 경제적으로 큰 혼란이 일었고, 급격한 인플레로 지폐는 아무짝에도 쓸데없는 휴지조각이 되었다.

HSBC 역시 기존에 누리던 특권들이 이번 법정화폐 개혁으로 모두 날아갔다. 중앙은행, 중국은행, 교통은행은 외화 거래 상한선이 사라져 이제는 HSBC의 환율공시에 따라 환율을 결정하지 않아도 되었다. 상하이 금융시장에서 HSBC는 은행 위의 은행이라는 자리에서 내려와야 했다. 그러나 장기적으로 봤을 때 HSBC로서는 이점이 많았다. 화폐제도개혁이 성공하면 중국 경제는 안정될 것이고, 국민 정부와 긴밀한 관계에 있는 HSBC는 머잖아 중국에서의 활동영역을 다시 확대할 수 있을 것이기 때문이었다. 같은 맥락에서 HSBC는 화폐제도개혁이 일단락된 후로도 국민 정부에 철도차관과 공업건설차관을 제공했다.

03 폭풍 전야

HSBC의 입사조건은 남다르지 않다. HSBC의 경영자들은 입을 모아 말한다. 은행업을 일반적인 '직업'이 아닌 '사업'으로 생각해달라고, 또 오랫동안 자기의 자리를 지켜달라고 말이다. HSBC의 문화는 그랬다. 지금까지도 HSBC는 충성과 '한결같은' 태도를 강조한다. HSBC는 런던 HSBC에서 훈련과정을 거친 직원들을 아시아로 파견함으로써 여러 환경에서 갖가지 일을 처리하며 경험을 쌓을 기회를 주었다. 스튜어트가 그랬다. 1933년 조지 스튜어트(George Stuart)는 런던 HSBC에서 4년을 근무하다 상하이로 건너온다.

당시 대영제국은 미국에 패권을 위협 당하고는 있었지만 그래도 해외에서는 여전히 무서운 사자였다. 제2차 세계대전 기간에 스튜어트는 영국에서 상하이로 향하는 배에 몸을 실었다. 6주에 걸친 노정은 콜롬보, 싱가포르, 홍콩을 거쳐 상하이까지 이어졌다. 모두 영국이 통치하거나 영국의 영향력이 제법 강한 지역이었다. 배가 잠시 정박하면 스튜어트는 HSBC에서 보낸 사람들에게 융숭한 대접을 받았다. 꿈같은 휴가였다.

몇 주간의 항해는 눈 깜짝할 사이에 지나가고 배는 홍콩에 닿았다.

상하이로 들어가기 전 스튜어트는 홍콩에서 얼마간의 인턴쉽을 지내야 했다. 그만큼 스튜어트가 맡을 자리는 아무렇게나 해서 될 자리가 아니었다. 하지만 혈기왕성한 청춘에게 일은 너무 더디게 진행되는 듯 보였다. 특히나 초여름 홍콩의 후덥지근한 더위로 스튜어트는 도망치기 직전이었다. 힘든 연수가 끝나고 2개월 후 스튜어트는 정식으로 상하이로 파견되어 일한다. 상하이에 도착한 스튜어트는 그간 힘들었던 시간들이 한 번에 날아가는 듯 상쾌해졌다. 와이탄의 거리는 세계 어느 곳에서도 보기 힘든 현대식 건물들이 즐비했다. 스튜어트가 상상한 것 이상으로 상하이의 생활은 편안했다.

상하이에서 외국인들, 특히 영국인들의 지위는 상당히 높았다. 최대 은행이 영국 기업이었고, 상하이 조계지를 관리하던 공부국(工部局)도 주중 영국 대사관이 관장하고 있었기 때문이다. 게다가 이곳에 거주하는 외국인들은 대부분 급여수준이 높았다. 또 근로시간도 중국인들에 비해 짧았으니 이들은 클럽을 만들어 타국에서의 피로를 풀었다. 스튜어트도 그랬다. 상하이에서 좋다는 곳은 다 돌아다녔고, 점점 유흥에 물들며 황금의 도시에서 황홀한 나날을 보낸다. 그러나 일본군의 중국 침략이 본격화되자 이 모든 것은 바뀐다.

1937년 8월 노구교사건(盧溝橋事變, 1937년 북경 교외에서 일어난 중·일 양국 군대의 충돌 사건으로 중·일 전쟁의 발단이 된다) 후 얼마 가지 않아 화북 지역 대부분이 일본군의 수중에 떨어졌다. 군기가 오를 대로 오른 일본은 곧장 남쪽으로 향해 8월 13일 상하이를 공격한다. 쑹루(淞濾)에서 접전을 벌인 일본은 3개월 만에 상하이를 점령하고 이어 난징을 공격한다. 난징대학살이 자행된 것이 바로 이 때다. 국민당 군대는 우한, 창샤(長沙)에서 일본군과 접전하지만 전세를 뒤집지 못하고 점점 퇴각하여 장제스 정부는 결국 충칭으로 옮겨가 항일전쟁을 계속한다.

항일전쟁 동안 조계지에 있던 여러 은행은 만일에 대비해 약 2,300만 냥을 홍콩의 HSBC 본사로 옮겨놓는다. 일본군이 수도 난징을 치기 전 국민 정부 역시 중앙은행에서 1.39억 냥과 은정 5,000조를 옮겨놓는다. 여차하면 런던으로 가져가 미국에 팔 요량이었다. 이때 계수와 운반을 HSBC가 맡았다. 1937년 9월 말 HSBC는 총 3억 냥의 은화와 함께 수백 상자의 프랑(역자 주 - 프랑스 법정화폐를 비롯해 스위스, 벨기에, 이탈리아의 법정화폐 포함. 1865년 이들 4개국이 맺은 파리조약의 '라틴 화폐동맹'에 의한 것)도 일본인이 사용하지 못하도록 홍콩으로 옮겨온다.

1939년 9월 유럽에서도 전쟁이 터졌다. 영국, 프랑스는 히틀러에 맞서느라 상하이 조계지를 관리할 여력이 없었고, 결국 1941년 12월 8일 일본은 진주만 공격과 동시에 이곳의 공동 조계지와 프랑스 조계지를 모두 점령한다. 영국인에게 상하이에서의 황홀한 시간은 끝난다.

→→ 04
홍콩 함락

1941년 겨울 일본군은 진주만 공격과 동시에 극동 식민지에 거주하고 있던 외국인을 공격한다. 중국 대륙에서의 위기는 홍콩의 함락으로 이어질 수 있었다. HSBC 그레이번은 모스를 미리 런던으로 보냈다. HSBC 본사가 런던으로 이전할 것을 대비해 런던의 경영진을 강화할 필요가 있었기 때문이다. 마침 런던 HSBC의 경영진 몇몇도 임기가 다해 퇴직을 앞두고 있었으므로 모스에게 런던 HSBC를 맡기는 것은 여러 모로 상황이 맞아떨어졌다. 1940년 6월 태평양전쟁이 터지기 전 모스는 런던으로 건너간다.

그러나 그레이번은 홍콩까지 직접 공격당하리라고는 생각지 못했다. 게다가 국민당의 퇴각속도가 그렇게 빠를지는 상상하지도 못했다. 그레이번은 1941년 12월 4일 홍콩 변경에 일본군이 주둔했다는 소식을 듣고 본사를 옮길 계획을 앞당긴다. 홍콩 방위부대의 전력으로는 일본과 제대로 싸워보지도 못하고 무너질 것이 분명했기 때문이다. 급한 대로 본사를 싱가포르로 이전하기로 결정하고 제반 사항들을 준비한다. 당시 싱가포르 분점은 아시아에서 상하이 다음으로 중요한 곳이었다. 1930년대 후반 미국은 경제 위기가 날로 심각해지자 이에 대응해 싱가포르에 주석과 아교(阿膠)를 비축해두었고, 이때쯤 영국도 이곳에 해군기지를 세우고 전략요충지로 삼았다. 그레이번도 미국과 영국의 판단을 믿고 싱가포르에 분점을 세웠었다. 일본은 그레이번의 예상보다 훨씬 빨리 홍콩을 공격했다. 은행을 싱가포르로 이전하기에는 너무 늦었다. 액면가 1.9억HK$나 되는 미발행 수표를 옮기기는커녕 소각할 새도 없었다. 그중 다행이라면 모스를 미리 런던으로 피신시켜둔 것이었다.

12월 13일 일본군이 홍콩의 신 조계지와 주룽(九龍)을 점령하고 다음으로는 바다를 건너 홍콩으로 진격했다. 이날 모스는 영국 식민부에서 보내온 편지를 받는다. 편지에는 그레이번이 영국 식민부로 보낸 전보의 내용이 실려 있었다.

"그레이번은 추밀원에 HSBC의 런던 이전 허가를 요청함과 동시에 모스 당신에게 이를 처리할 것을 지시했다. 이 두 가지는 홍콩이 일본에 함락되면 시행하는 조건적 요청이다."

그레이번은 런던 HSBC에 홍콩이 일본군에 함락되면 관리권을 임시로 런던으로 옮길 것을 요구했다. 이렇게 조건적 요청을 제의한 것은 홍콩의 문제로 인해 은행 전체가 정지되지 않길 바라는 의도에서였다. 특히 미국에서는 홍콩의 상황을 알면 즉시 HSBC의 활동을 중단시킬 것임이 분명했다. 그레이번의 의도대로 영국 식민부는 개회하여 모스의 권리를 인정했고, 추밀원은 이를 반포한다. 12월 16일 모스는 모든 영업소에 HSBC 본사가 런던으로 이전했음을 알리고, 이후로 홍콩에서는 지시나 명령을 내리지 않는다고 알렸다. 그제야 모스는 그레이번의 생각을 짐작할 수 있었다. 결국 성탄절 종소리가 울리던 그날 밤 홍콩은 함락되었다. 홍콩이 함락되기 3일 전 모스의 일기를 보자.

"잉글랜드은행 총재는 미국에서의 영업정지를 피하기 위해 내가 빠른 대응을 하리라 판단했다. 엄청나지만 너무도 단순한 상황으로 내가 HSBC를 경영하게 되었다. HSBC의 그 누구도 겪어보지 못한, 그리 유쾌하지 않은 일이 내게 닥쳤다. 하지만 내가 맡은 이 자리를 임시로 맡든(내 진심이다), 부득불 오랫동안 맡게 되든 모든 직원들이 온 마음을 다해 나를 지지하리라 믿는다. 나 또한 내게 주어진 일을 열심히 하리라 다짐한다."

이렇게 본사는 런던으로 이전했고, 모스가 조타수가 되었다. 일본군은 HSBC의 문을 강제로 열고 들어왔다. 상하이 HSBC에는 일본 요코하마은행의 직원이 드나들게 되었고, 그 위용을 자랑하던 홍콩 HSBC 사옥 역시 일본군의 군화 아래 짓밟힌다. HSBC가 극동과 동남아시아에 세웠던 30여 개의 영업소와 재산이 하루아침에 사라져버렸다. 형식적이나마 인도와 미국의 영업소들을 침탈당하지 않은 것이 다행이었다.

05
HSBC의 굴욕

홍콩이 함락된 지 얼마 지나지 않아 일본 당국은 HSBC에 대해 회사정리를 실시한다고 밝히고 직원들에게 협조를 명령했다. 이 일을 맡은 요코하마은행은 HSBC에서 작성한 모든 장부를 조사하겠다고 밝힌 뒤, 그레이번을 비롯한 고위 직원들을 볶아댔다. 이 일로 직원들은 18개월을 숙소와 사옥을 오가는 반감금 상태에서 보낸다. 회사정리는 1943년까지 계속되었고, 다른 직원들은 그동안 사옥에서 5마일 떨어진 홍콩 섬 남부의 스탠리베이(Stanley bay)에 억류되어 있었다.

회사정리를 시작한 일본군은 금고에서 1.9억HK$의 미발행수표를 발견하고 그레이번에게 사인을 요구한다. 결국 1.19억HK$ 가까이 되는 돈은 즉각 발행되었고, 전쟁이 끝난 후 HSBC는 이로 인해 큰 어려움을 겪게 된다.

그레이번과 고위 직원들은 여관과 HSBC 사옥을 오가면서 일본군 회사정리 직원들이 관련 은행사무를 정리하는 것을 돕는다. 그러나 그들이라고 기꺼이 동참한 게 아니었다. HSBC의 펀위크(Fenwick, T. J. J.)와 모리슨(Morrison, James)은 1942년 10월 탈출에 성공한다. 모리슨의 수기에는 당시의 탈출 상황이 잘 묘사되어 있다.

"1942년 10월 18일 저녁 6시 반, 우리는 경비들을 따돌릴 요량으로 호텔에서 나와 전차를 타고 노스포인트(北角)로 뛰어갔다. 거기에서 우리는 뤄(羅)라는 중국 군인의 도움으로 주룽으로 가는 배를 타고 장제스의 관할 영내로 들어갈 수 있었다. 중국 유격대는 우리가 일본군 주둔지를 통과할 수 있도록 도왔다. 우리는 꾸이린(桂林)에 도착했고, 다시 충칭으로 도망쳤다. 우리의 탈출소식을 알게 된 모스가 격려의 글이 담긴 전보를 보내왔다. 우리는 인도를 거쳐 드디어 런던에 도착했다."

1943년 2월 18일 펀위크와 모리슨은 런던에 도착했고, 런던의 모스도 홍콩 직원들의 상황을 모두 알게 된다. HSBC의 대부분 직원들과 가족들은 스탠리베이에 억류되어 있어 외부와 일체 접촉할 수 없었다. 그러나 급하게 끌려가느라 아무 것도 챙기지 못한 그들은 이내 식량이나 옷가지, 약품 등이 부족해 참담한 날들을 보내야 했다. 일본군에게서 조금씩 배급받은 것으로는 턱도 없었다.

그레이번은 일본군 몰래 금고에서 돈을 빼내와 이들에게 보낼 계획을 세웠다. 이를 전해줄 방법을 찾다 HSBC의 주치의 몸속에 돈을 숨겨 들여보내기로 했다. 하지만 당시 일본군 영내로 들어갈 때는 일본 군관의 수색을 거쳐야 했고, 결국 이 돈은 발각된다.

그레이번은 1943년 2월 23일 외사부 부장 샤오텐(小田)을 찾아간다. 미국인과 중국 스파이가 주치의에게 돈을 주며 이를 영내에 구류된 아무개에게 전해주려던 것뿐이라며 둘러댄다. 그러나 샤오텐은 이를 심각한 사건으로 판단해 3월 17일 그레이번을 사령부로 끌고 가 몇 날에 걸쳐 심문한다. 얼마 후 스탠리베이 영내 감옥으로 이송된 그레이번은 법원의 결정을 기다린다. 2개월 반이 지난 어느 날 그레이번과 일을 도모했던 자들은 판결을 받으러 홍콩 최고법원으로 끌려간다. 함께 끌려갔던 한 직원은 그날을 기억했다.

"1943년 6월 30일 우리는 아침 8시 감옥에서 나와 멀건 죽 한 그릇을 먹었다. 일본군은 우리 손에 수갑을 채워 작은 트럭에 태웠다. 함께 가던 일본군은 우리가 홍콩 최고법원으로 가는 중이라고 말했다."

3개월의 형량을 받은 그레이번과 직원들은 조화를 만드는 부역장으로 끌려갔다. 하루에 6시간씩 고된 일을 시키면서도 하루에 한 끼 죽 한 그릇이 나올 뿐이었다. 막노동을 해본 적 없는 직원들은 점점 지쳐갔다. 특히 62세의 그레이번은 힘들고 배고픈 날이 계속되자 병이 나고 만다. 결국 그레이번은 병을 이겨내지 못하고 8월 21일 세상을 뜬다. 1년 후 그레이번의 뒤를 이어 직원들을 독려해가며 홍콩 HSBC를 이끌던 에드먼스턴(D.C. Edmonston) 역시 배고픔과 피로를 이기지 못하고 세상을 뜬다.

06
충칭 HSBC

정의는 승리하는 법이다.

싱가포르가 함락된 지 4개월 후인 1942년 6월 일본 해군은 미드웨이 섬에서 미군과의 접전으로 심한 타격을 받는다. 또 아시아 곳곳에 세워둔 주둔지에서 승리를 호언장담하던 일본 육군이 1943년 전멸한다. 태평양전쟁에서 일본의 패망이 한 발 앞으로 다가왔다. 중국군 역시 중국에서 대규모 반격을 시작한다. 일본에 대한 분노로 들끓던 붉은 피는 일본군의 예리한 칼날을 무디게 만들었고, 일본은 역사의 심판 앞에 무릎을 꿇게 되었다.

이 때 런던에서 모스는 중국의 정세를 주목하면서 충칭 주재 영국 대사, 국민 정부와 계속해서 연락을 취하고 있었다. 중국 대다수 영업소가 문을 닫은 뒤 모스는 제2의 수도 충칭에 분점을 설치할 문제를 두고 고심하고 있었다. 그는 HSBC의 정치 고문이자 충칭 주재 영국 대사관 재무 고문인 캐슬스(Cassels, W.C.)의 의견을 구했다. 캐슬스는 1942년 5월 3일 모스에게 편지를 쓴다.

"이제 계획을 구체화할 때가 된 것 같습니다. 전쟁이 끝나면 우리는 금융계에서 선두에 설 수 있을 겁니다. HSBC의 미래는 이제 당신의 어깨 위에 있습니다."

1943년 초, 모스는 충칭에 분점을 개설하기로 결정하고 머레이(Murray, W.C.)를 파견한다. 얼마 지나지 않아 그는 충칭 HSBC 은행장이 된다. 그러나 당시 충칭 HSBC는 대부분 영국 정부 군사 대표의 계좌를 개설하고 예금을 유치하는 것 외에는 별다른 실적이 없었다. 그러나 이곳은 HSBC가 중국으로 복귀하기 위한 기초라는 점에서 특별한 의의를 가진다. 모스가 노린 것은 이것이었다.

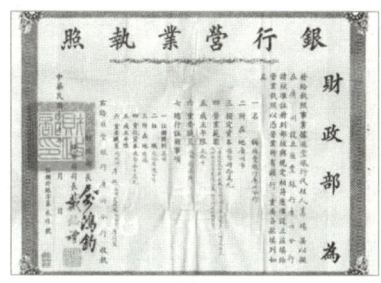
1947년 광저우 HSBC의 영업허가증. 원래는 1909년부터 문을 열었지만, 2차 세계대전으로 부득불 영업을 중지했다 1946년 다시 문을 열었다

1944년 6월 8일 모스는 런던에서 열린 주주회의에서 전쟁으로 인한 HSBC의 손실 상황을 보고했다. 전쟁이 시작된 이래 총 19명의 영국인 직원이 사망했고, 25명이 포로로 잡혀 있으며, 137명이 일본 군대에서 복역하고 있었다. 회사의 연간 수익은 21.6만 파운드로 전쟁 전보다 크게 하락해 있었다. 그러나 모스는 이것은 그리 중요하지 않다고 말한다.

"우리가 이제부터 힘써야 할 부분은 회사 유동자금의 손실을 막는 것입니다. 지금은 유동자금이 많이 침체되어 있지만 그 총액은 우리가 상상한 것 이상입니다. … 우리가 극동 지역에서 형식적으로나마 영업소를 운영한다면 상황이 호전되어 극동 경제가 회복되면 우리는 즉시 극동에서 회사를 재건할 수 있습니다."

1945년 8월 15일 일본은 무조건 항복을 선언했다. 모스는 그 즉시 펀위크를 홍콩으로 파견해서 상황을 알아본다. 9월 9일 홍콩에 도착한 펀위크는 모스에게 편지로 상황을 보고한다.

"직원들의 건강상태는 생각보다는 좋습니다만 그간 고된 노동에 시달리다보니 1, 2개월 정도 안정을 취해야 할 것 같습니다. 그동안 이들을 대신할 인력이 필요합니다. 포르투갈 국적의 직원 101명은 그동안 마카오로 이주되어 있었고, 상태는 매우 좋습니다. 이들은 중국인 직원 188명과 함께 업무에 투입될 수 있습니다. 이곳 내부 상황도 예상보다 좋습니다. 회사 기밀문서도 잘 보존된 상태이고, 건물도 깨끗합니다. 예전의 업무를 회복하는데 그리 큰 어려움은 없을 것입니다."

이듬해 모스는 본사를 다시 홍콩으로 이전한다.

07
홍콩의 광복과 HSBC의 재건

1946년 HSBC는 동양으로 컴백했다. 하지만 세계 정세는 크게 달라졌다. 독일에 함락되었던 영국, 프랑스는 이미 빛이 바랬다. 영국의 영향력이 크게 미쳤던 식민지나 조계지도 속속 독립을 선언했고, 아시아의 패권도 미국으로 넘어갔다. 중국도 변했다. 국민 정부는 수도 난징으로 다시 돌아갔지만, 이미 민심은 중국 공산당에게 넘어가 있었다고 판단했다.

1946년 6월 HSBC 이사진은 모스를 새 CEO로 뽑았다. HSBC의 재건을 위해 모스는 홍콩으로 돌아갈 때가 되었다고 판단했다. 1942년 일본의 강요로 발행했던 수표 문제는 모스기 시급히 처리해야 할 과제였다. HSBC는 이때 발행된 수표에 대한 금액을 지불키로 결정했다. 어떤 상황에서 발행되었건 간에 나 몰라라 한다면 은행의 신용에 크게 흠이 갈 수도 있었기 때문이다.

역시 진심은 통하는 법인가 보다. HSBC의 이런 행동은 사람들의 호감을 샀다. 상하이의 AIG(American International Group)의 사건과 대조되어 더 좋은 반응을 일으켰다. 상하이에서는 AIG가 보험금의 지불을 거부한 사건이 있었다. 상하이 사람 한 명이 예전에 들었던 보험증권을 제시하며 보험금 지불을 요구했으나 AIG는 약관에

◆➤➤ 1953년 HSBC 사옥을 나서는 모스(A. Morse). 모스는 전후 침체되어 있는 홍콩이 공업도시로 재도약하는데 큰 공헌을 했다

제시된 회사와 지금의 회사는 연계성이 없다는 이유로 지불을 거부한 것이다. 그렇다면 AIG의 광고에서 말하는 소위 '중국의 토박이 보험회사' 라는 말은 모두 거짓말이라고 공언하는 것과 다르지 않을 것이다.

보험 금융업은 신용과 위험을 경영하는 기업이다. 이 사건이 언론을 타고 사람들의 구설수에 오르내리며 AIG는 신용에 큰 손실을 입은 것이다. 사람들은 약관이 어떠하던 간에 인정상 책임을 져야 한다고 생각하는 것이다. 그 사건으로 AIG가 지불한 대가는 '상하이에서의 신용손실과 이를 회복하기 위한 최소 2년이라는 시간' 이었다. 상하이 보험 금융업계에서 시장 점유율이 꽤나 높았던 AIG였지만 사건이 터진 후 2년 동안 다른 기업에 그 자리를 빼앗겼다. 마찬가지로 법률적으로 본다면 HSBC에서 발행된 1.19억HK$의 불법 수표는 HSBC가 지불을 책임질 필요는 없는 것이었다. 그러나 HSBC는 이를 부담했고, 적지 않은 돈을 썼지만 대신 사람들의 신용을 얻었다.

홍콩으로 돌아온 모스는 HSBC의 업무 영역을 다시 정비했다. 적극적으로 홍콩의 공공기업에 대출을 해주고 전쟁으로 기기, 창고, 화물이 훼손되거나 도난당한 일반 상인에게도 저리의 대출을 해주었다. 담보가 부족하더라도 어느 정도 명성이 있는 회사라면 대출승인이 났고, 회사를 신설하려는 기업인에게도 자금을 대주었다. 전쟁이 끝난 후 몇 년이 지나지 않아 홍콩은 극동에서 중계무역항으로서의 명성을 회복할 수 있었다. HSBC 역시 예전의 규모를 회복해갔다. 그러나 불행하게도 중국 대륙에서는 그렇지 않았다.

08
중국을 떠나다

1947년 8월 28일 모스는 주주회의에서 중국 대륙의 정세와 HSBC의 영업실적을 보고한다. 당시 HSBC의 총자산은 1940년의 7,700만 파운드에서 1.27억 파운드로 급상승했으며, 전쟁으로 중단되었던 배당금도 지급할 수 있었다. 그리고 중국 대륙의 영업소들도 정상영업을 하게 되었다. 일본에서는 영업소를 세우는 등 확장은 불가능했지만 대신 동남아시아에서의 초석을 새롭게 하기 위해 말레이시아를 비롯해 보르네오에 분점을 설립했다. 전체적으로 HSBC는 금융 네트워크를 회복하고 확장해가고 있었다.

그러나 중국의 상황은 낙관적이지 않았다.

"현재 무엇보다 중국과의 관계가 중요합니다. 저는 지난 3년간 중국 정세를 주시하며 중국에서의 영업 방향을 기획하고 있습니다. 비록 지금은 실망스러운 결과를 얻었지만 그렇다고 낙담하기에는 이릅니다. 중요한 것은 우리 HSBC가 이미 중국 정부의 비준을 얻었다는 것입니다. 앞으로 우리는 수도 난징에 영업소를 열 것이며, 중국 정부를 비롯해 가능한 한 많은 기구와 계속해서 접촉할 것입니다. 중국의 내전이 끝나면 분명 우리에게 유리한 기회가 올 것이라 저는

믿어 의심치 않습니다."

하지만 모스의 바람은 1948년 내동댕이쳐진다. 1948년 8월 5일 열린 주주회의 연설을 들어보자.

"영업실적은 계속해서 상승하고 있습니다. 순이익은 연간 700만 HK$의 증가세를 보이고 있으며, 배당금도 2배 가까이 늘었습니다. 영업소도 기존 39곳에서 46곳으로 증가했습니다. 보르네오에 두 곳, 마닐라에 한 곳, 일본 요코하마와 고베에 영업소를 열었고, 오사카에도 우리 HSBC가 영업을 시작했습니다. 홍콩의 공업화 전략으로 면방직공장이 들어서고, 설비도 연말이면 모두 완비될 것으로 예상되고 있습니다. 그러나 문제는 중국 대륙입니다."

이듬해 3월 열린 주주회의에서 사람들은 중국 대륙의 상황이 더 악화되었음을 알게 된다. 모스는 장제스 정부가 이미 세를 잃었고, 중국에서의 영업 상황은 더 악화되었다고 말한다.

"중국의 국제무역은 계속해서 증가하고 있습니다. 물론 수출입 시장은 파동으로 주춤하고 있지만 일정 정도 이윤이 나고 있어 많은 무역상들이 영업을 계속하고 있습니다. 하지만 문제는 중국 정치 상황입니다. 중국의 내전이 점점 격화되고 있어, 외국 기업 대부분이 큰 암초에 부딪힐 것이라는 예상을 내놓고 있습니다. 제 의견은 이렇습니다. 대외무역 기업들은 몇 개월 내 중국에서의 경영방침을 새롭게 하지 않으면 큰 어려움을 겪을 것입니다. 우리 HSBC도 마찬가지입니다."

불길한 예감은 빗나가지 않았다. 1949년 중국 공산당은 부패한 국민당을 하루아침에 무너뜨렸다. 그리고 여세를 몰아 베이징까지 올라가 그 해 10월 중화인민공화국의 수립을 선포했다. 상하이탄의 금융가에서는 중국 공산당을 비난하며 그들의 경제정책을 빵점이라고 비웃었다. 그러나 대화의 주도권은 이미 그들의 손에 있지 않았다.

이듬해 3월 모스는 주주회의에서 중국 대륙의 영업소들을 이전할 계획이 없다고 말한다. 아직 큰 문제없이 중국에서의 영업실적도 성장했기 때문이었다. 비록 공산당 정권이 안전궤도에 오르면 기존의 실적들은 기대하기 어렵겠지만 이곳에서 이윤이 날 요소가 조금이라도 있다면 기구를 유지하는 것이 옳다는 것이었다.

하지만 모스가 자리에서 물러난 1953년 중국 HSBC 기구들은 큰 문제에 봉착한다. 모스를 대신해 HSBC의 경영권을 쥔 마이클 터너(Micheal M. Turner)는 중국에서의 영업실적을 보고 깜짝 놀랐다. 사실상 중국에 열었던 분·지점이 모두 영업을 중지했고 상하이, 텐진, 베이징, 산토우 등 몇몇 영업소도 개점폐업 상태에 있었던 것이다. 실적은 제로인데 기구 유지비용으로만도 매년 약 250만HK$를 썼으니 HSBC의 계산법에 맞지 않았다. 새로 취임한 터너는 이 문제를 해결하기 위해 모스와 달리 적극적으로 중국 정부와 협상을 벌인다.

중국 공산당 정부는 반자본주의 정책의 일환으로 국민들에게 기존에 있던 예금액을 모두 인출해 은행거래를 중지하도록 한다. 이에 터너는 1954년 중국에 있던 영업소를 모두 정리하기로 결정한다. HSBC가 이곳에서 보유하고 있던 자산을 다 정리해 모든 직원에게 퇴직금을 지급하고 직원을 해고했다.

1955년 4월 HSBC는 중국 정부와 최종 협의를 도출했다. HSBC의 중국 내 자산은 상하이의 빌딩을 포함하여 전부 중국 정부에 반납하는 대신 상하이 HSBC는 건물을 임대해 소액 예금 출납업무와 무역환어음 등의 몇 가지 금융 서비스를 제공할 것이라는 내용이었다. 이렇게 해서 홍콩을 발판으로 삼아 중국 대륙에서 크게 성장했던 외자 기업 HSBC는 중국 대륙을 떠났다.

다른 기업이라고 상황이 다르지는 않았다. 아시아에서 다져놨던 기반을 폭격한 태평양전쟁, 그러나 1945년 전쟁이 끝나면서 많은 외국기업들이 중국으로 속속 돌아왔다. 자댕매서슨, 버터필드 스와이어 사(Butterfield & Swire Co. 이하 스와이어 사) 등 영국 자본 대기업은 예전의 영광을 되찾는 듯 했다. 그러나 전쟁을 겪은 중국에서는 민족주의 정서가 날로 격화되고 있었고, 상하이 조계지도 중국에 반환되어 영국 기업들의 설 자리는 점점 좁아졌다. 중국 공산당의 승리로 장제스 정권을 지지하던 '제국주의 기업' 들은 중국에 대한 기대를 접고 너도나도 홍콩으로 자리를 옮겨야 했다. 1953년 스와이어 사 그룹은 중국 정부와 협상을 통해 중국에서의 영업을 종료했다. 이어서 이듬해 중국 최대의 외국 기업 자댕매서슨 역시 중국 대륙의 모든 영업소를 폐쇄하고 이곳에서 1백여 년간 써내려온 경영사의 붓을 내려놓았다.

제7장
HSBC의 다원화

HSBC는 홍콩 경제 변화의 물결을 타고서 영국 그룹에 금융지원을 했고, 이들과 함께 홍콩 경제를 좌우하는 강력한 세력을 형성할 수 있었다. 대기업과의 연합전략은 HSBC가 늘 최고의 자리를 유지할 수 있게 해주었다.

터너는 재임 기간 내내 HSBC의 사업 영역 다원화를 위해 애썼다. 그 중 가장 큰 성과라면 차터드상업은행과 중동 잉글랜드은행을 합병한 것이다.

콜리스(Collis, Maurice)

2차 세계대전이 끝난 폐허에서 홍콩은 다시 일어나기 위해 부단히 노력한다. 중계무역항에 불과하던 도시가 공업도시로 바뀌게 될 줄은 누구도 상상하지 못했을 것이다. 그러나 놀랄 일이 더 있다. 마침내 제조업이 GDP의 30% 이상을 차지하던 공업도시는 GDP의 85% 이상을 금융 서비스업이 차지하는 국제금융의 중심이 되었다.

홍콩 경제 변혁의 파랑에 적극적으로 뛰어든 HSBC는 엄청난 이윤을 거뒀다. 홍콩에서 단단한 기초를 다진 HSBC는 해외로 눈을 돌려 거대한 금융 네트워크를 만들었다. HSBC는 1959년 한 해에 두 곳의 은행을 인수함으로써 국제 금융 그룹으로서의 첫걸음을 내딛는다. 그곳은 바로 차터드상업은행(Chartered Mercantile Bank of India, London & China)과 중동 잉글랜드은행이라는 점에서 HSBC의 저력을 새삼 느낄 수 있다.

01 홍콩의 재도약

 영국이 홍콩을 점령한 후 태평양전쟁 때까지 100년간 홍콩 경제를 주도한 가장 큰 원동력은 자댕, 스와이어 등 대기업이 주도하는 금융·무역 분야였다. 무역과 관련된 해운, 조선, 선박이나 보험 업무와 같은 분야의 경제활동이 매우 활발했다. 이들 대기업이 나서 만든 HSBC도 이들과 함께 큰 발전을 할 수 있었다.

 그러나 전쟁은 이런 상황을 바꾸어 놓았다. 홍콩에 거주하던 수많은 사람들은 일본군의 총칼을 피해 도망쳤고, 구사일생으로 생명을 부지한 사람들은 중국 본토로 돌아갔다. 통계를 보면 홍콩 인구는 1941년의 160만 명에서 1945년에는 60만 명으로 줄어들었다.

 그러나 끝이 보이지 않았던 전쟁도 끝이 났다. 중국으로 돌아갔던 기업인들이 속속 홍콩으로 다시 모여들었다. 게다가 중국 내전의 결과 1949년 중국 공산당이 정권을 잡자 더 많은 사람들이 떼를 지어 홍콩으로 들어왔다. 1945년 9월에서 1949년 12월까지 줄잡아 128만여 명이 유입되었으니 전쟁으로 홍콩을 떠났던 인구보다 훨씬 많은 사람들이 홍콩으로 들어온 것이다.

 2차 세계대전 이전까지만 해도 상하이는 동양 최대의 국제 금융도

1951년 홍콩 항만 전경

시였으며, 세계적으로도 알아주는 제조업의 중심이었다. 풍부한 자원과 기계설비, 원자재, 그리고 넘치는 노동력까지 제조업의 삼박자를 제대로 갖춘 상하이는 명실상부한 공업도시였다. 그러나 오랜 일본군의 침략에다 국공내전(역자 주 — 제2차 세계대전 후 중국의 지배권을 둘러싸고 국민당과 공산당 간에 벌어진 내전. 1949년 이 내전에서 승리한 공산당이 중국 대륙에 중화인민공화국을 수립했고, 패배한 국민당은 타이완으로 가서 중화민국을 계속 유지한다)까지 겹쳐 기업가들과 엔지니어들은 상하이를 등지고 홍콩 등 다른 도시를 찾아 떠난다.

그 중 방직업의 홍콩 유입이 가장 가시적이었다. 원래 방직회사들은 전쟁이 끝나면 다시 상하이로 돌아가 새로 회사를 꾸릴 계획으로 구미에서 선진 설비들을 사들인다. 그러나 2차 세계대전이 끝난 후 이어진 국공내전으로 설비들을 실은 배는 홍콩으로 뱃머리를 돌린다. 중국 공산당은 이미 상하이를 접수한 상태였고, 친 장제스 전략으로 활동했던 기업들은 상하이로 돌아갈 수 없었던 것이다. 홍콩에 하적된 공장 설비들은 아시아 최고의 현대식 방직공장을 세우는데 사용되었고, 기업을 따라 유입된 자본은 홍콩의 공업화 기초사업에 사용되었다. 게다가 홍콩으로 흘러들어온 중국인은 염가의 노동력을 제공했으니 20세기 초의 상하이처럼 제조업의 3요소인 자본과 기술, 노동력이 다 갖춰진 셈 이었다. 이제 홍콩은 중계무역항에서 공업도시로 다시 태어난다.

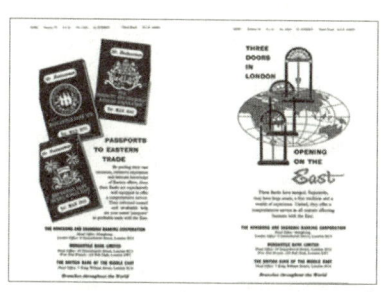
1959년 HSBC가 고객들의 마음을 사로 잡기 위해 만든 포스터

엄청난 인구의 유입으로 홍콩의 기초설비와 주거시설, 사회 서비스와 노동력시장은 큰 압력을 받았다. 홍콩 식민지 정부는 높은 실업률과 사회혼란을 막기 위해 친 기업정책을 펼치고 공업발전을 독려한다. 시세보다 저가로 공장 부지를 임대해주었고, 여기서 더 나아가 공업과 관련된 문제를 책임지는 공상과를 설치해 공업발전에 적극적으로 나섰다.

하지만 공업은 그저 첫걸음을 뗀 수준이었고, 홍콩은 전쟁이 끝난 처음 몇 년 동안 극동 중계무역항으로서의 지위를 회복하기에 바빴다. 그 결과 1947년 홍콩은 대외무역 총액이 27.67억HK$까지 상승해, 최고액을 기록했던 1931년의 12.8억HK$보다 무려 116%가 늘었다. 1951년에 홍콩의 대외무역 총액은 93.03억HK$로 몇 년 사이에 3배 이상 상승했다. 여기에는 중국 본토와의 무역량 증가가 주요 원인이었다. 그러나 한국 전쟁의 결과 연합군은 중국과의 교역을 중단했고, 이제 홍콩의 잔치도 끝나게 되었다. 홍콩의 중계무역은 급격히 무너졌다.

1년도 안 되는 시간 동안 홍콩은 중계무역항과 해운 중심지로서의 지위를 잃었다. 다행스러운 것은 그동안 홍콩이 공업화의 전체적인 기초를 다져놓은 것이다. 상하이에서 온 기업가들과 광둥에서 유입된 값싼 노동력, 현지 은행의 자본력은 새롭게 설립된 제조회사에 지지대가 되었다. 또 홍콩 정부 역시 공업발전에 유리한 정책들을 펼치며 공업도시로서 발전할 배경을 제공했다. 홍콩 공업의 신속한 발전은 홍콩 경제발전의 견인차가 되었다. 1959년 홍콩의 상품 수출액이 22.8억HK$에 이르면서, 처음으로 중계무역액 19.95억HK$를 추월했다. 홍콩은 이제 정식으로 공업화의 길에 들어선 것이다.

1960년대에 들어서 홍콩 경제가 다시 날개를 펼치면서 방직, 의류 제조업의 전성기를 이룬다. 여기에 플라스틱, 완구, 시계, 금속제품 및 전자공업도 꾸준히 발전하면서 홍콩은 명실상부한 공업도시가 된다. 함께 성장한 무역, 해운, 금융 및 부동산업도 홍콩 경제발전을 이끌 새로운 물줄기가 된다. 이 물길을 트는데 큰 도움이 된 HSBC도 홍콩과 함께 눈부신 발전을 시작한다.

02 새로운 금융 네트워크

태평양전쟁을 시작으로 HSBC는 장장 10년이라는 고통의 시기를 보낸다. 중국에서 내쫓기다시피 나온 HSBC는 발전 전략의 무게 중심을 중국 대륙에서 홍콩을 중심으로 한 아시아·태평양 지구로 옮긴다. HSBC를 비롯하여 자댕매서슨이나 스와이어 사 등 영국 기업들도 겪어야 할 전략적 구조조정이었다.

홍콩과 상하이는 HSBC의 양대 지주였다. 그런데 이제 상하이라는 기둥 하나가 무너졌으니, 홍콩에의 의존도가 높아졌음은 말할 것도 없었다. HSBC는 기업들이 홍콩으로 이전하고 많은 이민자들이 유입되는 상황을 보고 홍콩의 공업화를 지지할 전략을 세운다. HSBC를 재건하는 데는 분명 홍콩의 발전이 필요했으니 말이다. 기업가들은 공장을 다시 세울 것이고, 그러려면 공장부지 구매나 공장 설비를 비롯해 원자재를 사들일 때도 돈이 필요할 것이다. 이때 HSBC가 기업에 자금을 대주면 된다.

1948년 HSBC는 여러 방직회사에 완화된 기준으로 대출해주었다. 그리고 1950년 모스는 그동안의 관례를 깨고 상하이에서 이주한 기업가들과 직접 협상 테이블에 앉아 공업발전에 필요한 자금을 제공할 것을 약속했다. 1953년 말 홍콩에는 이미 3,204개의 공장이 세워진다. 가장 중요한 방직업 외에도 고무신, 플라스틱, 화약 공업 등이 조금씩 증가하기 시작한다. HSBC 역시 이 시기 홍콩에서의 대출 이윤은 중국 무역으로 손실한 금액을 벌충할 정도였다. HSBC의 총자산은 1946년의 9,400만 파운드에서 1953년에 이르러 2.2억 파운드로 급상승한다.

홍콩의 공업화 속도에 발맞추어 모스는 HSBC의 발전을 위한 새로운 방향을 찾는다. 중국을 대신할 지역은 바로 동남아시아였다.

"동남아시아 지역에는 대외무역을 확대할 수 있는 엄청난 잠재력이 있다고 확신한다. 이곳에만도 5억 가까운 소비인구가 있다. … 적당한 지역을 찾는 대로 우리는 자본과 인력을 이곳으로 집중할 것이다."

HSBC는 홍콩 및 아태 지역에서의 금융 네트워크를 다시 짜나갔다. 누가 뭐래도 그 일등공신은 모스일 것이다. 전쟁으로 운 좋게 일찍 최고자리에 오른 모스는 중국에서의 풍부한 경험을 바탕으로 HSBC를 경영했다. 물론 중국 대륙에서는 부득불 그 뜻을 펼치지 못했지만 그는 예의 정확한 판단력으로 HSBC를 재건하는데 성공했다. HSBC를 홍콩의 공업화에 일등공신으로 만들었으며, 또 금융 네트워크를 새로이 짤 수 있도록 기초를 마련했다.

➤➤ 03 그룹화

1953년 3월 1일 터너는 모스의 뒤를 이어 HSBC의 경영권을 이어받는다. 모스를 통해 HSBC가 전후 아시아 시장에서 재건할 수 있었다면, 본격적으로 HSBC의 활동영역을 확대시킨 인물은 바로 터너다.

홍콩의 공업화 속도가 빨라지면서 HSBC도 홍콩을 중심으로 거대하면서도 촘촘한 금융 네트워크를 짠다. 1946년 HSBC는 주룽뿐 아니라 1948년에는 몽콕(旺角)에, 1956년에는 노스포인트(北角)에 영업소를 연다. 그 후로도 완차이(灣仔), 시잉판(西營盤), 젠니띠청(堅尼地城), 애버든(香港仔), 선수이부(深水埗), 취안완(荃灣), 유엔롱(元朗), 다부(大埔), 상수이(上水) 등의 지역에 순차적으로 영업소를 연다. 1961년에 홍콩에서 영업 중인 지점만도 19곳이었다.

이와 함께 HSBC는 아태 지역에서도 순조롭게 활동을 전개해 나간다. 먼저 HSBC는

➤➤➤ 1988년 사이공에서 이름을 바꾼 호치민 HSBC

1962년 일본의 도쿄, 고베, 오사카, 요코하마, 베트남의 호치민, 캄보디아의 프놈펜, 타이의 방콕, 미얀마의 양곤을 비롯해 인도의 콜카타, 콜롬보 등지에서 영업을 시작했다. 동남아시아에서는 싱가포르, 콸라룸푸르, 말라카, 브루나이, 사라와크에 영업소를 설치했다. 런던, 함부르크, 파리, 뉴욕 등 대도시에도 HSBC가 문을 열어, 10개국가에 43곳에 이르는 영업망을 짰다. 미국에서는 다른 곳보다 캘리포니아 주의 실적이 좋았다. 게다가 잠재수요도 거대한 것으로 판단해 터너는 1955년 캘리포니아 HSBC를 자회사로 독립시켜 등록했다. 지금은 자회사를 설립하는 게 매우 일반적인 일이 되었지만 당시만 해도 여타 업종은 물론 금융계에서는 더욱이나 드문 일이어서 세간의 주목을 사기도 했다.

  터너는 1959년 한 해에 대기업 두 곳을 인수해 진정한 프런티어로서의 진면목을 드러냈다. 한 곳은 오랜 역사를 자랑하는 다국적 기업인 차터드상업은행이었고, 또 한 곳은 중동 잉글랜드은행이었다. 모험심만으로 일이 성사될 리 만무했다. 터너는 그동안 쌓아온 실력을 발휘해 일을 성공적으로 마쳤고, 이를 통해 HSBC는 그룹으로 발전할 기회를 마련한다.

  1853년 인도 뭄바이에 설립된 차터드상업은행(Chartered Mercantile Bank of India, London & China)은 오랜 역사에 아시아에서 명성이 자자한 기업이었다. 이 은행의 영문명에서 알 수 있듯이 중국은 아시아에서 중요한 전략지였다. 설립과 거의 동시에 차터드상업은행은 홍콩과 상하이에 영업소를 열고 최초의 외자은행으로 사람들에게 알려졌다. 1857년 아시아 차터드은행(Chartered Bank of Asia)과 합병한 차터드상업은행은 그 영역을 확장해 1862년에는 홍콩에서 화폐발행권을 얻기도 한다.

1866년 금융공황으로 차터드상업은행은 오리엔탈은행 등과 함께 어음의 기한을 6개월에서 4개월로 단축해 경영악화를 타개하려고 했었다. 그러나 HSBC는 이를 이용해 큰 이윤을 보았고, 결국 이 시도는 실패로 돌아갔다. 설립된 지 얼마 안 된 HSBC라는 작은 다윗이 금융계의 골리앗을 굴복시킨 것이었다. 1892년 차터드상업은행은 특허은행에서 유한책임회사로 구조를 바꾸고 영업을 확대해 간다.

1959년 세기의 역사를 함께 해온 차터드상업은행이 HSBC에게 인수되었다. 당시 차터드상업은행은 35곳에 영업소가 있었고, 인도차이나 대륙과 말레이시아 등지에서도 탄탄한 기초를 마련해둔 상태였다.

HSBC가 인도나 아태 지역에서의 적수를 제거하고 영업확장을 위해서 차터드상업은행을 인수했다면, 중동 잉글랜드은행을 인수한 것은 새로운 지역으로의 진입을 위해서였다. HSBC는 중동 잉글랜드은행 인수 후 중동 금융시장에 진출한다. 1889년 9월 런던에 설립된 중동 잉글랜드은행(현 중동 HSBC)의 전신은 페르시아제국은행으로 페르시아제국 최초의 국가 은행이었다.

1959년 이 두 은행의 인수 성공으로 HSBC는 자산이 크게 늘어났으며, 이윤도 급격히 상승했다. 인수 전후 HSBC의 실적을 비교해보면 HSBC가 얼마나 빠르게 성장했는지 한 눈에 알 수 있다. 1958년 12월 HSBC의 총자산은 2.27억 파운드였으나 인수 후에는 거의 배에 달하는 4.45억 파운드로 증가했다. 영업실적도 크게 늘어 1958년 주식배당금 120만 파운드가 1961년에는 237만 파운드로 배 가까이 늘었다. 터너는 재임하는 기간 내에 총 자산을 4.79억 파운드로 올려놓겠다고 말했다. 사실 터너의 재임 초기에 총자산은 약 2.23억 파운드에 불과했으니 현실성 없는 공약이라고도 할 수 있었다. 그러나 터너는 약속을 지켰고, 1962년 HSBC를 새로운 고지에 올려놓고 자리에서 물러난다.

04 알짜를 얻다

HSBC라는 거함을 몰 선장들을 보면 범상치 않은 사람이 많았다. 터너의 후임자 샌더스(A.H. Saunders) 역시 그랬다. 그가 바통을 이어받은 후에도 HSBC는 여전히 가파른 상승곡선을 그리며 성장했다.

중국 최대의 국내 자본은행인 항셍은행(恒生銀行). 그 발전 속도는 모두가 혀를 내두를 정도였다. 그러나 처음에는 금융계에서도 아는 사람이 거의 없는 눈에 띄지 않는 은행이었다. HSBC가 설립될 때와 달리 항셍은행은 초기에 홍콩의 은행가에 밀집된 많은 구식 은행 중 하나일 뿐이었다. 1933년 3월 3일 린빙엔(林炳炎)과 허샨힝(何善衡)을 포함한 11명은 전당포, 전포 등이 모여 있는 은행가에서 방 하나를 빌려 시작한 것이 항셍은행의 처음이었다. 당시 10만HK$도 안 되는 자본으로 금을 매매하고, 환전 등 간단한 영업을 시작했다. 게다가 주판을 써서 장부를 정리하고, 손으로 쓰는 통장을 사용

▶▶ 1933년 홍콩에 설립된 항셍은행

하는 등 전통적인 방식으로 운영했기 때문에 전포쯤에 불과했다.

그러나 항셍은행은 설립된 지 얼마 안 돼 홍콩을 기지로 하여 광저우, 상하이 등 대도시에서도 서비스를 시작했다. 몇 년이 지나지 않아 항셍은행은 발전궤도에 올랐다. 게다가 전쟁도 항셍은행의 발전을 도왔다. 1937년 일본의 중국침략이 본격화되자 중국 대륙의 부호들이 하나둘 남하했다. 그 와중에 사람들은 급한 대로 은화를 홍콩달러로 환전했고, 홍콩은 물론 상하이, 광저우, 한커우에 있는 항셍은행 영업소에서 큰 폭의 흑자를 냈다. 그러나 일본군의 홍콩 점령으로 항셍은행도 마카오로 자금과 직원을 피신시킨다. 이곳에서 이들은 3년 8개월의 암담한 날들을 보낸다.

1945년 홍콩이 광복되자 항셍은행의 경영진은 홍콩으로 돌아와 전면적으로 규모를 확대해나간다. 홍콩 경제가 회복되고 중국과의 교역이 늘면서 항셍은행은 환전시장의 점유율을 높여간다. 게다가 이때 가세한 리궈웨이(利國偉)는 외국과의 금 교역으로 실적을 올린다. 1946년 항셍은행은 또 한 번 전쟁 덕을 본다. 국공내전이 일어나자 국민당 정부는 화폐 발행을 크게 늘였고, 이로 인해 화폐가치는 크게 떨어졌다. 부호들은 급히 화폐를 외환이나 금으로 바꾸려고 난리였다. 홍콩 금융계에서 금 교역을 꽉 쥐고 있던 항셍은행은 다시 한 번 성장의 기회를 잡을 수 있었다.

1949년 2월 린빙옌이 죽고, 항셍은행은 허산헝을 이사장으로 선출한다. 1952년 12월 5일 항셍은행은 개인주식회사로 등록을 변경하고 상업은행으로서 본격적인 활동을 시작한다. 은행업의 치열한 경쟁에서 항셍은행은 독자적인 경영방식을 만들어갔다. 대중을 위한 서비스를 기치로 삼고, 홍콩의 중소기업과 상인, 시민을 향해 다가간다. HSBC가 대기업이나 정부 등 VIP를 상대로 한 것과는 반대로 항셍은행의 목표는 중소기업과 일반인들이었다. 허산헝은 기회만 되면 직원들에게도 이를 당부했다.

"고객제일의 서비스 정신을 잊지 말라. 일반인이든, 노동자든 항셍은행에 들어온 이상 우리에게는 VIP이다."

항셍은행은 중국인의 정서에 맞는 자상한 서비스로 은행과 대중의 거리를 좁혀나갔다. 여타 은행과 다른 독특한 이미지로 인해 많은 고객을 확보하고 시장을 넓혀갔다. 지금이야 사람들이 더운 여름에 땀을 식혀갈 수 있을 정도로 편안하게 생각하는 것이 은행이지만 당시 은행은 일반인들에게는 늘 어려웠다. 더군다나 대형은행과의 거래는 감히 생각하지도 못했었다. 그것은 중소 사업주들에게도 똑같았다. 특히 새로이 사업을 시작하는 사람들이 은행에서 대출을 받기란 정말 쉽지 않은 일이었다. 당시 신흥 사업이었던 완구, 플라스틱, 금속 공장을 시작한 사람들은 대부분 광둥 토박이들로 마땅한 담보물이 없어 대출이 어려웠다.

이 때 항셍은행이 나서서 이들 중소기업에 대출을 해주었다. 이 때 항셍은행에서 도움을 받은 중소기업들 중 많은 수가 크게 성장해 홍콩 제조업과 무역의 기둥이 되었으니, 항셍은행 역시 이들과 함께 발전할 수 있었던 것이다. 시장경제라고 늘 경쟁만 있는 것은 아니다. 이렇게 상보적 관계를 통한 발전도 많다.

1960년 2월 17일 항셍은행은 정식으로 지금의 명칭으로 이름을 바꾸고 같은 해 주룽의 야우마테이(油麻地)와 몽콕 등 번화가에 분점을 개설한다. 항셍은행도 홍콩에서의 금융 네트워크를 확대했다. 1962년 항셍은행은 총자산 3.55억HK$로 최고치를 기록했다. 이제 항셍은행은 홍콩에서 규모가 가장 큰 중국 자본은행이 되었다. 이때부터 HSBC와 홍콩 개인금융 서비스 분야에서 끈질긴 경쟁을 시작한다. 1962년 성탄절에 항셍은행 신사옥이 완공되었다. 당시 최고 높이인 22층짜리 빌딩이었다.

그러나 3년이 지난 후 항셍은행은 HSBC에 많은 부분의 주식을 팔처지가 된다. 뛰어난 경영전략으로 빠르게 발전한 은행이 다른 은행의 발아래 무릎을 꿇은 것이다. 홍콩 경제의 급속한 팽창만을 믿고 무리하게 투자하다 벌어진 일이었다. 급속한 성장으로 홍콩 경제에 거품이 끼기 시작했다. 부동산 시장에 버블이 형성되고, 이 거품은 은행업으로 확산되었다. 이때 항셍은행도 금령을 어기고 부실기업에게 거액의 부동산대출을 해주거나, 직접 두 손 걷고 투기에 나선 것이다. 은행은 대량의 부실 담보대출로 인한 유동자금 부족으로 곤란에 처했다. 당시에는 홍콩에 아직 실효성 있는 은행감독제도가 없었고, 은행 위기는 걷잡을 수 없이 심각해졌다.

이미 1961년에도 경보가 울렸었다. 그 해 6월 랴오촹싱은행(廖創興銀行)에서 예금자들이 예금을 인출해가는 일이 벌어졌다. HSBC와 차터드은행의 도움으로 사건은 잠잠해졌다. 그러나 몇 년 후 더 큰 위기가 몰아쳤다. 1965년 2월 명덕은호(明德銀戶)가 현금부족으로 영업정지를 당한 것이다. 뒤이어 안정성이 부족한 광둥상업신탁은행에서도 대량의 예금인출 파동이 발생했다. 예금인출 파동은 광안(廣安)·다오헝(道亨)·극동(遠東)·융룽(永隆) 등 화교자본 은행으로 빠르게 확산되었다. 이에 HSBC와 차터드은행이 나서 항셍은행을 비롯한 여러 은행에 자금을 지원하여 홍콩 금융시장은 잠시 평정을 되찾았다.

그러나 그 해 4월 다시 한 번 예금인출 사태가 일어난다. 이번에는 항셍은행이 사태의 발단이었다는 점에서 기존의 상황과는 심각성이 달랐다. 항셍은행은 그동안 일관되고 안정된 경영으로 은행계에서도 높은 신뢰도를 유지하고 있었다. 예금인출을 하려는 시민들로 항셍은행의 전 지점은 몸살을 앓았다. 게다가 그 중에 항셍은행의 행장도 있었으니 상황이 얼마나 심각했는지를 말해준다. 4월 5일 하루에만도 8천만HK$의 자금이 인출되었고, 며칠 후 항셍은행의 금고에서 빠져나간 금액이 자그마치 2억HK$나 됐다. 이 사태에 대해 항셍은행은 벼랑 끝으로 내몰리고 할 수 없이 HSBC에 SOS를 요청한다. 4월 8일 항셍은행 대표 리궈웨이와 HSBC는 협상을 시작한다. 홍콩 정부의 비준 아래 HSBC는 항셍은행에 '무제한 지원'을 약속했고, HSBC는 5,100만HK$의 돈을 들여 항셍은행 51%의 지분을 사들인다.

이 금융대란으로 이익을 본 쪽은 HSBC였다. HSBC는 저렴한 가격에 알짜를 얻었고, 이로 인해 HSBC는 홍콩 은행의 개인금융 서비스 분야에서도 독점적인 지위를 차지할 수 있었다. 항셍은행은 HSBC

에 반이 넘는 지분을 넘겼지만 지금도 여전히 항셍은행의 이름을 걸고 영업하고 있다. 항셍은행은 1972년 홍콩 증시에 첫 상장을 한 이듬해 7,100만HK$라는 이윤을 냈으며, 1981년에는 5.75억HK$의 이윤을 남긴다. 8년 만에 8배가 늘어난 셈이다. 1969년 항셍의 이름을 따서 만든 '항셍지수'로 세계적으로 그 이름을 알리고 있다.

05
매판

　　HSBC 창립 100주년이 되던 1965년 HSBC와 한 시대를 풍미했던 매판 리춘화(李純華)가 퇴임한다. HSBC의 마지막 매판의 퇴임으로 HSBC 역사의 한 시대가 막을 내린다.

　　옛날 외자은행이나 기업이 중국에서 경영을 시작할 때 없어서는 안 될 사람이 바로 매판이었다. 외국 기업이 처음 중국에 들어왔을 때, 말이 통하지 않아 장사를 하는데 애를 먹었다. 그래서 기업에서는 외국어에 능통하며 눈치가 빠른 중국인을 고용해 일을 했었다. 서양과는 달리 규정보다는 인맥에 의해 좌우되는 중국에서는 외국 기업이 일을 하는데 매판의 도움이 절대적이었다.

　　매판은 일반 직원과는 달리 회사 경영의 전반적인 흐름을 잘 파악하고 관련 기업이나 인물들과 관계를 맺으며 기업 운영을 원활하게 하는 것이 그의 임무였다. 역사학자들은 이상적인 매판에 다음 몇 가지 조건을 꼽았다. 우선 외국어에 능통하고 외국 상업 관례를 잘 알고 있어야 했다. 또 기업이 어려울 때 여유자금을 융통하려면 자산도 많아야 했다. 게다가 사회적으로 어느 정도 지위가 있어 인맥이 넓어야 한다. 이와 함께 중국 경제를 정확히 파악하고, 기업운영

산둥 출신 매판 웨이웨. 1885년부터 차터드상업은행에서 일했다

에 있어 현상을 제대로 판단할 줄 알아야 했다.

HSBC의 매판들은 비록 매판의 조건을 다 갖추지는 못했을지라도 인내심 있고 영특한 사람들이 많았다. 홍콩 HSBC에 처음으로 들어온 매판은 뤄보창(羅伯常, 1865-1877 근무)이었다. 그는 오랫동안 왐포아에서 장사하던 사람이었다. 뤄보창은 10여 년을 HSBC에서 일하면서 많은 돈을 벌었고, 그가 죽은 후 아들 뤄허펑(羅鶴朋)이 자리를 이었다. 뤄씨 집안은 매판 세가로 이름을 날렸는데, 당시 만청시대에 매판의 자리를 세습하는 것은 거의 관례였다. 어려서부터 매판의 일을 배워온 사람들이 뒤를 이으면 기업에서 일을 하기 편했고, 또 이들은 윗세대가 매판으로 큰돈을 벌었기 때문에 자산이 많았다. 이런 점 때문에 기업들 역시 매판이 세습되는 것을 선호하기도 했다.

그 뒤를 이어 매판직을 넘겨받은 류웨이촨(劉渭川)은 광둥 샹산(香山, 현재의 中山) 출신이다. 이곳은 마카오에 근접해 있어서 일찍이 몇 세기 전부터 이미 포르투갈 상인들과 접촉을 했던 덕에 매판들이 많이 났다. 자댕매서슨에서 매판으로 일했던 당연추(唐延樞)나 덴트 사에서 일했던 서윤(徐潤), 스와이어 사에서 일했던 정관응(鄭觀應) 모두 이곳 출신이다. 이처럼 매판끼리도 친척이거나 친구, 동향의 관계로 얽혀 있는 경우가 많았다.

그러나 2차 세계대전이 끝나자 세상이 변했다. 과학기술의 발달로 매판제도는 점점 시들해졌다. 붓 대신 볼펜이나 잉크가 사용되었고, 주판의 자리에는 이제 계산기가 놓였다. 게다가 매판이 필요했던 가장 큰 이유인 언어의 제한도 사라졌다. 영어에 능통한 직원들이 많아져 따로 매판 팀을 꾸려야 할 필요가 없었다. HSBC는 중국 대륙에서의 업무도 이미 철수한 뒤였고, 홍콩에서는 화교들일지라도 경영에 대한 인식이 서양인과 거의 비슷해져 중국인의 인맥을 활용할 일이 드물었다. 이제 홍콩에서 매판이라는 호칭은 1960년부터 사라졌고, 리춘화는 HSBC 최후의 매판으로 기록되며 자리에서 내려왔다.

그러나 중국 대륙에서 HSBC는 매판으로 인해 큰 도움을 받았다. 다른 지역보다 많은 수익을 내고 있던 중국에서 정부와 일할 때 매판의 역할은 어느 곳에서보다 중요했다. 상하이 HSBC의 매판 왕화이산(王槐山)을 소개한다.

상하이 HSBC 초대 매판인 왕화이산은 전포에서 일하던 사람이었다. 왕화이산이 매판이 된 재미있는 일화가 있다. HSBC가 설립되기 전에 상하이의 영국 상인회의에서 휠록마든 사(Wheelock Marden & Co. Ltd.)의 사장 맥클린(David Maclean)은 HSBC 설립 소식을 미리 알게 되었다. 이 좋은 기회를 놓칠 수 없었던 그는 영국에서 자금을 모아와 남들보다 먼저 상하이에 은행을 세울 계획으로 손발을 재게 놀렸다. 하지만 자금이 부족했던 그는 매판 예지칭(葉吉慶)을 찾아가 영국으로 가는 자금 2,000냥을 요청한다. 그러나 예지칭은 그의 계획을 무시하고 완곡한 말로 이를 거절한다.

맥클린은 평소에 업무 교류가 잦던 '싼예전장(三椓錢莊)'의 직원 왕화이산을 찾아가 자신의 계획을 설명하고 준비금을 요청한다. 인정과 의리를 중시하던 왕화이산은 그를 믿고 손님들이 맡긴 돈을 융통해 빌려준다. 그러나 맥클린은 연말이 되도록 돌아오지 않았고, 전장에서는 연말정산 때 왕화이산이 돈을 유용한 사실을 알게 된다. 아무리 숙부가 전장 주인이라도 규정을 어긴 왕화이산은 쫓겨나 고향 닝보로 돌아간다.

1년 후쯤 맥클린이 영국에서 거액의 자금을 가지고 상하이로 돌아와 상하이 HSBC를 연다. 왕화이산의 이야기를 전해들은 맥클린은 그를 상하이로 불러와 매판으로 고용한다. 회사 규정에 따르면 매판을 고용할 때는 매판이 보증금을 내고 보증인을 세워야 했다. 그러나 맥클린은 그동안 왕화이산의 행동을 신뢰하며 보증금이나 보증인 없이 그를 고용한다.

왕화이산은 HSBC가 청에 차관을 제공할 때 청의 고위 관리들과 접촉하며 차관을 성공으로 이끈다. 많은 돈을 번 왕화이산은 적당한 시기를 봐 자리에서 내려온다. 그의 뒤를 이어 쑤저우(蘇州) 둥팅(洞庭) 출신인 시정푸(席正甫)가 들어온다. 왕화이산과는 달리 시정푸는 HSBC에서 32년을 일하며 상하이 금융계에서 거물이 된다. 시정푸는 중일 갑오전쟁 배상금을 위해 조정이 차관을 요청할 때 징검다리 역할을 잘 해주어 명성이 높아졌다. HSBC에 이윤을 남겼을 뿐 아니라 청 조정에도 재정문제를 해결해주었다. 이로 인해 시정푸는 조정으로부터 2품직을 수여받았다. 시정푸는 매판의 전성기를 보내며 상하이 금융계에서 인적 네트워크를 만들어 나간다. 그 뒤로 많은 매판들이 1949년까지 일하다가 궁싱우(龔星五)를 마지막으로 중국 대륙에서 매판은 HSBC의 철수와 함께 사라진다.

06 홍콩 재벌그룹과의 연계

홍콩이 중계무역항에서 공업도시로 바뀌면서 중계무역을 중심으로 발전하던 외국 기업들도 구조조정에 들어간다. 깁 리빙스톤 사(Gibb Livingston & Co.), 길맨 사(Gilman & Co. Ltd.), 대드웰 사(Dadwell, Garlill &Co. Ltd.), 레인 크로포드(Lane Crawford), 왓슨(A.S. Watson) 등 100여 년간 자리를 지키던 영국 기업들도 변화에 적응하기 위해서 주력사업을 바꾼다. 치열한 인수전으로 몇몇 기업들이 대기업으로 성장하고, 이들은 홍콩 경제의 운명을 움켜쥔 종합그룹으로 발전한다. 그 중에서 가장 알려진 그룹이 '영국 4대 기업'인 자댕매서슨, 허치슨왐포아 사(Hutchison Whampoa Ltd.), 스와이어 사, 휠록마든이다. HSBC는 홍콩 경제 변화의 물결을 타고서 이들 영국 그룹에 금융지원을 했고, 이들과 함께 홍콩 경제를 좌우하는 강력한 세력을 형성할 수 있

항공에서 바라본 1967년 홍콩의 주요업무지구

었다. 대기업과의 연합전략은 지금까지도 HSBC가 많은 위험에도 불구하고 늘 최고의 자리를 유지할 수 있게 해주었다.

HSBC는 1970년까지 자댕매서슨과 경쟁 중에서도 협력 관계를 유지했다. 당시 자댕매서슨은 그야말로 홍콩 최고의 기업이었다. 자댕매서슨은 1972년 홍콩부동산투자회사를 통해 데일리팜(The Dairy Farm, Ice&Cold Storage Co.,Ltd.)을 인수했고, 주룽항만회사(HongKong and Kowloon Wharf and Godown Company Limited)를 통해 스타페리(Star Ferry 天星小輪) 사와 홍콩전차공사를 인수했다. 1975년에는 홍콩에서 제법 탄탄한 건축토목회사인 진먼주식회사(金門有限公司)를 인수했다.

같은 해 주식교환방식과 현금을 이용해 자동차판매회사인 쩡푸사(Zung Fu Co. Ltd. 仁孚興)와 합병한다. 1970년대 이후 자댕매서슨과 자회사, 또는 연계회사의 관계로 엮인 기업만도 400곳에 이른다. 서비스도 무역에서 은행, 보험과 같은 금융업무, 소매업, 부동산, 항만창고, 해운, 항공, 여행, 주류에 걸쳐 확대되어 있다. 자댕매서슨은 빅토리아 항을 사이에 두고 마주하고 있는 중환과 침사추이(尖沙咀)의 땅을 사들여 홍콩부동산투자회사(HongKong Land Investment and Agency Company Limited)와 주룽항만을 이곳으로 옮겼다.

금융 분야에서 자댕매서슨은 점점 그 규모를 키워갔다. 1960년대 말 이전까지 홍콩 금융업은 대부분 개인금융 서비스를 제공하는 상업은행이 대부분이었다. 그러나 1970년대 부동산, 주식시장의 활황이 계속되면서 홍콩 금융업은 활동 분야를 다양화해 발전해나간다. 일반 금융기구, 상업은행, 국제자금은행, 자산회사, 증권관리회사가 하나둘 생겨나고 홍콩은 점점 극동 금융계의 중심도시로 다시 태어난다.

HSBC 역시 세이어(G.M. Sayer)가 재임했던 1970년대 상업은행, 증권, 투자 등으로 영역을 다각화한다. 1972년 HSBC는 상업은행 워들리주식회사(Wardley Ltd.)를 연다. 주력 분야는 증권 위탁매매와 증권 인수 및 주선, 기업관리 및 인수합병, 금융투자를 비롯해 중·장기 대출업무 등이다. 1973년 워들리 사는 워들리신탁투자를 세우고, 이외에도 영국 자본으로 세워진 DBS(Development Bank of Singapore) 사와 공동으로 국제투자관리 회사를 만든 뒤 홍콩을 비롯한 아태 지역에서의 투자·대출 서비스를 하고 있다.

거대한 경영 변화로 자댕매서슨은 금융 방면의 발전을 강화했다. 1970년대 들어서면서 자댕매서슨은 홍콩 및 동남아시아에서 투자 금융 서비스를 시작했다. 1972년 자댕매서슨은 주식교환(역자 주 - 특정기업을 인수하려는 기업이 주식을 새로 발행해 매입 대상 기업의 주식과 교환함으로써 해당 회사를 자회사로 편입시키는 방법)의 방식으로 극동투자(遠東投資有限公司)의 지분이 42%로 높아졌다. 이후 이름을 자댕매서슨증권으로 바꾸고 증권매매 및 투자전문회사로 새롭게 단장했다. 이듬해에 자댕매서슨은 자댕매서슨보험을 만들고 보험 서비스도 강화해나갔다. 무역회사였던 자댕매서슨 사는 이제 홍콩 금융계에서도 그 이름을 떨치게 되었다.

주력 분야를 바꾸어 새로 태어난 자댕매서슨에게 HSBC는 여러 분야에서 합작을 제의한다. 1974년 자댕매서슨은 HSBC와 주식교환 방식으로 경영권을 제어한다. HSBC는 자댕매서슨의 지분 5%를, 자댕매서슨은 HSBC의 지분 3%를 소유한다. 이와 함께 HSBC는 나머지 영국 4대 기업과도 긴밀한 협력관계를 맺는다.

1969년 HSBC는 휠록마든, 허치슨왐포아와 공동으로 홍콩에서 주룽을 잇는 해저터널 건설에 투자한다. 또 1971년에는 스와이어 사가 소유하고 있는 케세이퍼시픽항공(Cathay Pacific Airways Ltd.)의 주식 25%를 사들여 스와이어 사와 함께 케세이퍼시픽항공의 양대 주주가 되었다.

1960년대 이후 급성장한 홍콩 화상(華商)들과의 관계유지도 HSBC에게 매우 중요했다. 진취적이고 노련한 홍콩의 화상들은 방직, 항운, 부동산 등의 분야에서 크게 활동하고 있었다. HSBC는 홍콩에 뿌리를 둔 화교 기업이 성장한다면 홍콩 경제에 안정적인 발전을 가져올 수 있다고 판단하고 이들을 적극적으로 도왔다. 1962년 취임한 샌더스(A. H. Saunders)와 손을 잡고 세계 선박왕의 자리에 오른 바오위강(包玉剛)이 그 대표적인 사례다.

상하이 HSBC 부행장이었던 바오위강은 1949년 홍콩으로 이주했다. 1955년 그는 해운업의 미래에 모든 것을 걸고 환치우해운회사(環球航運有限公司)를 설립한다. 70만 달러를 모아 28년 된 중고 중기선을 '진안(金安) 호'라 이름을 붙이고 환치우해운 그룹의 첫걸음을 시작했다.

처음 바오위강이 구매한 선박은 대부분 장기 대여로 일본에서 들여온 것이었다. 일본의 경제가 일어나면서 환치우해운도 따라 성장했다. 바로 바오위강은 '삼각 계약'을 이용한 것이다.

삼각 계약이란 우선 선박을 빌린 뒤, 이를 담보로 은행에서 대출을 받는 방식이다. 그리고 은행의 대출을 가지고 배를 만드는 것이다. 관건은 은행의 대출 여부였다. 일반적으로 해운회사에서는 배를 담보로 대출을 받기 어려웠다. 배는 건물처럼 고정적인 담보물이 될 수 없었기 때문이다. 그러나 바오위강은 당시 회계담당으로 있던 샌더스를 설득해 당시 은행의 금계를 깨고 대출을 받았다.

1960년대 샌더스가 HSBC의 경영권을 쥐게 되면서 양사는 더 가까워졌다. 1964년 HSBC는 바오위강의 환치우해운 그룹에 대규모 투자를 했다. 바오위강은 HSBC의 투자로 환치우해운과 환치우 바하마해운주식회사, 환치우해운투자주식회사(45% 지분 소유), 환치우국제자산주식회사(37.5% 지분 소유)를 설립할 수 있었다. 통계에 따르면 1970년대 중반 HSBC는 환치우해운 그룹의 주식 절반 가량을 소유하고 있었다. HSBC의 도움으로 환치우해운 그룹은 세계적인 해운회사로 발전할 수 있었다. 진용을 갖춘 바오위강은 1971년 HSBC의 이사회에 참여하고 싶다는 의견을 강하게 피력하여 최초의 화교 이사가 되었다.

이제 바오위강은 홍콩의 화교상인 중 손꼽는 부호가 되었다. 1976년 미국 〈뉴스위크〉에서는 '바다의 제왕'이라는 제목 아래 바오위강의 얼굴을 실었다. 바오위강에게서 화교상인의 저력을 절감한

HSBC는 새로운 화교 거상을 찾는다. 때마침 HSBC는 홍콩 경제의 각축장이 된 부동산시장에서 리자청(李嘉誠)을 발견한다.

1928년 광둥의 차오안(潮安)에서 태어난 리자청은 일본군의 침략으로 11세에 부모를 따라 홍콩으로 왔다. 몇 년 후 아버지가 폐병으로 세상을 떠났고, 리자청은 학교를 그만두고 돈벌이를 시작한다. 완구점에서 판매직으로 있던 중 홀로 독립해 나와 1950년 창장(長江) 플라스틱 공장을 세웠다. 이를 시작으로 '플라스틱 조화의 왕(역자 주 — 리자청은 플라스틱 조화가 개발되었다는 소식을 듣고 이탈리아에서 그 기술을 배워와 자신의 공장에서 플라스틱 조화를 만든다. 이 제품이 인정받아 유럽으로 수출되면서 큰 매출을 올린다. 그가 세계적 거상으로 거듭날 수 있었던 계기다)'으로 불리며 홍콩 재계에 얼굴을 알렸다. 30세의 리자청은 홍콩 부동산시장에 발을 넣는다. 1967년 홍콩의 부동산이 침체기에 빠지자 너도나도 부동산을 팔지 못해 안달이었지만 리자청은 저렴한 가격에 많은 양의 부동산을 사들인다. 도약을 위한 땅을 마련한 것이다. 1971년 6월 리자청은 창장부동산회사를 세우고 이듬해 8월 이를 창장 그룹(長江實業有限公司)으로 이름을 바꾸고 홍콩 증시에 상장한다.

1974년 HSBC는 리자청과 처음으로 손을 잡고 공동 출자해 화하오주식회사(華豪有限公司)를 세운다. 화하오주식회사는 홍콩 중구의 화교 상업지역을 매입해 건물을 세운 뒤 창장그룹 본사를 옮겨오고 중구 HSBC를 연다. 리자청은 HSBC의 지원사격을 받아 홍콩을 대표하는 화교 경영인이 된다.

얼마 후 신흥 화교 그룹과 노련한 영국 기업 간에 피 말리는 전쟁이 벌어졌고, HSBC는 난처한 상황에 놓인다. HSBC의 저울은 화교 상인들에게로 기울었다.

제 8 장
허물벗기

홍콩 제1의 영국 기업도 화교의 손에 들어갔다는 소식에 홍콩 전체가 술렁였다.
홍콩 언론은 연일 이 사건을 대대적으로 보도했다.

샌드버그는 이제껏 다져놓은 홍콩이라는 기반을 유지하면서
세계적 금융제국의 틀을 잡기 위해 전력을 다했다.

『월간 파이낸스 뉴스(finance news)』

HSBC

1977년 9월 세이어는 샌드버그(Micheal A. R. Sandberg)에게 자리를 내어주고 HSBC를 떠났다. 세이어는 HSBC의 말단직원에서부터 28년을 한결같이 HSBC를 위해 일해 온 사람이다. 전체의 이익을 개인의 가치보다 중요시하는 HSBC의 회사 풍토를 봤을 때, 그 중 몇 안 되는 개성 강한 인물이었다 할 수 있다. 엄격하고 보수적인 세이어는 '생각 없이는 행동하지 않는' 사람이었다. 그가 재임한 5년은 HSBC가 내실을 다지는 기간이었다.

세이어에 이어 등장한 샌드버그는 그와는 정반대의 전략으로 HSBC를 이끈다. 아시아와 구미에서 업무를 각자 '삼발이 의자(three legged stool)' 전략을 배치한다.

샌드버그는 재임한 지 얼마 지나지 않아 국제 금융계를 뒤흔들 몇 가지 '일'을 낸다. 첫 번째는 HSBC와 업무 협력이 많았던 허치슨왐포아 사의 지분 1/4을 리자청에게 준 것이다. 화교상인이 영국 기업을 손에 넣을 수 있도록 도운 것이다. 두 번째로는 자댕매서슨과 바오위강이 주룽항만을 두고 기 싸움을 벌일 때 전투비 조로 15억HK$를 바오위강에게 대준 것이다. 세 번째는 미국 13대 은행인 마린미들랜드은행(Marine Midland Bank)을 인수한 것이다. 네 번째는 엄청난 비용을 써가며 스코틀랜드황실은행을 합병하려고 시

도한 것이다. 굵직굵직한 사건들만 보더라도 샌드버그의 전투력을 가히 짐작할 수 있다.

샌드버그는 홍콩 행정부와 입법부 위원이었던 데다가 홍콩 총독도 HSBC에 금융 자문을 구했었다. 그리고 오래 전부터 홍콩에서 HSBC는 '준 중앙은행'이었기 때문에 홍콩에서 HSBC의 지위는 더욱 확고해졌다. 그러나 샌드버그는 여기에서 멈추지 않고 홍콩 경제의 사이클을 정확히 판단하고 이 때 곧장 구미로 진군하여 HSBC를 로컬 은행에서 글로벌 금융제국으로 바꿔놓았다.

01
홍콩의 화교상인

홍콩의 맥박은 늘 중국 대륙의 정세에 따라 불안정하게 뛰었다. 1970년대 후반 장장 10년 동안 문화대혁명이라는 기나긴 터널을 지나온 중국은 개혁개방정책을 표방하고 경제발전에 목숨을 걸었다. 중국은 먼저 홍콩·마카오와 가까이 있는 선전(深圳), 주하이(珠海), 산토우(汕頭) 지역을 경제개발 특별지구로 지정하고 서구 경제제도를 받아들였다. 홍콩과 중국은 20여 년 가까이 단절되었던 경제 협력을 빠르게 회복했다. 중국 대륙의 정치, 경제 시책들이 직·간접적으로 홍콩 경제에 영향을 미쳤음은 의심할 여지가 없다. 중국 대륙 발전의 강한 맥박은 그동안 억압되어 있던 홍콩 화교상인들에게 전달되었다. 이제 홍콩 화교상인들은 홍콩 경제의 주역으로 등장하기 위해 기존의 기업들과 영역다툼을 벌인다. 1970년대 중반부터 한 세기를 풍미했던 영국 기업은 홍콩에서 그 자리를 위협받는다.

날이 갈수록 거대해지는 신흥 화교 기업들은 그동안 키워왔던 웅지를 펼친다. 영국 기업들의 인수전에 도전장을 내민 것이다. 100여 년 동안 홍콩 재계를 주름잡던 영국 기업들은 1977부터 전면에 나선 화교기업에게 먹잇감이 된다. 칭저우시멘트(青洲英坭), 주룽항만,

홍콩전기(Hong Kong Electric Holdings Ltd.) 등 쟁쟁한 영국 기업들을 화교기업들이 인수했다. 영국 4대 기업의 하나인 허치슨왐포아 사와 휠록마든 역시 화교의 손에 잡혀 날개가 접힌다. 20세기 초 아시아에서 '상사(商社)의 왕'이라 불리던 자댕매서슨도 주룽항만과 홍콩부동산투자를 빼앗긴다. 남은 스와이어 사 역시 많은 부상을 입는다. 영국 기업들의 패전으로 이제 홍콩 경제는 새로운 시대로 들어섰다.

홍콩의 공업화 속도가 점점 빨라지면서 화교상인들은 적극적으로 제조업에 뛰어든다. 화교상인들은 의류, 플라스틱, 전자, 완구, 시계 등에서 두각을 나타내며 홍콩 경제를 좌우하는 제조업을 완전히 장악한다. 홍콩 경제가 성장하면서 부동산 분야도 크게 팽창하자 화교상인들의 자산은 부동산시장으로 몰렸다. 화교기업들은 주식을 발행해 모은 자금으로 부동산시장에 뛰어들어 재산을 불려나갔다. 세계적인 해운왕인 바오위강이 거느린 선박들은 오대양 육대주를 오갔고, '선박의 왕' 둥하오윈(董浩雲)이 소유한 유조선은 세계적으로 이름을 떨쳤다. 1970년대에서 1980년대 초까지 해운업에서만도 환치우해운(World-Wide Shipping Agency Pte. Ltd. 環球航運)과 동방해운(Orient Overseas International Ltd. 東方海外), 화광해운(華光航業), 만방해운(萬邦航運)을 중심으로 한 화교 해운회사는 영국 해운회사를 넘어선 기량을 보였다.

영국 기업의 실력 부족보다는 영국 기업들의 경영전략의 변화에 그 원인을 둘 수 있다. 영국 기업들은 홍콩 반환을 앞둔 홍콩에 더 이상의 투자를 하는 것은 위험한 일이라 생각했다. 자댕매서슨은 홍콩에서 자금을 빼 영국, 미국, 중동 등에서 기업인수에 나섰다. 계란을 각 대륙의 여러 그릇에 나눠 담은 것이다. 휠록마든은 자산을 바다 위에 띄우는 경영전략을 세웠고, 반대로 스와이어 사의 자산은 항공을 날아다녔다. 결국 홍콩의 발전에 따른 이윤을 얻을 수 없었다. 또한 자댕매서슨의 주룽항만과 홍콩부동산투자가 발전세를 보였지만 실제 회사 장악력은 약화되었다. 이들 두 기업은 상장이나 새로운 주식을 발행해 자본을 모았으니 결과적으로 보면 회사 주식이 홍콩인들에게 넘어간 것이다.

자댕매서슨과 리자청은 부동산 분야에서 그 세의 대비를 명확히 보였다. 자댕매서슨은 홍콩 경제가 큰 폭의 상승세를 보이고 있던 1970년대 홍콩에서 번 돈을 해외에 투자했다 큰 낭패를 보았다. 그리고 1980년대 초 홍콩 경제가 과열되었을 때 자댕매서슨은 오히려 부동산을 마구 사들였다. 부동산 버블의 결과를 예상하지 못했으니 회사의 세가 많이 꺾였음은 당연하다. 그러나 리자청과 궈더성(郭得勝), 리자오지(李兆基) 등 부동산 거물들은 홍콩 부동산의 맥을 틀어쥐었다. 부동산이 침체되었을 때 땅을 매입해두었다가 부동산 경기가 되살아났을 때 땅을 풀어 엄청난 이윤을 얻을 수 있었다.

휠록마든의 존 마든(John L. Marden)과 세계 해운의 왕 바오위강은 해운업과 부동산업에 상반된 투자를 했고, 그 결과는 시사하는 바가 크다. 휠록마든의 부동산기업들은 홍콩의 알짜배기 땅을 매입해두었다가 부동산시장이 최고 시점에 올랐을 때 팔아 큰 자금을 만들었다. 그런데 문제는 이 자금을 바다에 뿌린 것이다. 당시 해운업은 표면적으로는 크게 팽창해 있었지만 이미 쇠퇴의 길로 접어들고 있었던 것이다. 반면 바오위강은 세계 해운의 왕 자리를 내놓고 육지로 오른다. 세계 해운업 전체가 침체기에 들어섰다고 판단한 바오위강은 그 즉시 해운업에 투자했던 자금을 모두 회수해 불행을 비껴갈 수 있었다.

이 사례는 단순히 CEO의 판단에 따른 결과 같지만 실제로 내막을 깊이 살펴보면 영·중 양국의 경제 변화에 대해 얼마나 깊이 파악하고 있는가를 말해주는 것이다. 1980년 11월 19일 영국의 〈파이낸셜 타임즈〉에서는 당시의 경제 변화를 이렇게 보도한다.

"홍콩의 비화교들에게 지난 1년은 불행한 시간이었다. 화교기업가처럼 베이징의 정치·경제 동향을 제대로 파악하지 못했고, 화교기업가들과 같은 홍콩 산업에 대한 믿음이 부족했다. … 지난 2년 간 홍콩을 지배한 자본, 믿음, 민족주의는 홍콩을 이끌어간 세력들을 근본적으로 바꿔놓았다."

홍콩의 반환이 결정되자 영국 기업들은 더욱 불안에 떨어 홍콩에서 발을 빼려고 했다. 이런 상황들에서 화교기업들은 쉽게 영국 기업을 인수할 수 있었던 것이다.

02 리자청

샌드버그가 HSBC를 경영했던 1977~1986년은 중국을 바꿔놓은 10년이었다. 홍콩 최고의 금융기업 HSBC는 그간 홍콩에서 영국 기업의 금융지원자 역할을 톡톡히 하고 있었다. HSBC 이사진의 구성을 보면 단번에 알 수 있다. 1970년대 후반기에 HSBC 이사진 16명 중에서 CEO 샌드버그와 부회장 보이어(John. L. Boyer) 등 다섯 명만이 HSBC 출신이었고, 부회장 윌리엄(O.G.Willians)은 인츠케이프(Inchcape Co.)의 CEO, 다른 이사인 니센(W. Nissen)은 자댕매서슨의 CEO, 요한 마든(John L. Marden)은 휠록마든의 CEO, 로스(G. R. Ross)는 홍콩텔레콤의 CEO, 톰슨(N. Thompson)은 홍콩전철의 CEO였다.

그러나 HSBC는 홍콩 경제의 한 축으로 등장한 화교기업에 우호적이고 적극적인 태도를 취했다. 홍콩에서 화교기업이 뿌리를 내리길 바라며 방직이나 해운, 부동산 등의 다양한 분야의 기업에 도움을 주었다. 화교 기업이 성장할수록 HSBC도 화교 경제에서 지위를 공고히 할 수 있을 것이었기 때문이다. 샌더스와 세이어 등이 바오위강을 후원했던 것도 같은 맥락에서였다.

당시 빠르게 팽창하고 있는 부동산 시장은 홍콩 경제의 주도권을 두고 기업의 전쟁터로 변했다. 여기서 HSBC는 리자청을 만나고, 리자청이 훗날 홍콩 경제의 주역이 될 것을 한 눈에 알아봤다.

1977년 샌드버그가 취임했을 때, 리자청의 창장실업은 5년에 걸쳐 무서운 속도로 성장하고 있었다. 리자청은 부동산을 통해 날개를 달게 되었고, 이제 날개를 덧달려는 찰나였다. 당시 홍콩은 부동산 버블로 인플레이션이 발생하고 주식시장에는 불황의 그늘이 드리웠다. 주룽항만과 칭저우시멘트, 허치슨왐포아(Hutchison Whampoa) 등 영국 기업들의 주가는 매일 마이너스를 기록하며 장부상의 고정자산보다 떨어진 상태였다. 또 이들 기업은 부동산 매입으로 재정악화에 시달리고 있었다. 그렇다고 이들 기업의 발전성이 아주 없는 것은 아니었다. 다만 당시에 겉으로 드러나지 않았을 뿐이며 대주주가 없었다. 이쯤이면 리자청의 사냥감으로 충분한 조건이었다.

그 해 리자청은 그동안 갈고 닦은 솜씨를 한번 시험해본다. 2.3억 HK$로 중환의 힐튼 호텔을 인수했다. 이를 시작으로 홍콩 화교기업의 외자기업 인수의 물꼬가 트였다. 첫 시도라기엔 매우 예리한 솜씨였다.

리자청은 다음으로 자댕매서슨 수하의 주룽항만을 조준한다. 1970년대 스타페리, 홍콩전철의 주식 51%를 인수한 주룽항만은 침사추이에 아시아 최대라는 수식어가 아깝지 않을 오션센터(Ocean Center, 海洋中心)와 하버시티(Harbour City, 海港城)를 세운 상태였다. 그러나 자금을 모으기 위해 몇 차례에 걸쳐 발행한 주식으로 주주권도 약화되어 있었던 데다가 이 건물들은 대부분 임대되어 있는 상태라 현금 순환이 느렸고, 이윤도 적었다.

　리자청은 이런 상황을 속속들이 알고 있었다. 그래서 암암리에 주룽항만의 주식을 끌어 모은다. 10~30HK$짜리 주식 약 2,000만 주를 사들여 지분의 20%를 손에 쥘 수 있었다. 그제야 재계에는 리자청의 주룽항만 인수설이 나돈다. 그러나 자댕매서슨은 리자청의 속내를 미리 알고 있었던들 옴짝달싹 할 수도 없었다. 1970년대 중반에 거액을 들여 해외투자를 진행했는데 수익이 나지 않아 속만 끓이고 있었기 때문이다. 결국 자댕매서슨은 HSBC에 도움을 청할 수밖에 없었다. 1978년 7월 HSBC는 홍콩부동산투자의 요구로 리자청과 만나 협상을 진행한다. 리자청은 주룽항만의 주식을 매입해 바오위강에게 증여하려던 계획을 멈춘다.

　그 후 리자청은 다시 유명 영국 기업인 칭저우시멘트의 주식을 43.6%를 흡수해 이곳의 경영진으로 참여할 수 있었다. 이 때 리자청은 중국 국무원이 운영하는 중국국제신탁투자회사(中信集團)의 이사로 선출되어 중국 정부의 신임을 받기도 한다. 리자청의 다음 목표는 허치슨왐포아였다.

　허치슨왐포아 그룹의 전신은 1860년에 설립된 허치슨 사와 1863년에 설립된 왐포아선박이었다. 그리 큰 영향력이 없던 허치슨 사는 1969년 왐포아선박의 주식 30%를 매입해 이 회사를 인수한다. 그 후로 허치슨 사는 부동산기업을 인수하면서 영향력을 키워간다. 1973년에 주식이 최고점에 달했을 때 스타가 된 회사가 바로 허치슨부동산이었다. 그 해 3월 허치슨 사의 주가는 72.43억HK$로, 완만한 상승세를 보이고 있던 스와이어 사보다 훨씬 높았다. 이로써 영국 자본 4대 기업 중 자뎅매서슨 다음으로 큰 회사가 되었다. 그러나 1973년 3월 홍콩 증시는 항셍주가지수(Hang—Seng stock price index, 항셍은행이 홍콩증권거래소(HKSE)에 상장된 33개 우량주식으로 산출하는 주가지수로 1964년 7월 31일을 기준시점으로 한다) 1774포인트라는 최고점을 남기고 하락하기 시작한다. 증시는 꽁꽁 얼어붙었다. 그러나 허치슨 사는 대출을 받아서까지 투자를 확장했고, 특히 그 때 산 스위스 프랑은 이후 위기의 도화선이 된다.

1974년 12월 10일 항셍지수가 150포인트까지 떨어지고, 허치슨 인터내셔널의 계열사들의 주가도 줄줄이 하락한다. 게다가 스위스 프랑의 평가절상으로 재정상으로 이중고에 시달리게 된다. 허치슨의 주가는 상장 최고액인 44HK$에서 1974년 말 1.8HK$까지 떨어진다. 회사의 총 주식액도 3.4억HK$로 1973년 최고액의 4.7%밖에 되지 않으니 허치슨 사가 빠진 재무위기는 그만큼 심각했다.

1975년 9월 허치슨 사는 주주회의를 열고 재무위기를 타개하기 위한 방안으로 이사들의 공동주식 1.75억HK$를 내놓을 것을 제안한다. 그러나 이런 방법이 통과될 리 없었다. HSBC는 허치슨 인터내셔널의 파산선고를 제안하고, 뾰족한 수가 없는 상황에서 이사회는 HSBC에 151억HK$의 값으로 허치슨 인터내셔널의 주식 33.6%를 매각한다. 허치슨 인터내셔널의 대주주가 된 HSBC는 새로 이사회를 조직했다. 이 모든 것이 허치슨 인터내셔널을 리자청에게 되팔기 위한 준비였다.

1975년 11월 HSBC는 와일리(W. R. Wyllie)를 데려다 허치슨 이사회의 부회장에 앉힌다. 와일리는 기대를 저버리지 않고 허치슨에 개혁의 칼을 들이댄다. 1년이 지나자 허치슨의 구멍은 어느 정도 메워졌고, 1976년 허치슨 그룹은 1.07억HK$의 이윤을 낼 정도로 회복되었다. 허치슨 인터내셔널과 왐포아 사는 1978년 1월 3일 합병한다. 허치슨왐포아주식회사를 설립하고 홍콩 증시에도 상장한다. 이때 허치슨왐포아는 허치슨 인터내셔널을 비롯해 왐포아 사, 왓슨 등 여덟 곳의 상장회사를 함께 관리하고 있었고, 수출입 무역이나 도소매, 통상, 컨테이너 운수, 항만, 교통운수, 부동산, 건축업, 투자업무 등 서비스 영역도 홍콩 경제 전체에 두루 확대되어 있었다.

이제 리자청은 HSBC와 함께 조용히 허치슨왐포아의 지분을 매입할 계획을 진행한다. 1979년 9월 25일 오후 4시 HSBC의 CEO 샌드버그는 HSBC 이사회를 열어 허치슨왐포아의 주식을 리자청에게 팔자고 제의한다. 2시간 후 회의가 끝났다. 이사회는 샌드버그의 제의를 허락했다. 샌드버그의 제의는 보이어(John L. Boyer) 외에는 누구도 몰랐다. 그렇다고 허치슨왐포아 그룹 이사진과 사전에 의견 교환도 없었다. 그저 회의가 끝난 후 샌드버그는 전화로 와일리에게 결정 사실을 통보하고, 저녁 6시 반 리자청과 HSBC는 정식으로 인수협약에 사인한다. 그날 밤 창장그룹의 CEO 리자청은 허치슨왐포아의 보통주 9,000만 주를 매입했다는 내용의 기자회견을 연다. 창장실업은 HSBC의 도움으로 우혜적 조건으로 허치슨왐포아를 인수할 수 있었다.

홍콩 제1의 영국 기업도 화교의 손에 들어갔다는 소식에 홍콩 전체가 술렁였다. 홍콩 언론은 연일 이 사건을 대대적으로 보도했다. 많은 투자자들이 허치슨왐포아와 창장실업, HSBC의 주식을 사들였다. 폐장 때 허치슨왐포아의 주가는 인수 당시의 주가보다 7.1%나 상승한 6.85HK$를 기록했다. 창장실업과 HSBC의 주가도 각각 8.1%와 5.5% 상승했다. 이런 여세로 항셍지수는 그날 하루 25.69포인트의 상승폭을 기록하며 629포인트를 회복했다.

HSBC는 인수 후 왜 리자청에게 이러한 특혜를 주었는지 어떤 설명도 하지 않았다. 당시 홍콩의 많은 영국 기업들이 허치슨왐포아에 눈독을 들이고 있었는데 말이다. 게다가 더 놀라운 사실은 주당 7.1HK$라는 파격적인 가격에 이를 제공했다는 점이다. 이에 대해 리자청은 이번 인수는 온전히 양측이 모두 이득을 얻는 윈—윈(win—win)의 결과를 얻었다고 말했다.

재계에서는 이를 두고 여러 분석이 나왔다. 한 애널리스트는 "HSBC는 향후 10년 내에 리자청이 홍콩 경제 최고의 인물이 될 것을 예상하고 나온 행동이다"고 말하기도 했고, 정치계에서는 중국 정부와 좋은 관계를 유지하고 있는 리자청을 도우면 이후 HSBC의 중국 투자도 쉬워질 수 있을 것으로 판단한 것이라고도 말했다. 어쨌거나 HSBC가 리자청을 선택한 것은 누가 뭐래도 '이윤이 나기 때문'이라는 이유에는 물음표를 달 수 없을 것이다.

1981년 1월 1일 리자청은 정식으로 허치슨왐포아 그룹의 주인이 된다. 미국의 〈뉴스위크〉의 보도를 보자.

"지난 날 랜드 디벨로퍼였던 리자청은 허치슨왐포아 그룹의 CEO가 되었고, 이로써 홍콩 무역업계 최초의 화교 CEO가 되었다."

그러나 홍콩 재계에서는 단언한다. 그가 유일한 화교 CEO는 아니라고.

03 바오위강

리자청에 이어 자댕매서슨의 연계 기업인 주룽항만이 해운의 왕 바오위강의 손에 들어간다. 1976년 〈뉴스위크〉의 표지를 장식했던 바오위강은 얼마 지나지 않아 '배를 버리고 육지로 올라오는' 모험을 감행한다.

1970년대에 잇달아 석유파동이 발발한다. 바오위강은 이것을 머잖아 해운업의 쇠퇴로 이어질 징조로 판단했다. 1978년 세계 최대의 해운회사인 닛폰유센(Nippon Yusen) 사는 부실경영으로 도산 위기에 있었고, HSBC의 샌드버그 역시 해운업의 미래를 낙관하지 않았다. 같은 해 11월 우연한 기회에 덩샤오핑을 접견한 후 바오위강은 홍콩의 미래를 확신할 수 있었다. 그래서 그는 바다 위에 띄웠던 재산을 홍콩의 육지로 옮겨 놓는다.

예민한 촉각에 의지한 결단은 곧장 행동으로 옮겨졌다. 첫 작업으로 바오위강은 배를 버린다. 그는 유조선을 시가보다 더 낮게 책정해 한 번에 다 팔았다. 사겠다는 사람이 있으면 초대형 유조선을 헐값에라도 팔아넘겼다. 결국 1980년대 해운업의 침체기가 시작되었다. 동방해운의 둥하오윈이나 화광해운의 자오총옌(趙從衍)이 늪에 빠진 기업을 살리려 동분서주할 때 바오위강은 이 위험을 피해 유유히 육지로 올랐다. 배를 버린 그는 이제 홍콩 부동산을 향해 진군했다. 자댕매서슨이 소유한 주룽항만이 그의 첫 타겟이었다.

1960, 70년대 홍콩 최고 기업으로 호시절을 보낸 자댕매서슨. 가장 번화한 빅토리아 항의 중환과 침사추이 땅을 소유하고 있었고, 이곳에 홍콩부동산투자와 주룽항만이 있었다. 주룽항만은 침사추이의 부두, 창고, 주점, 건물, 유궤철도 등을 포함해 소유자산이 어마어마했다. 게다가 이곳에 건설 중이었던 오션센터와 하버시티는 앞으로 황금알을 낳는 거위가 될 것임에 틀림없었다.

탐나는 회사임에 틀림없었다. 그러나 리자청이 먼저 나서 주룽항만의 주식을 매입해 인수하려는 계획을 진행하고 있었다. 다행히 HSBC의 중개로 주룽항만의 주식은 바오위강에게 돌아갔고, 1978년 8월 주룽항만의 최대 주주가 되었다. 그때는 홍콩 주식시장이 크게 위축되고 주룽항만의 주가도 최고 때의 49HK$에서 당시 22HK$로 떨어진 상태여서 바오위강의 주식매입은 크게 다뤄지지 않았다. 사람들도 일시적인 일로 생각했다.

그러나 주룽항만을 손에 넣기 위한 작업은 그때부터 시작되었다. 치고 박고 싸우는 대신 뒤에서 조용히 서로에게 칼을 겨눈 것이다. 바우위강과 홍콩부동산투자가 암암리에 주룽항만의 주식을 매입하는 바람에 1979년 3월부터 주룽항만의 주가는 반등하기 시작했다. 그 해 말 양측의 인수전은 물 위로 드러났다. 12월 7일 홍콩부동산투자는 주룽항만의 주식 점유율을 20%까지 끌어올린다. 바오위강이 전년도 공개했던 주룽항만의 지분과 엇비슷해졌다. 얼마 후 자댕매서슨이 이렌즈예(怡仁置業)의 주식을 내놓자 홍콩부동산투자는 얼른 진먼 빌딩을 매각한다. 바오위강과 결전을 두고 자금을 모으는 것이었다.

바오위강 또한 최후의 결전을 앞두고 준비를 한다. 1980년 4월 룽펑인터내셔널(隆豊國際投資有限公司)이라는 작은 회사가 코끼리를 집어삼킬 보아 뱀의 역할을 한다. 새로 주식을 발행해 모은 자금으로 주룽항만의 주식 2,850만 주를 매입한다. 이때 HSBC와 리자청 역시 바오위강의 인수에 동참한다. 룽펑인터내셔널이 주식을 발행하자 HSBC와 창장실업이 그것을 사들였다. 이렇게 해서 바오위강은 주룽항만의 주식 30%를 소유함으로써 주룽항만의 최대주주가 된다.

협공에 시달리던 홍콩부동산투자는 어쩔 수 없이 바오위강에게 회견을 요청한다. 그러나 균형이 깨진 상태에서 진행되는 협상은 홍콩부동산투자에 불리할 수밖에 없었다. 결국 협상은 결렬된 채 회의를 마쳤다. 주룽항만의 인수전을 평화적으로 해결할 길은 모두 막혀버렸다. 이제 양측이 실력을 행사할 수밖에 없는 단계까지 왔다. 홍콩부동산투자가 기자회견을 열어 선공을 펼친다. 홍콩부동산투자는 주룽항만의 주식을 더 늘리겠다는 입장을 표명한다. 홍콩부동산투자는 주당 76.6HK$ 하는 자사 주식에 연리 10%의 채권을 합한 100HK$ 정도의 가격으로 주룽항만 주식을 사들이겠다고 밝힌다. 그렇게 하면 홍콩부동산투자의 주식 소유분은 3,100만 주로, 49%로 올라갈 것이었다.

홍콩부동산투자의 계획은 빈틈이 없었다. 바오위강이 주당 100HK$의 현금으로 주룽항만의 주식을 사들이지 않는 한, 주룽항만의 주식은 홍콩부동산투자의 손에 들어오게 되어 있었다. 게다가 당시 바오위강은 국제 유조선 주주회의에 참석차 유럽으로 출장을 가 있었다. 홍콩부동산투자가 시간을 맞춰 금요일 오후에 기자회견을 연 것도 치밀한 계획의 하나였다. 바오위강이 홍콩부동산투자의 계획을 알더라도 곧 주말이었기 때문에 현금을 모으기 어려울 것이었다.

홍콩부동산투자가 바오위강의 반응을 이미 예상하고 한 행동이기 때문에 아무리 바오위강이라도 어떻게 대처할 수가 없었다. 게다가 홍콩부동산투자는 실패할 경우도 예측해 계획을 세웠다. 당시 홍콩부동산투자가 주룽항만의 주식을 사들일 때, 주당 10HK$ 하던 홍콩부동산투자의 주가가 바오위강과의 인수전이 계속되면서 40~50HK$까지 올랐던 것이다. 그러니 인수에 실패한다 해도 홍콩부동산투자는 주룽항만의 주식을 되팔아 시세차익을 얻을 수 있었다.

바오위강의 사위 우광정은 그 날 홍콩부동산투자의 기자회견을 들었다. 홍콩부동산투자의 기습에 런던에 있던 바오위강은 긴급대책을 세웠다. 그 날 일정을 계획대로 진행한 그는 다음날인 토요일 오전 HSBC의 샌드버그와 만나 사태를 의논한다. 회의에서 샌드버그는 바오위강에게 현금지원을 약속했다. 샌드버그의 대답을 들은 바오위강은 즉시 홍콩으로 들어온다. 홍콩에 도착한 바오위강은 중환의 한 호텔에서 룽펑인터내셔널의 재정고문과 HSBC의 소속사인 워들리 사 임직원들과 함께 긴급 임시회의를 연다. 여러 가지 가능성을 따져 바오위강은 매입가격을 105HK$로 책정하고 이를 월요일 진행한다는 결론을 내렸다.

그 날 저녁 바오위강은 기자회견을 열어 105HK$의 현금으로 주룽항만의 주식을 사들이겠다고 밝혔다. 이렇게 하면 주룽항만의 주식은 3,000만 주로 늘어나는 것이었다. 이를 맡은 워들리 사는 월요일 개장과 동시에 주룽항만의 주식을 사들였다. 그날 오전 11시 반 계획했던 물량을 매입했다. 바오위강은 미리 준비해둔 현금 5억HK$에 HSBC에서 지원받은 15억HK$를 가지고 주룽항만의 주식을 사들였고, 마침내 계획했던 지분 49%를 소유할 수 있게 되었다.

24일 저녁 홍콩부동산투자는 주룽항만의 주식매입계획을 철회한다는 내용의 기자회견을 연다. 그 내용 중에는 홍콩부동산투자가 소유한 주룽항만의 주식은 330만 주밖에 안 된다는 것도 있었다. 처음 주룽항만의 주식을 매입하겠다고 밝혔을 때의 1,340만 주와 비교하면 1,010만 주가 줄어든 수치였다. 바오위강의 계획을 사전에 입수한 홍콩부동산투자가 월요일 개장과 함께 주룽항만의 주식을 매각한 것이었다. 계산해보면 바오위강이 사들인 주룽항만의 주식 중에서 절반 가량이 홍콩부동산투자에서 나온 것으로, 홍콩부동산투자는 이틀만에 7.12억HK$라는 비정상적인 이윤을 얻은 것이다.

바오위강은 큰돈을 썼지만 인수전에서 승리함으로써 화교기업의 세력을 더욱 공고히 했고, 홍콩에서 신용을 얻었다. 이제 바오위강이 해운의 왕이라는 이름과 작별하고, 육지의 왕이 될 첫 단계를 마쳤다(1985년 바오위강은 휠록마든까지 인수한다).

주룽항만 인수전이 끝난 후, 금융계에서는 HSBC의 행동을 지적했다. 은행의 조례에 따르면 HSBC는 무담보 대출의 상한선 25만HK$를 초과한 것이다. 이에 대해 HSBC 측은 바오위강에게 대출해준 것은 은행과 고객의 관계로 한 것이 아니므로 은행법규에 저촉되지 않는다고 밝혔다. 이번 사건을 통해 HSBC는 홍콩 상인들에게 큰 신뢰를 받을 수 있었다.

04 홍콩의 준 중앙은행

당시 HSBC는 홍콩 금융 시장에서 항셍은행과 함께 60% 이상의 점유율을 지키며 절대적인 지위에 있었다. 그러나 HSBC가 특별한 이유는 홍콩의 '준 중앙은행'의 역할을 잘 해내고 있었다는 데 있다. 1960년대 이후 홍콩 금융업이 발전하면서 금융체계도 틀을 잡아갔다. 하지만 아직도 중앙은행이 정식으로 설립되지 않았기 때문에, 홍콩 정부는 금융정책이나 금융기구 감독 등 정부가 해야 할 범위 이외는 HSBC에게 중앙은행으로서의 기능을 맡겨왔다.

HSBC는 화폐발행 은행으로서 지금껏 제 역할을 다해오고 있었다. 홍콩 정부는 중앙은행만의 특권인 화폐발행권을 처음에는 HSBC는 물론 여러 상업은행에 부여했었다. 1865년 HSBC는 창업한 지 얼마 안 돼 인도-차이나은행, 차터드상업은행, 차터드은행의 화폐 발행 행렬에 들어설 수 있었다. 그러나 20년이 지난 1885년 홍콩 제일의 화폐발행 은행인 인도-차이나은행이 파산했고, 차터드상업은행은 1959년 HSBC에 인수되어 1978년 화폐발행권이 취소된 상태였다. 1997년 홍콩 중앙은행이 화폐발행권을 얻기 전까지 홍콩의 화폐발행권은 HSBC와 차터드은행만 갖게 되었다. 그 중 HSBC는 법정화폐

70% 이상, 은행수표 80% 이상을 발행하고 있었다. 화폐발행 자체로는 달리 남는 게 없는 장사였지만 화폐발행 은행이라는 이름으로 얻을 수 있는 이윤이 많았다. 특히 예금 서비스에서 큰 도움이 됐다.

설립된 이래로 HSBC는 홍콩 정부에 음으로 양으로 많은 도움을 주었고, 홍콩 정부는 주거래은행으로 HSBC를 택했다. 홍콩 정부의 외화, 예금, 현금 수지를 관리하고 있었는데, 그 중 정부가 예치해둔 예금으로 얻는 이윤이 꽤 많았다. 통계에 따르면 홍콩 정부가 은행에 예탁한 재정 중 반 이상을 HSBC가 맡고 있었다.

준 중앙은행으로서의 핵심적인 역할이라면 은행의 은행일 것이다. 은행은 두 종류였다. HSBC가 관리하는 10곳의 결산은행과 10곳의 결산은행에 계좌를 개설해 관리 받는 2차 결산은행이다. HSBC는 결산은행을 관리하는 은행으로서 각 결산은행의 계좌에 있는 대변(貸邊, 자산의 감소, 부채나 자본의 증가, 이익의 발생 따위를 기입하는 부분) 금액에 대해 따로 이자를 지불할 필요가 없었다. 그러나 계좌가 어음교환의 역차로 인해 차변(借邊, 자산의 증가, 부채 또는 자본의 감소·손실의 발생 따위를 기입하는 부분)에 남은 금액이 발생하면 이에 대한 이자를 징수했다. 은행의 은행으로서 HSBC는 결산은행에게 대변에 대한 이자지급 없이 차변에 대한 이자를 징수했기 때문에 독점적인 이윤을 확보할 수 있었다. 게다가 결산은행을 관리하는 것은 홍콩 전체 은행의 현금 유동상황을 한 눈에 파악할 수 있다는 것을 의미했다. 원칙적으로 따지면 원래는 정부 산하 중앙은행만이 알아야 할 기밀사항인데도 말이다.

게다가 홍콩 정부는 1980년 은행조합 조례를 통해 조합장은 HSBC와 차터드은행 두 곳에서 격년으로 맡으라고 못박아둔다. 이와 함께 HSBC는 어음교환관리은행과 홍콩은행 자문위원회, 외환기금 자문위원회 등을 겸직하고 있어 홍콩은행조합은 HSBC가 거머쥐게 되었다.

은행의 은행으로서 HSBC가 맡아야 할 일이 있었다. 1960년대 이후 홍콩 정부는 은행업에 무슨 문제나 위기가 생기면 HSBC가 최종대출자(lender of last Resort)(역자 주 — 은행이 일시적인 유동성 부족 상태에 처했을 때 최종적으로 통화당국인 중앙은행이 해당은행에 자금을 공여해준다. 이러한 중앙은행의 은행 대출을 최종대출이라 하며 대출공여자인 중앙은행을 최종대출자라고 한다)로 지정한 것이다.

최종대출자는 일반 은행이 자금난에 처했을 때 어음의 재할인이나 담보대출을 통하여 자금을 공급함으로써 문제를 해결한다. 또 중앙은행에 예탁해놓은 지불준비금을 어음교환의 부족분을 결제할 때 사용할 수도 있었다. 이는 현금을 사용하지 않고도 단순히 장부상의 이전만으로 어음의 교환·결제를 처리하는 것이다. 홍콩의 금융 시스템에서 최종대출자의 역할은 홍콩 정부의 외환기금과 HSBC, 차터드은행이 공동으로 맡고 있었다. 1965년 HSBC가 항셍은행을 인수한 것도 이 자리를 활용했기 때문에 가능한 것이었다.

이외에도 HSBC의 CEO는 전통적으로 행정부 고위관직을 겸직해왔다. 홍콩 행정부는 HSBC에 그 자리를 내줌으로써 정부의 중요한 경제정책을 자문할 뿐 아니라 기획과 결정에 직접 참여할 수 있도록

했다.

 이렇게 HSBC는 홍콩의 '준 중앙은행'으로 홍콩 금융 시스템의 최고 자리에 있으면서 직·간접적으로 홍콩의 금융사무와 금융시장의 대변인으로 활동했다. 그러나 HSBC는 늘 이윤을 추구하는 민영은행의 자리와 국가에 경제 서비스를 제공하는 국영은행으로서의 균형을 잘 맞춰야 하는 어려운 자리에 있었던 것은 분명하다.

05 북미로의 확장

홍콩에서 입지를 다진 HSBC는 세계 경제의 흐름을 제대로 판단했다. 샌드버그는 홍콩에서의 독점적인 지위를 유지하는 한편 조심스럽게 중국과의 관계를 펴나갔다. 그뿐 아니라 적극적인 해외 투자로 글로벌 금융그룹으로 성장하기 위해 노력했다. 이제 HSBC는 아시아에서 구미를 향해 걸어 나갔다.

사실 HSBC는 해외로의 업무확장에 어느 한때 소홀한 적이 없었다. 1865년 영업을 시작한 후 몇 개월 안돼서 런던에 사무처를 만들었고, 이듬해에는 일본 요코하마에 분점을 개설해 일본 최초의 외국 은행으로 기록되었다. 1865년에는 미국 샌프란시스코에 사무처를 만들고 10년 후 이곳을 정식 지점으로 바꿔 보다 다양한 서비스를 제공했다. 1880년에는 뉴욕에도 분점을 세웠고, 1881년과 1889년에는 리옹과 함부르크에 분점을 개설해 유럽 확장에도 힘썼다.

19세기에도 HSBC는 아시아, 유럽, 미국의 3개 대륙에 걸쳐 네트워크를 구축하고 있었던 것이다. 2차 세계대전이 끝나고 아시아에서 안정을 찾은 HSBC는 미국 캘리포니아의 잠재력을 보고 1955년 캘리포니아 HSBC를 세운다. 하지만 그때까지 HSBC는 홍콩과 중국 대륙에 집중되어 있었고, 해외 영업망을 보면 대부분 화교 경제권을 따라 설립된 경우가 많았다. 1959년 처음으로 M&A를 통한 네트워크 확장에 나선 HSBC는 차터드상업은행과 중동 잉글랜드은행을 잇달아 인수했다. 그 기세를 몰아 서아시아, 중동지역으로 영역을 확대한다. 하지만 이때까지도 HSBC는 로컬 은행의 수준에서 벗어나지 못했다고 할 수 있다.

1977년 샌드버그는 취임과 동시에 HSBC의 글로벌 전략에 착수했다. 첫 번째 이유는 당시 HSBC와 항셍은행은 홍콩 금융의 60%를 차지하고 있어서 발전의 상한선까지 다다랐다는 지적이 있었다. 두 번째로 1997년 홍콩 반환은 영국 정부나 홍콩 정부에 쉽지 않은 문제였다. HSBC는 홍콩 정부의 제1은행으로 자연스럽게 이 일에 깊이 관여하게 되었고, 정부는 HSBC와 앞으로의 금융제도 변화를 제대로 예측해야 했다. 게다가 당시 국제 은행계에서 M&A는 보편화되어 있어서 많은 국가의 금융기구들이 미국으로 진출하고 있었다. '미국을 얻은 자 승리한다'는 말이 나돌며 유럽과 일본 은행들은 적극적인 공세를 펼치고 있었다.

샌드버그 역시 미국을 첫 번째 필드로 잡고, 미국 13대 은행인 마린미들랜드은행을 조준했다. 샌드버그는 마린미들랜드은행의 경영진과 잘 알고

캐나다 HSBC 은행장을 맡고 있는 린제이 고르도(Lindsay Gordo)

있었던 데다가 당시 마린미들랜드은행은 오랜 재정난에 지쳐 있었기 때문에 이만한 호기가 없었다. HSBC는 인수·합병 후에도 그 기구의 조직이나 경영 풍토에 일절 간섭하지 않았기 때문에 마린미들랜드은행 측도 매우 흡족해했다. HSBC는 항생은행의 경영권을 확보한 뒤에도 회사 내부구조나 기업문화에 손대지 않았었다.

 1978년 4월 HSBC는 마린미들랜드은행과 협상 끝에 마린미들랜드은행의 지분 51%를 갖는다는 내용에 합의한다. 그러나 인수과정은 그리 순조롭지 못했다. 처음 HSBC 이사회에서 이 인수 건에 의견일치를 보지 못했다. 이렇게 재무상황이 안 좋은 은행을 인수했다가 괜한 짐만 떠안을 수 있다는 우려 섞인 목소리도 있었던 데다가 인수설이 나돌면서 뉴욕 정부가 갑자기 HSBC 내부 감찰을 실시한 것이다. 미국은 전통적으로 정책 결정과 집행의 투명성을 중요시했다. 그러나 HSBC는 한 번도 내부 자료를 공개한 적이 없었고, 홍콩 정부도 이를 회사기밀로 인정하며 공개를 강요한 적이 없었다. 갑자기 불거지는 문제 때문에 인수에 2년이 넘게 걸렸다. 그러나 결국 HSBC는 1980년 3월 마린미들랜드은행의 지분 41%를 우선 인수하고, 그 해 10월 남은 10%도 인수했다. 총 투자금액이 3.14억 달러나 된다.

 HSBC는 이로써 미국 진출의 교두보를 마련한 셈이었다. 마린미들랜드은행이 뉴욕 버팔로에 터를 잡은 것은 HSBC보다 15년이나 앞선 1850년의 일이었다. 20세기 초부터 마린미들랜드은행은 뉴욕은 물론 미국 내에서 영업망을 확장하며 최대 은행으로 자리매김한다.

1952년 설립된 맨해턴저축은행

1929년 10월 뉴욕증권거래소에 상장한 후 마린미들랜드은행은 몸집불리기에 박차를 가한다. 2차 세계대전이 끝난 후부터는 개인금융 서비스까지 영업확장을 하더니 10곳의 은행과 업무제휴를 맺는다.

1976년 뉴욕 주의회에서 그동안 견지해오던 은행확장 제한법령을 취소하면서 마린미들랜드은행은 제휴은행을 하나로 통합했다. 이제 마린미들랜드은행은 총 자산 105억 달러의 미국 최대 은행이 된다. 1986년 마린미들랜드은행은 미국 동북부 최대기업인 펜실베이니아사와 협의를 통해 1991년 펜실베이니아은행을 인수하기로 사인했다. 그러니 HSBC는 마린미들랜드은행을 통해 미국 동북부 지역까지 확보하게 된 것이다.

샌드버그는 북미 전체를 장악하려면 캐나다를 빼놓을 수 없다고 생각하고 캐나다에서도 전초전을 펼쳤다. 1981년 HSBC는 밴쿠버에 캐나다 HSBC를 설립했다. 설립 초기에는 자산도 1.72억CAD(캐나다 달러)였고, 직원도 몇 없는 작은 은행일 뿐이었다. 그러나 해마다 좋은 소식만 안겨주었다. 1986년 6,350만CAD의 가격으로 브리티시콜롬비아은행을 인수한 것이다. 브리티시콜롬비아은행의 인수로 캐나다 서부 최대의 앨버타(Alberta) 주와 브리티시콜롬비아(British Columbia) 주에 41곳의 영업소가 생겼고, 캐나다에서 개인금융 서비스의 기반을 마련해주었다.

이제 HSBC는 북미로의 여정을 시작했다. 마린미들랜드은행의 나머지 지분을 인수하고 이를 캐나다 HSBC와 통합하는 대장정은 샌드버그의 뒤를 이어 퍼브스(W. Purves)가 1987년 완성한다.

06
유럽으로의 진출

HSBC가 미국에서 마린미들랜드은행을 성공적으로 인수함으로써 샌드버그는 유럽까지 넘볼 여유가 생겼다. 첫 대상은 영국이었다. 그가 영국을 택한 것은 세계 금융의 중심으로 파고들면 세계 금융을 제패할 수도 있다는 생각에서였다. 그래서 샌드버그는 스코틀랜드황실은행을 조준한다.

하지만 마린미들랜드은행 인수에 예상보다 많은 시간과 노력이 들어 유럽으로의 진출에 차질을 빚게 되었다. 1980년 HSBC가 마린미들랜드은행의 지분 41%를 인수하면서 너무 많은 출혈이 있어 다른 인수 건을 진행할 여력이 없었다. 우선 HSBC는 계속되는 자본 하락을 막기 위해 1981년 3월 10일, 설립된 후 처음으로 주식을 새로 발행한다. 여기에서 20억HK$의 자금을 확보해 스코틀랜드황실은행의 인수를 준비한다. 그러나 6일 후인 3월 16일 차터드은행이 돌연 스코틀랜드황실은행의 합병 계획을 발표한다. 1주당 1파운드 하는 차터드은행 보통주에 현금 50펜스를 더한 가격으로 주당 5펜스 하는 스코틀랜드황실은행의 주식과 트레이드한다는 것이었다. 이에 HSBC는 재빨리 인수전을 펼칠 병사들을 포진시킨다.

4월 7일 샌드버그의 인수 계획에 런던 금융계는 발칵 뒤집혔다.

기자회견에서 샌드버그는 이번 인수는 HSBC의 유럽 진출에 결정적인 역할을 할 것이라고 밝혀 세간의 이목을 집중시켰다. 구체적인 인수 조건은 이랬다. 주당 2.5HK$ 하는 HSBC의 보통주 8주로 스코틀랜드황실은행 보통주 5주와 트레이드한다는 것이었다. 당시 주가를 살펴보면 HSBC는 1주당 203펜스의 가격으로 스코틀랜드황실은행의 주식을 매입하는 것이다. 분석에 따르면 HSBC가 만약 이번 인수에 성공하면 HSBC의 주식은 40%를 해외 인사들이 갖게 되므로, HSBC로서는 거의 절반에 가까운 자금을 해외지역으로 옮겨 세계 베스트 10위 안에 드는 은행이 될 수 있었다.

차터드은행은 4월 23일 이에 즉각적으로 반응한다. 차터드은행의 주식 1주에다 주당 25펜스 하는 변동금리채권에 현금 220펜스를 더한 가격을 제시한다. 따져보면 인수가격이 주당 213펜스로 올라간 셈이었다. 이튿날 차터드은행은 스코틀랜드황실은행 이사장과 협상에 들어간다. 스코틀랜드황실은행 이사진은 차터드은행이 제시한 조건에 동의했다.

양측이 점점 높은 인수가를 제시하자 5월 초 영국의 무역장관은 성명을 발표한다. 스코틀랜드황실은행의 인수와 관련하여 독점·합병위원회에서 조사를 시작할 것이며, 양측은 조사가 진행되는 동안에는 새로운 인수조건을 제시하지 못한다는 것이었다. 독점·합병위원회에서는 HSBC나 차터드은행의 스코틀랜드황실은행 인수에 반대한다는 결론을 내렸다. 양측의 인수전이 자칫 스코틀랜드의 금융발전과 영국 사회에 좋지 않은 영향을 미칠 수 있다는 것이 그 이

유였다. 그 후 영국 재정부에서는 독점·합병위원회의 결정을 존중하여 HSBC와 차터드은행의 스코틀랜드황실은행 인수 제의를 거절한다. 영국 재정부와 스코틀랜드황실은행의 성명에 따르면, 국내 결산은행은 본토 기업의 관리를 받아야 한다는 이유로 인수제의를 거절한다는 것이다. 결국 이들은 영국 금융업의 알짜를 HSBC 같은 외국계 은행에 줄 수 없다는 것이었다.

스코틀랜드처럼 민족의식이 강한 국가에서 외국계 은행은 발을 붙이기 어려웠다. 런던에서 설립된 차터드은행이 스코틀랜드황실은행을 인수하겠다고 했을 때도 스코틀랜드인들은 불만을 표시했다. 그러니 홍콩에 본사를 둔 HSBC가 인수에 나서겠다고 했을 때는 분명 반발이 더 거세었을 것이다. 스코틀랜드의 각 정당이나 노동조합, 금융계는 물론 스코틀랜드 기독교회의에서도 인수반대에 나섰고, 지방 의회에서는 의회의 계좌를 해지하겠다는 위협까지 했다. 스코틀랜드황실은행은 스코틀랜드에서 다섯 곳 밖에 없는 결산은행에서도 첫째 자리를 지키고 있는 은행이었다. 그러니 스코틀랜드인들은 그들 최대 은행이 런던으로 넘어가는 것을 원치 않았으며, 스코틀랜드가 개척한 식민지의 지배를 받는 것은 더더욱 그냥 둘 수 없다고 생각한 것이다.

스코틀랜드인의 손에서 태어난 HSBC로서는 억울할 수도 있었다. 게다가 이처럼 국가 권익을 핑계 삼거나 민족의식을 앞세워 상업적 행위를 저지하는 것은 세계 발전에도 하등 도움이 되지 않는 일이었다. 어쨌거나 샌드버그의 계획은 철저하게 깨졌다. 현재 스코틀랜드황실은행은 영국 2대 은행으로 중국 금융계의 최대투자자로 등장했다. 2005년 8월 18일 스코틀랜드황실은행은 31억 달러의 가격으로 중국은행의 지분 10%를 매입했다. 중국건설은행의 지분 9.9%(25억 달러)를 소유한 뱅크오브아메리카(BOA)와, 중국교통은행의 지분 19.9% (14.4억 달러)를 소유한 HSBC와 비교했을 때 그 자금력에서 훨씬 앞서 있다.

HSBC의 유럽 진출은 결코 쉽지 않았다. 그러나 포기하지 않는 자는 승리하는 법이다. 1980년대부터 영국 정부의 경제정책이 느슨해졌다. HSBC는 이를 놓치지 않고 1984년 런던에 본사를 두고 있는 HSBC증권(HSBC Securities)의 주식 39.9%를 사들였고, 2년 뒤 인수에 성공한다. 영국에 거점을 만들었다.

그동안 샌드버그는 유럽에 있는 30여 곳의 은행을 두고 인수가능성을 꼼꼼히 살펴보았다. 유감스럽게도 이들 은행은 인수가격이 너무 높은 반면 업무 영역은 생각보다 협소했다. 그 중 HSBC의 조건에 부합되는 곳이 하나 있었으니 바로 미들랜드은행이었다. 미들랜드은행은 영국 4대 결산은행의 하나로 영국에서 영향력이 큰 은행이었다. 샌드버그는 앞서 HSBC증권을 인수할 때와 마찬가지로 먼저 얼마간의 주식을 사들였고, 그의 뒤를 이어 퍼브스가 1987년 이를 완성한다.

샌드버그는 미국과 유럽 외에도 아시아 태평양 신흥시장에서 기회를 선점했다. HSBC는 전혀 연고가 없는 오스트레일리아 금융시장에도 진입했고, 이곳에서 1985년 최초의 외국계 은행으로 오스트

재도약하는 홍콩과 높은 빌딩 사이에 우뚝 솟은 홍콩 HSBC 사옥(1995년)

레일리아 HSBC를 세운다.

1927년 5월 태어난 샌드버그는 1948년 인도에서 복무를 마치고 곧바로 HSBC에 입사한다. 샌드버그는 넘치는 패기를 인정받아 일본과 싱가포르 등지에 파견되었다가 1967년 홍콩 본사로 들어왔다. 그 후로 줄곧 홍콩에서 일하면서 샌드버그는 홍콩의 미래에 대해 자신했다. 1980년대 홍콩반환 문제를 두고 여러 기업이 속속 홍콩을 떠날 때도 오히려 샌드버그는 홍콩에 남아 투자의 기회를 살핀다. 샌드버그는 1980년대 초 50억HK$라는 돈을 들여 세계적으로 뛰어난 HSBC의 신사옥을 짓는다. 여기에는 홍콩 금융의 중심이 바로 HSBC라는 자신감이 들어 있었던 것이다.

1985년 7월 30일 5년이 넘는 공을 들인 신사옥이 정식으로 선을 보인다. 높이 178.8m의 위용을 자랑하는 신사옥은 새로운 세기를 열어갈 시대적 상징이 되었다.

제9장

제국의 고향

● ○ ○

지주회사를 런던으로 옮겨 등기문제를 마무리했다.
이것은 홍콩의 준 중앙은행으로서 HSBC의 자리가 흔들리고 있었기 때문에
이후에 HSBC 본사도 런던으로 이전할 길을 마련해둔 것이다.

아무리 동에 번쩍, 서에 번쩍 하며 그 위세를 자랑하는 HSBC일지라도 이제 홍콩에서는 점점 페이드아웃 되고 있다고들 말한다. … 그러나 HSBC가 영국 미들랜드은행을 인수한 것만으로 HSBC가 영국으로 자산을 옮긴다는 해석도 믿기 어려운 얘기다. 가장 적극적인 공격이 가장 완벽한 수비가 되는 오묘함이 여기에 있다.

〈홍콩경제일보〉

HSBC

샌드버그의 뒤를 이어 HSBC의 경영을 맡은 퍼브스는 HSBC의 기존의 국제화 전략을 멈추지 않는다. 곧 다가올 역사의 변화를 앞둔 퍼브스는 홍콩에서의 특권이 사라질 때를 생각해 전략을 짠다.

그러나 자뎅매서슨 그룹의 케스윅(Keswick, Simon)처럼 큰소리 쳐가며 조직들을 해외로 옮겨 사회적 혼란을 야기하지는 않았다. HSBC는 홍콩 경제에 미칠 파장을 우려해 조용히 해외 이전을 마무리했다.

퍼브스는 영국의 4대 결산은행의 하나인 미들랜드은행을 성공적으로 인수함으로써 영국 런던에 뿌리를 박았다. 이제 균형 있는 글로벌 전략을 진행하기 위해 HSBC는 아시아와 미국, 유럽에서 내실을 기한다.

→→ 01
구조조정

1984년 중·영 양국은 홍콩 반환에 합의함으로써 이제 영국 식민지로 140여 년을 존재해왔던 홍콩은 정식으로 중국 땅이 되었다. 홍콩은 정치는 물론 사회·경제적으로 큰 혼란이 일어났다. 반환 후에도 지금처럼 안정이 지속될 수 있을까 하는 회의가 전염병처럼 퍼졌다. 부호들의 자금유출이나 회사 이전이 사회 전반에 걸쳐 일어났다.

그러던 와중에 1988년 3월 HSBC의 CEO 퍼브스는 베이징을 방문했다. 중국 주석과의 접견에서 그는 홍콩 반환 후에 지폐발행권 유지 여부를 물었다. 그러나 그때 당시 HSBC는 이미 런던으로 이전하고 있었으니 그 질문의 요지는 HSBC가 글로벌 전략을 통해 진정한 다국적 기업으로 거듭나기를 희망한다는 것이었다.

1990년 12월 17일 중·영 양국은 홍콩 신공항 건설 문제를 두고 격렬한 논쟁을 벌였다. 이 놀랄 만한 소식은 세계 금융 중심지 홍콩과 런던에 전해졌다. HSBC는 구조조정을 발표했다. 첫 번째로 HSBC에 소속되어 런던에 있는 회사를 지주회사(持株會社, 다른 회사의 주식을 소유함으로써 사업활동을 지배하는 것을 주된 사업으로 하는 회사)로 승격하겠다는 것이다. HSBC 홀딩스주식회사가 그

것이다. HSBC는 세계 각지에 홍콩의 전 자산을 보유하는 HSBC를 영국에서 등록하고, 본부는 홍콩에 두는 것이다. 두 번째로 HSBC가 소유한 주식을 HSBC 홀딩스 명의로 옮기는 것이다. 그러면 HSBC 주주들은 HSBC 홀딩스의 주주가 된다. HSBC 홀딩스도 주식을 새로 발행하면서 1주당 HSBC 주식 4주와 맞바꿀 수 있도록 했다. 원래 총주식의 3/4을 줄인 것은 해외 주식시장 상장이 용이하기 때문이었다. 세 번째로 HSBC 홀딩스는 홍콩과 런던의 증권거래소에 상장된 HSBC의 주식을 처리하는데, 홍콩을 첫 번째 증권시장으로 한다. 네 번째로 HSBC를 HSBC 홀딩스의 자회사로 재등록하여 홍콩 지역의 업무를 맡겼다.

HSBC를 포기하고 그룹을 다층 구조로 바꾼 것은 국제화의 요구에 따른 것이었다. 이에 대해 퍼브스는 기자들과의 인터뷰에서 이렇게 말했다.

"HSBC 정도 규모의 은행이라면 모회사를 만들어서 자회사를 하나로 통일해야 할 필요가 있습니다. HSBC에 모회사가 없으면 해외 은행감독기구나 외국의 법조계에 혼란을 야기할 가능성이 높습니다. 이 문제는 영국 미들랜드은행을 인수할 때나, 미국 은행의 합병 가능성을 타진해볼 때 나타났던 문제들입니다. 기존의 틀은 글로벌 기업으로 발전하는데 큰 걸림돌이 되고 있습니다."

다른 원인으로는 홍콩 반환으로 인한 HSBC 지위의 변화였다. 당시 중국은 '일국양제(一國兩制, 한 나라 두 체제)'를 제시하며 홍콩 반환에 따른 사회적 혼란을 막고자 했다. 그러나 반환 이후에 HSBC

는 지금껏 홍콩에서 누리고 있던 특권이나 준 중앙은행으로서의 지위를 유지할 수 없을 것이 분명했다. 그러면 국제 금융계에서도 그 위세를 잃게 될 것이고, 서비스 영역도 점점 축소될 것이다. 그것은 이윤하락으로 이어지고, 자금유동이 순조롭지 않은 상태가 되면 준비금조차도 마련하기 힘들 수도 있다. 퍼브스는 조직 정비는 빠르면 빠를수록 좋다고 생각했다.

퍼브스는 재빨리 등기이전에 착수했다. 지주회사를 런던으로 옮겨 등기문제를 마무리했다. 이것은 홍콩의 '준 중앙은행'으로서 HSBC의 자리가 흔들리고 있었기 때문에 이후에 HSBC 본사도 런던으로 이전할 길을 마련해둔 것이다. 1988년 7월 홍콩·영국 정부에서는 HSBC와 함께 새로운 회계협의를 체결했다. 이것으로 HSBC는 홍콩의 '준 중앙은행'의 짐을 벗어날 수 있었다. 협의는 기존에 HSBC가 은행의 은행으로서 처리하던 업무들을 모두 홍콩 정부의 외환기금으로 옮겨 은행 제어기능을 강화하려는 것이었다. 대신 이제 HSBC는 하나의 결산은행 수준으로 내려가면서 홍콩 금융 시스템에서 '최종대출자'로서의 역할이 끝난 것이다. 물론 HSBC는 다른 은행들의 대변 여액(餘額)을 세금 없이 사용했던 특권을 내놓아야 했다.

이듬해 여름 HSBC는 상반기 실적보고회에서 준 중앙은행의 옷을 완전히 벗을 개혁 시책을 발표한다. 내용은 120여 년간 시행해오던 회사규정을 수정해 홍콩 회사법에 따라 회사를 새로 등록하자는 것이었다. 이렇게 하면 그동안 향유하던 특권을 내놓는 대신 해외업무

추진에 편리할 수 있었다. 또한 HSBC가 '회사법'에 따라 등록을 해두지 않으면 이후 구조조정을 할 때도 입법국의 비준이 필요해 적잖이 불편할 것이었다. 또한 영국 미들랜드은행과의 주식교환을 포함해 회사의 해외자산과 해외에 설립된 자회사들을 보호하기 위해서도 관계청산은 꼭 필요한 것이었다.

02 금의환향

 샌드버그가 제시했던 '삼발이의자 전략'은 실제 그 임기 내에 완성하지는 못했다. 새로 취임한 퍼브스는 스코틀랜드황실은행 인수 계획이 물거품이 되자 영국 4대 결산은행의 하나인 미들랜드은행으로 눈을 돌렸다.

 유구한 역사를 자랑하는 미들랜드은행은 1836년에 잉글랜드 중부 최대 공업지대인 미들랜드 버밍엄에서 태어났다. 19세기 후반 산업화가 가속되면서 미들랜드은행도 빠르게 성장해 런던으로 본사를 옮겼다. 1891년 미들랜드은행은 런던 센트럴은행(Central Bank)을 인수하면서 영국 금융계의 주목을 받았다. 1차 세계대전이 끝나면서 영국 최고의 은행으로 자리를 잡은 후 1918년 CEO가 된 홀든(Edward Holden)은 미들랜드은행을 세계 최고의 은행으로 만들었다. 그러나 그것도 잠시 2차 세계대전이 끝나면서 대영제국의 시대가 끝났고, 미들랜드은행의 세력도 많이 축소되었다.

 하지만 썩어도 준치라는 말이 있잖은가. 미들랜드은행은 1960년대 말 강력한 구조개혁을 통해 내셔널웨스트민스터은행(National Westminster Bank PLC), 바클레이스은행(Barclays Bank PLC), 로이드은행(Lloyds TSB)과 함께 영국 4대 결산은행이 되었다. 1970, 80년대에 들어서 여타 대형은행과 마찬가지로 미들랜드은행은 멕시코, 브라질 등의 개발도상국에 거액의 차관을 제공했다가 자그마치 24억 달러의 손실을 보았다. 1980년대 중반 미들랜드은행은 미국 진출에 의욕을 보인다. 캘리포니아의 크로커은행(Crocker Bank)을 인수했지만 결국 36억 달러의 손해를 안고 미국에서 철수했다. 허우적댈수록 깊은 늪으로 빨려 들어가듯 미들랜드은행은 어려운 상황에 내몰렸다.

그러나 미들랜드은행은 런던에 본사를 두고 있었고, 영국 4대 결산은행이었다. 게다가 영국에만도 2,100개가 넘는 영업점을 소유하고 있고 독일, 프랑스, 스위스 등에도 영업점을 개설해두어 유럽에서는 큰 규모의 네트워크를 가진 은행이었다. 미들랜드은행을 인수한다면 HSBC로서는 유럽 진출의 계기가 될 좋은 기회였다.

하늘은 스스로 돕는 자를 돕는 법인가보다. 당시 영국에서는 외국 기업의 국내 기업 인수에 대한 태도가 많이 완화되었다. 1987년 12월 HSBC는 3.83억 파운드(56억HK$)의 자산을 들여 미들랜드은행의 지분 14.9%를 사들였다. 또 본사의 이사 2명을 미들랜드은행 이사진에 영입시켜 미들랜드은행 인수전을 전면화한다. 양측은 3년 동안 HSBC가 소유 지분을 늘리지 않는다는 조건으로 협의에 성공한다. 3년 동안 양측은 합작을 늘려갔고, 1990년 12월 애초에 계약한 3년 기한이 다 되자 영국 금융계에서는 HSBC와 미들랜드은행의 합병 가능성을 내놓았다. 그러나 HSBC가 돌연 계획을 바꾸어 인수를 철회하겠다고 선언한다.

HSBC가 호기를 그냥 놓칠 리가 없었다. 그러나 당시 HSBC는 미국과 오스트레일리아에서 손해가 많아 미들랜드은행을 인수할 여력이 없었다. 게다가 영국 경제도 침체기에 접어들었기 때문에 미들랜드은행 자체도 국내에서 상당한 손실을 내고 있었기 때문이다.

1년쯤 지나자 미들랜드은행을 인수할 기회가 무르익었다. HSBC는 런던으로 등기를 이전해 인수에 걸림돌이 되던 구조적 문제를 해결했다. 또 1991년 HSBC의 영업실적이 반등했고, 미들랜드은행도 그 해 손실액이 전년도에 비해 81%나 줄어 이듬해에는 플러스를 낼 것으로 예상되었다. 1992년 초가 인수 적기였다. 일단 미들랜드은행이 이윤을 내기 시작하면 인수가가 엄청나게 높아질 것이었기 때문이다. HSBC는 1992년 4월 합병을 제의했다. HSBC의 주식 1주에다 1파운드짜리 10년 만기 채권으로 미들랜드은행 1주를 트레이드하는 조건이었다. 당시 주가로 계산해보면 1주당 387펜스의 가격을 제시한 것이다. 퍼브스는 당시 미들랜드은행 인수와 관련한 기자회견에서 다음 세 가지 인수목적을 말했다.

그 하나는 바로 홍콩 반환으로 인한 홍콩 금융질서의 변화였다. 이미 홍콩이 반환되기 전에도 HSBC의 지위는 일반은행으로 떨어지고 있었으니 반환 후에 홍콩을 기반으로 더 이상 글로벌 기업으로 성장할 수 없었던 것이다. 그래서 HSBC는 유럽, 그 중에서도 자신의 고향과도 같은 런던을 택했고, 이곳에서 미들랜드은행을 인수함으로써 안전한 터를 닦을 수 있기 때문이었다.

두 번째는 미들랜드은행을 인수함으로써 HSBC의 이윤폭이 이전과는 상당히 큰 차이를 보일 것이었기 때문이다. HSBC는 외국계 은행에 배타적인 영국에서 미들랜드은행을 등에 업고 활동한다면 아무런 장애 없이 유럽 금융계를 제패할 수 있을 것이었다.

세 번째는 HSBC의 제어권을 외부에 빼앗기지 않겠다는 의지였다. 이에 대해 퍼브스는 조금도 에둘러 말하지 않았다.

"1980년대에는 은행 간에 인수 붐이 일었습니다. 우리는 이를 적극적으로 수용해 많은 기업을 인수하는데 심혈을 기울였습니다. 그때 만약 우리가 세계로 발을 내딛지 않았더라면 HSBC는 분명 미국이나 어쩌면 일본의 은행에 인수되었을 겁니다. 홍콩에 대해 긍정적이지 않은 경영자의 손에 HSBC의 경영권이 떨어졌다면 어땠을까요? 자신의 운명은 스스로 개척하자는 신념으로 우리는 미들랜드은행과의 합병을 제안한 것입니다."

그러나 얼마 후 영국의 4대 결산은행의 하나인 로이드은행이 인수전에 참여하겠다고 선언했다. 사실 로이드은행뿐 아니라 10여 개의 다국적 은행이 미들랜드은행의 인수를 위해 물밑협상을 벌이고 있었다. 1992년 4월 28일, 로이드은행은 로이드은행의 주식 1주에다 현금 30펜스를 더해 HSBC가 제시한 금액보다 20.9%나 높은 주당 457펜스로 올려 제안했다. 대신 두 가지 조건을 붙였다. HSBC가 인수협상에서 얻은 기밀사항을 로이드은행에도 제공해야 하며, 또 이번 인수 건을 영국 독점·합병위원회의 심의를 얻어야 한다는 것이었다. 로이드은행은 미들랜드은행처럼 영국의 전통 공업중심지인 버밍엄을 기반으로 설립된 은행으로, 1991년 초부터 조용히 미들랜드은행 인수 가능성을 타진해보고 있었던 터였다. 그러니 로이드은행이 37억 파운드를 투자해 인수에 나서면 HSBC는 인수전에서 밀려날 것이라는 금융계의 분석이 아주 근거 없는 것은 아니었다.

그러나 강적을 만날수록 더 강해지는 HSBC가 아니던가. 퍼브스는 직접 런던으로 나아가 사람들에게 HSBC의 인수계획을 자세히 알리는 동시에 로이드은행의 행동이 상도덕에 반하는 행동이라며 질책했다. 마침 미들랜드은행 주주회의에서도 로이드은행의 조건을 거절하고 HSBC의 계획에 지지를 보냈다. 5월 8일 HSBC는 정식으로 미들랜드은행 주주들에게 인수계획안을 보냈다. 런던 증시에서도 HSBC의 주가가 오르고 있기 때문에 HSBC가 제시한 인수가격은 실제로 주당 420펜스까지 올라가 로이드은행이 제시한 가격과는 거의 차이가 나지 않게 되었다.

HSBC의 인수계획은 착착 진행되었다. 잉글랜드은행과 EU에서도 인수를 비준했고, 영국 재경부에서도 HSBC의 인수계획에 반대하지 않았다. 이는 HSBC가 유럽 및 영국의 모든 감독 당국의 비준을 받은 것에 다름없었다. 상황은 1981년 스코틀랜드황실은행을 인수할 때와는 확연히 바뀌어 있었다. HSBC는 로이드은행의 추월을 따돌리기 위한 결정적인 조건을 제시한다. 6월 2일 HSBC의 주식 120주에다 액면가 65파운드의 신채권 혹은 65파운드의 현금으로 미들랜드은행 100주의 주식과 맞바꾸겠다는 것이었으니, 애초에 제시한 378펜스에서 471펜스까지 상승한 가격이었다. 인수총액만도 원래의 31억 파운드에서 39억 파운드로 올라 25.8%나 상승한 것이었다.

며칠 뒤 로이드은행은 인수계획을 철회했고, 마침내 HSBC가 승리했다.

HSBC가 미들랜드은행을 인수하는데 결정적인 역할은 한 것은 다름 아닌 언론이었다. 언론에서는 HSBC의 인수 소식을 '제국의 환향전(還鄕戰)'이라는 제목을 붙여 보도했다. HSBC가 1990년 런던으로 등기를 이전하면서 정치계의 인정을 받았고, 오랫동안 공들여온 '삼발이의자 전략'이 성공한 것이다. 특히 미들랜드은행은 국내적으로는 개인금융(프라이빗뱅킹)에서 대단한 실력자인 데다가 대외적으로는 거대 네트워크로 상당한 규모를 갖춘 은행이었다. 사실 그동안 HSBC는 아시아나 북미 지역에서 강세를 보였음에도 유독 유럽에서는 맥을 추지 못했었다. 그러나 이제 미들랜드은행의 인수로 지리적인 약점을 보완할 수 있게 된 것이다. 이제 홍콩 HSBC는 아시아 지역의 업무를 책임지고, HSBC 홀딩스의 중심은 서쪽으로 이동했다.

미들랜드은행의 인수를 통해 HSBC는 세계 10대 은행의 반열에 올랐으며, 총자산이 1991년의 860억 파운드에서 이듬해 바로 1,700억 파운드로 늘었다. 또 세계 68개 국가와 지역에 총 3,300곳의 영업점을 내게 되었다. 이때부터 HSBC는 영국을 기점으로 하는 다국적 은행 그룹이 되었다.

03 아시아 금융위기

1998년 3월 27일 금융 폭풍이 아시아 전역을 휩쓸었다. 그러나 어려운 상황에서도 아시아—태평양 21개 지역의 업무를 담당하고 있는 HSBC는 전년도 대비 3% 증가한 197.97억HK$의 순이익과 1조4,750억HK$의 자산총액을 발표했다. HSBC 홀딩스의 총이윤 425.5억HK$에서 HSBC가 47%를 차지함으로써 HSBC가 그룹 내에서 상당한 역할을 하고 있음을 알 수 있다.

HSBC는 1998년 아태 지역 경제에 대해 금융시장이 단기적으로 심하게 흔들려 어렵고 힘든 한 해가 될 것이라는 전망을 내놓은 바 있다. 그렇다 하더라도 HSBC가 자리하고 있는 홍콩 경제가 3% 정도의 성장률을 보이며 HSBC의 실적에 그리 큰 타격을 주지는 않을 것이라고도 예상했었다. 그러나 파도는 HSBC의 예상을 뛰어넘었다. 1998년 HSBC의 아태 지역 CEO인 앨던(Alden, David)은 근심을 토

↠↠ 날듯이 성장하는 베트남. 호치민 HSBC 빌딩(2001년)

로했다.

"1998년 국제 금융 및 경제위기는 아마도 금융업도 휩쓸 것 같다. 우리에게 힘든 한 해가 될 것이다. 홍콩 특별행정구는 우리에게는 최대 시장이지만 지난 1년간 홍콩의 경제성장률은 5.1%로 위축되어 1997년의 5.3%의 성장을 따라 잡지 못했다."

HSBC의 영업실적도 홍콩 경제 위축에 따라 전년 대비 90억HK$가 감소된 107억HK$였고, HSBC 홀딩스의 이윤 총액도 전년도 대비 81억HK$나 줄어든 334.47억HK$에 머물렀다. 그러나 자산 총액은 3조 7,423억HK$를 기록하며 전년도에 비해 877억HK$가 증가했다. HSBC가 물론 아시아의 금융위기를 피할 수는 없었지만 세계 79개 지역에 분포하고 있는 다국적기업 HSBC 홀딩스로서는 이번 위기를 무사히 넘길 수 있었던 것이다. 그 중 효자 노릇을 한 곳은 바로 미들랜드은행이었다. 인수와 함께 불합리한 구조를 개혁함으로써 그 해에만 16억 달러의 이윤을 남겼다. 미국의 마린미들랜드은행도 13%의 이윤증가를 기록했다. 홍콩 금융가들은 이렇게 해석한다.

"HSBC 홀딩스는 아시아 금융위기라는 암초에 부딪혀 고전했지만 다른 지역을 통해 그 손실을 벌충할 수 있었다. 게다가 아시아 경제가 회복되면서 큰 폭의 성장세를 보였다."

HSBC는 글로벌 전략에 집중적으로 투자한 덕을 본 것이다. 샌드버그나 퍼브스의 거침없는 인수·합병으로 HSBC는 세계로 뻗어나갈 수 있었고, 이를 통해 아시아 금융위기와 홍콩 경제 버블의 붕괴로 인한 어려움을 쉽게 넘길 수 있었다.

제10장
세계를 향한 M&A

HSBC가 세계적 그룹이 되기 위해서는 미국을 빼놓을 수 없었다.
본드는 북미 대륙을 겨냥해 기업 확장에 나선다.

주위에는 인수할 대상이 넘쳐난다.
그렇다고 모든 기업을 선택하지는 않는다.
우리의 엄격한 기준에 딱 맞는 기업만이 인수 대상으로 결정된다.
우리의 활동 영역과 상호보완적인 분야에 있고,
고부가 가치를 창조할 수 있는 기업이 바로 그렇다.

HSBC 홀딩스 CEO, 존 본드(John Bond)

HSBC

샌드버그의 '삼발이의자 전략'으로 미국의 마린미들랜드은행을 인수하면서 HSBC는 세계 30대 은행이 되었다. 뒤를 이어 퍼브스는 영국의 미들랜드은행을 인수하면서 보란 듯이 금의환향했고, HSBC는 10대 그룹으로 껑충 뛰어올랐다. 1998년 퍼브스를 이어 HSBC를 경영하는 자리에 존 본드(John Bond)가 올랐다. 본드로서는 앞선 두 CEO보다 좋은 성적을 올리기는 쉽지 않았을 것이다. 하지만 그는 동시다발적으로 인수기획을 진행함으로써 사람들에게 더 강한 인상을 심어주었다. 이제 HSBC는 세계에서 세 손가락 안에 들어갈 금융제국이 되었다.

2006년 5월 그린(Stephen Green)이 존 본드의 뒤를 이어 HSBC 그룹 회장에 올랐다.

01
나를 위한 세계적인 은행

퍼브스가 1998년 여름 CEO의 자리를 본드(John Bond)에게 넘겨주었을 때 본드는 거대하고 복잡한 금융제국을 하나로 통일해야 할 과제를 안게 되었다. 매우 자연스러운 인수·합병을 진행해온 그동안의 관례로 인해 HSBC는 유럽과 아시아, 아메리카, 오세아니아, 아프리카에 이르는 79개 지역에 각자의 이름과 브랜드로 산재해 있었다. 1,200곳의 금융기구와 5,500곳의 영업점을 통합해야 했다.

1980년대 들어서면서 글로벌 전략에 집중하면서 HSBC는 빨간색과 흰색이 어우러진 6각형의 헥사곤을 심벌로 확정했다. 그러나 여전히 HSBC가 인수한 금융기구들은 세계 각지에서 자신의 원래 이름을 유지하며 영업하고 있었다. 1950년 인수한 중동 잉글랜드은행은 물론 1980년대 인수한 미들랜드은행도 그랬다. 본드는 이런 말로 당시의 상황을 설명했다.

"캐나다의 한 고객이 뉴욕을 방문했지만 그곳에 자신이 사용해오던 금융기구가 있다는 것을 알지 못했다고 한다. 또 싱가포르 고객이 런던을 방문했지만 미들랜드은행이 HSBC 홀딩스의 은행이라는 것을 몰랐다고 한다. 이제 우리가 어떤 조치를 취해야 할 때가 되었

▶▶▶ 1980년대 사용되었던 HSBC의 브로셔. 세계적 은행으로 거듭나기 위한 HSBC의 노력이 엿보인다

다."

HSBC의 글로벌 전략에는 그룹 내의 서비스와 상품의 통일이 선행되어야 했다. HSBC의 역량을 하나로 모으고, 글로벌 금융 그룹의 지위를 확고히 하는 길은 브랜드의 통일이었다.

HSBC는 모태가 되는 HSBC의 이름 '홍콩상하이은행(HongKong and Shanghai Banking Corporation)'으로 로컬 기업의 이미지가 강했다. 그래서 본드는 HSBC 홀딩스 로고를 HSBC로 통일하고, 1983년부터 사용해오던 HSBC의 심벌을 그대로 사용하기로 결정했다. 로컬 기업의 이미지를 벗고 간단명료한 이름으로 글로벌 브랜드의 이미지를 심어줄 수 있다는 것이 그의 생각이었다. HSBC 홀딩스에 소속된 기구들은 물론 내부 소속사들은 각 기구나 은행의 간판, 내부 마크, 은행수표나 장부, 카드, 각종 공문서나 광고 선전물에도 모두 이 로고와 심벌을 사용해 지명도를 강화할 계획이었다.

치열한 경쟁의 시대에 한 기업이 글로벌 기업으로 거듭나기 위해서는 브랜드의 중요성은 새삼 말할 것도 없겠다. '코카콜라'나 'IBM' '맥도널드'와 같은 브랜드들은 각자의 기업을 대표하면서도 기업의 관련 업무를 연상하게 하는 역할이 있다.

이는 오랫동안 유지해오던 정책의 변화를 의미했다. HSBC는 그간 인수 합병한 기업들에 대해 최대한의 자주성과 독립성을 보장하여 기존의 이름을 유지했었다. 그러나 브랜드를 통일함으로써 여러 지역의 기구들에게 본사와의 협력을 강조했다.

1983년부터 사용된 헥사곤 심벌과 1998년 통일된 HSBC 홀딩스의 명칭으로 HSBC는 이제 '나를 위한 세계적인 은행(The World's Local Bank)'으로 거듭나기 위해 애를 쓰고 있다. 2002년 HSBC는 '세계적인 로컬 은행'을 HSBC의 슬로건으로 내세웠다. '글로벌 금융'을 제공하는 HSBC는 투자는 물론 간단한 서비스에서도 세계적 경험이 축적되어 있으므로 더 빠르고 효과적인 서비스를 제공할 수 있음을 강조했다. 이와 함께 '지역 은행'으로서 고객과 아주 가까운 거리에서 고객을 최고로 모시겠다는 HSBC는 특별한 고객 서비스를 부각했다.

HSBC의 세계적 기업경영 능력이야 더 말할 것이 없지만 아시아 이외 지역에서의 현지화는 어떻게 진행되고 있을까? HSBC에서 36년간 몸담아온 메타(Mehta, Amen)는 지역적 문화 차이에 대한 재미있는 일화를 들려주었다.

"제가 중동에서 일할 때였습니다. 한 고객이 저를 저녁식사에 초대했습니다. 그는 제가 자리에 앉자 얼른 양고

상하이 푸동 상업지구에 있는 HSBC 빌딩. 최근 HSBC는 상하이 금융업에 뛰어들었고, 상하이의 경제부흥을 이끌고 있다.

기구이를 내왔고, 그 중 양의 눈알을 제 접시에 덜어주는 것이었습니다. 깜짝 놀랐지만 제가 그걸 다 먹어치우자 그는 다시 양고기 한 덩이를 썰어 제 접시에 덜어놓았습니다. 나중에 안 일이지만 양의 눈알은 귀한 손님에게만 주는 것으로 아껴가며 조금씩 먹는 것이라 하더군요."

다른 예를 보자. 아태 지역 HSBC 보험 부사장 천자리(陳嘉麗)는 중국 내에서도 지역적 차이를 고려해 업무를 진행한다고 했다. 베이징 사람들은 새로 집을 장만할 때 방향이 남북으로 통해 있어야 좋다고 생각한다. 그러나 홍콩에서는 돈이 들어와 뒤로 금방 빠져나간다며 남북으로 뚫려있는 것을 불길하게 생각한다. 그러므로 베이징에서 영업소를 열 때와 홍콩에서 열 때는 분명 지역적 특성에 주의를 기울여 현지의 풍습을 따르는 것이 좋다고 단언한다. 지역을 이해하는 HSBC의 이러한 자세는 세계적이지만 결코 해당 지역으로부터 유리되지 않는 로컬 은행으로 자리 잡는데 큰 역할을 하고 있다.

❯❯❯ 02
미국 공략

HSBC가 세계적 그룹이 되기 위해서는 미국을 빼놓을 수 없었다. 본드는 북미 대륙을 겨냥해 기업 확장에 나선다. HSBC가 1987년 인수한 마린미들랜드은행은 몇 년 동안 고전을 면치 못하고 있었다. 1991년 미국에 도착한 본드는 구조조정과 원가절감을 통해 반 년 만에 4,300만 파운드의 이윤을 낸다. 이후 본드는 HSBC 홀딩스 전체를 경영하는 자리에 오른다. 1999년 5월 10일 본드는 미국 금융계를 뒤흔들 계획을 발표한다. 103억 달러라는 거액을 출자해 리퍼블릭 뉴욕(Republic NewYork Corporation)과 사프라 홀딩스(Safra Republic Holdings S.A.)를 인수한다는 소식이었다. 뉴욕 그룹의 대표기업인 뉴욕은행에 스위스, 프랑스, 룩셈부르크, 지브롤터, 모로코 등지에 지점을 소유한 사프라 홀딩스까지 인수한다니 생각만 해도 엄청난 프로젝트였다. 이에 본드는 먼저 자금모집에 전력을 다했다. HSBC 보통주

❯❯❯ 1966년 뉴욕은행의 창립식에서 리본을 끊는 로버트 케네디 상원의원

1866년 뉴욕저축은행 Citizens' Savings Bank의 연간보고서. 1860년 설립된 이 은행은 1999년 뉴욕은행으로 옷을 갈아입는다

와 특별용도 우선주를 발행해 각각 30억 달러를 마련하고, 2급 채권을 발행하면 얼추 맞았다. 모자라는 부분은 HSBC가 보유한 자원을 현금으로 전환하면 되었다.

2000년을 몇 달 앞두고 진행된 이 프로젝트는 HSBC 사상 최대 액수의 인수였다. 그러나 이번 인수를 통해 HSBC는 미국 시장에서 200만 개의 개인금융 서비스를 확장할 수 있었으며, 미국이라는 최대 금융시장에서 지위를 공고히 할 좋은 기회가 되었다. 이번 인수에 많은 자금을 동원해야 했지만, 인수 후 미국에서의 자산비율은 24%로 상승했다. 기존에 45% 정도로 편중되어 있던 아태 지역의 자산비율을 낮춤으로써 전체적으로 균형을 맞출 수 있었다.

2000년 뉴욕은행의 뉴욕 지점에 미국 HSBC가 합병되어 HSBC 홀딩스는 뉴욕에 최대 은행 네트워크를 갖게 되었다. HSBC는 미국 48개 주, 430여 곳의 영업소에서 금융 서비스를 제공했고, HSBC의 헥사곤은 미국인에게 점점 익숙해져 갔다.

같은 해 HSBC는 미국 뉴욕 증시에도 첫 선을 보였다. 이로써 HSBC의 주식은 홍콩과 런던, 뉴욕에 상장되어 24시간 연속적으로 거래될 수 있었다. 현재는 파리와 버뮤다 시장까지 진출해 있다.

03 유로의 힘

본드는 금융제국을 돌아보느라 한 해의 절반을 보냈다. 그러면서도 그 예리한 눈빛을 제국의 바깥으로 향했다. 이번에는 유로를 사용하는 유럽 이외 지역이었다. HSBC가 뉴욕은행을 인수한 지 1년이 채 안 된 2000년 4월 초 본드는 또다시 유럽 은행계가 놀랄 만한 계획을 발표한다. 110억 유로를 투자해 프랑스 최대 은행인 프랑스신용상업은행(Credit Commercial de France, 약칭 CCF)를 인수하겠다는 것이었다. 협상이 시작되기 전에 그 사실은 어느 누구도 알지 못했다. 기자회견과 함께 프랑스 언론은 HSBC의 인수계획을 '은밀하고 빠른 손놀림'이라는 제목으로 보도했다.

2000년 3월 초 협상에 들어간 양측은 한 달 만에 조인에 성공한다. HSBC가 제시한 인수조건은 CCF의 주주들이 주당 150유로의 현금으로 주식을 매각하거나 HSBC 홀딩스의 주식 13주와 교환할 수 있

1994년 조명으로 장식된 파리 CCF 1894년 설립된 이 은행은 2000년부터 HSBC의 로고를 사용한다

다는 것이었다. 교환을 할 경우 매각보다 10유로나 많은 주당 160유로인 셈이니 주주들이 이를 마다할 이유가 없었다. 게다가 그 날 개장 때 130유로 하던 CCF의 주가가 15%나 증가한 셈이었다.

7월 초 CCF의 인수를 완료한 HSBC 홀딩스는 파리 증권거래소에 상장했다. HSBC는 CCF를 총자산 3.8배에 상당하는 가격으로 인수해 최고 인수가를 기록했다. 1992년 미들랜드은행을 인수한 이후 유럽 확장에 새 국면을 연 최대의 액션이었다. 사실 당시 투자자들은 인수 대가가 너무 크다고 항변했지만 HSBC의 유럽 확장에 필수적인 안건이었으니 감내할 수밖에 없었다. 이번 인수를 통해 HSBC는 시가 총액이 세계 2위인 금융 그룹이 되었다. 그러나 이보다 HSBC가 유로 사용 지역으로 진입할 수 있는 명분을 샀다는 데 큰 의의를 둘 수 있다. 본드는 인수를 마무리하면서 이번 인수가 글로벌 전략에 따라 그룹의 재무관리나 기업금융, 자산관리업 등의 서비스 영역의 확장에도 큰 도움을 줄 것이라는 말을 잊지 않았다.

파리에 본사를 둔 CCF는 오랜 역사와 함께 근래 들어 몇 건의 인수를 통해 사업 확장을 진행하고 있었다. 1920년대 후반부터 프랑스 6대 은행으로 자리 잡았던 CCF는 1982년 금융 국유화정책으로 프랑스 정부에 귀속되었다가 5년 만에 다시 민영기업으로 돌아왔었다. CCF는 프랑스에만도 682곳의 영업망을 통해 100만 명이 넘는 고객에게 종합적인 개인금융(PB) 서비스를 제공하고 있었다. 그러니 HSBC는 CCF를 인수함으로써 기존의 네트워크를 이용할 수 있는 큰 이득을 보았다.

HSBC 홀딩스는 2000년 숨 가쁘게 성장가도를 달렸다. 본드는 세계 각지에서 기업을 인수하면서 영업실적을 크게 올려놓았다. 그러나 본드가 닥치는 대로 인수하는 것은 아니었다.

"주위에는 인수할 대상이 넘쳐난다. 그렇다고 모든 기업을 선택하지는 않는다. 우리의 엄격한 기준에 딱 맞는 기업만이 인수 대상으로 결정된다. … 우리의 활동 영역과 상호보완적인 분야에 있고, 고부가 가치를 창조할 수 있는 기업이 바로 그렇다."

인수협의가 마무리되면 본사에서는 '국제 사무관(International Officers)'이 나서서 최단시간에 이윤을 창출할 수 있도록 기업을 혁신한다. 수백 명으로 구성된 이 국제 사무팀은 HSBC 고위관리의 요람으로 본드도 국제 사무팀의 대표를 지낸 적이 있다. 이들은 전면적인 은행업무의 지식이나 시스템의 운용에 정통한 금융계의 수재들이지만 매우 겸손한 태도로 사무를 진행한다. 타국에 입성한 뒤에는 그곳의 언어는 물론 문화나 풍속도 기꺼이 수용하는 태도로 일한다. HSBC가 인수합병이라는 무기로 세계 각국에 진입하지만 그곳에서 침입자의 이미지를 벗을 수 있는 데는 이들의 태도가 큰 몫을 한다.

04 라틴아메리카의 희로애락

샌드버그와 퍼브스를 통해 HSBC는 아시아, 유럽, 미국을 축으로 한 '삼발이의자 전략'을 실현할 수 있었다. 본드는 거기에다 발을 하나 더 붙였다. 본드는 향후 25년 동안 성장 잠재력이 큰 지역으로 미국을 중심으로 한 북미자유무역협정지역을 꼽았다. 여기에는 아시아 교포들의 활동지역이나 스페인 상업지역을 포함하고 있었다. 본드는 라틴아메리카를 겨냥한 발전전략을 발표해 세인의 귀를 의심하게 했다.

1997~1998년 금융위기에 허덕이는 아시아를 대신해 HSBC는 새로운 시장을 물색했다. 1999년 본드는 한국과 라틴아메리카의 아르헨티나, 유럽의 몰타(Malta)에서 인수 대상을 찾았다. 2000년 본드는 미국 체이스은행(Chase Bank)의 파나마지점과 필리핀의 PCIB 저축은행을 인수했고, 이전에 사놓은 중동 잉글랜드은행의 지분을 40%에서 90%로 올렸다(중동 잉글랜드은행은 후에 이집트 HSBC로 이름을 바꾼다). 이로써 HSBC는 신흥시장의 거점을 다졌다.

그렇지만 1999년 뉴욕은행의 인수나 2000년 CCF의 인수로 HSBC의 발전 기조는 크게 변화되었다. HSBC는 그동안 선진국과 개발도상국을 중심으로 한 신흥시장과의 균형적인 발전을 그 중심에 두고 있었던 것이다.

본드의 눈에 멕시코와 브라질이라는 신흥시장은 라틴아메리카에서 최대의 성장잠재력을 지닌 지역이었다. 본드는 라틴아메리카의 비중을 높이기로 생각하고 2001년 멕시코에서 기회를 잡았다. 그 해 11월 HSBC는 멕시코 5대 은행인 바이탈금융그룹(Grupo Financiero Bital)에 인수를 제의했고, 이듬해 11월 26일 19억 달러를 출자해 인수에 성공한다. 바이탈금융그룹은 멕시코에서 수위에 드는 대형 그룹으로 자산 총액도 220억 달러나 되었다. 게다가 1,400곳의 영업소와 4,000여 곳의 자동화기기가 있어 개인금융 서비스 확장에 유리했다.

바이탈금융그룹의 성장세는 본드의 예상을 뛰어넘었다. 2003년 실적발표회에 참가한 임직원과 주주들은 깜짝 놀랐다. 이듬해 1월 바이탈금융그룹은 멕시코 HSBC로 이름을 바꾸고 정식으로 HSBC 그룹의 아래로 들어간다. 현지에 국제 전문가를 모아 합리적인 관리 시스템을 새로 만들고, 현 상황에서 자금운용이나 신용대출 등의 서비스를 강화해 HSBC의 기준으로 끌어올린 것이다. 바이탈금융그룹의 개인금융 서비스에서는 2004년 첫해에만 3.5억 달러의 이윤을 창출했다. 현지의 금융 서비스 중 예금 18%, 개인대출 20%가 증가했으며 이에 따른 수수료 이윤 또한 증가했다. 악성부채를 정리하고 나니 대출은 61%로 줄어 현금회전율이 20%나 증가했다. HSBC는 이제 멕시코를 거점으로 한 발전토대를 마련한 것이다.

하지만 멕시코를 제외한 다른 라틴아메리카에의 투자를 생각하

▶ 아르헨티나의 로사리오보험사. 1888년 설립된 이 회사는 로버트은행과 함께 1997년 HSBC 그룹으로 들어온다

면 근심이 이만저만이 아니었다. 당시 아르헨티나에도 금융위기가 일어나고, 이로 인한 정치·경제적 위기는 HSBC에게 이윤은커녕 아르헨티나은행까지도 쓰러뜨릴 지경이었다.

"난 총에 맞았다. 그러나 결코 최악의 날은 아니다. (I was shot … but that was not the worst day.)"

HSBC의 최고행정담당자(Chief Administrative Officer) 마이클 스미스(Micheal Smith)가 책을 쓴다면 이 구절로 말문을 열었을 것이다. 그는 인터뷰에서 당시 아르헨티나의 상황을 설명했다. 2003년 11월 홍콩 HSBC 아태 지역 부총재로 오기 전 스미스는 1997~2002년까지 아르헨티나에서 현지 HSBC의 최고행정담당자로 있었다. 1990년대 아르헨티나를 경제개혁의 모델로 삼았던 HSBC 홀딩스는 2002년 은행과 금융 체계의 붕괴로 무너지고 말았다. 은행 바깥에는 대출을 받으려는 사람들의 행렬이 이어졌으며, 그럼에도 빈손으로 돌아가는 사람들이 절반이었다. 금융위기는 경제는 물론 정치·사회적 위기를 불러일으켰다. 당시 재계에서는 외국계 은행이 이 위기의 첫 희생양이 될 것이라고 예측했었다. 당시 아르헨티나의 최대 외국 은행이었던 HSBC를 두고 한 말이었다. 당시 상황이 얼마나 과격해져 있었는지는 스미스의 총격사건으로도 익히 알려져 있다. 테러범들의 암살자 명단에 올라 있었다고 알려진 스미스가 어느 날 길을 걷다가 무장괴한들의 습격을 받아 다리에 총상을 입었다. 또 감정이 격해진 사람들은 HSBC 건물을 둘러싸고 직원들을 해치려고도 했다.

1997년 HSBC 홀딩스는 라틴아메리카에 대한 경제 분석을 통해 두 가지 전략을 짰다. 당시 HSBC를 경영하던 퍼브스는 브라질에 차관을 제공하거나 혹은 아르헨티나에 차관을 제공하는 것이었다. 1998년 미들랜드은행이 아르헨티나 로버트은행그룹(Banco Roberts Group)의 지분을 29.9%로 올릴 거라는 예측이 나왔기 때문에 HSBC 역시 라틴아메리카로 자금을 투입해야 했다. 그래서 1997년 8월에 남은 70.1% 지분을 모두 사들여서 아르헨티나 HSBC를 세웠던 것이다.

2001년 본드는 아르헨티나가 HSBC에 큰 암초로 작용할 것 같다며 고뇌를 털어놓고 말했다. 당시 아르헨티나의 서비스 상황은 크게 좋아졌다 하더라도 실적은 여전히 생각했던 것보다 저조했기 때문이다. 본드는 더 이상 낙관적일 수만은 없었다. 아르헨티나의 상황으로 인해 HSBC는 이윤증가는커녕 12억 달러의 마이너스 성장을 보였다. 그 해 HSBC는 38건의 인수 및 투자를 진행했지만 이렇다 할 건도 없었고, 여러 지역에서 어려움을 겪고 있었다. 그 중에 가장 큰 격전지가 바로 아르헨티나였다.

2001년 HSBC의 이윤은 전년도 대비 12억 달러의 마이너스를 기록했다. 아르헨티나에 제공한 차관만도 11.2억 달러였으니 마이너스 수치의 대부분은 아르헨티나가 원인이었다. 불행 중 다행스럽게도 아르헨티나의 업무 점유율이 0.5% 밖에 되지 않았기 때문에 HSBC 전체에는 그리 큰 영향을 미치지 않았다는 점이다.

"그러나 아르헨티나의 상황은 여전히 불안했습니다. 많은 고객과 직원들이 생활에 큰 타격을 입고 있었으니까요. 이 위기를 극복할 화폐·재정 정책이 나와서 국제 금융 시스템이 복구되기를 바랐습니다. 물론 그 과정은 대단히 더디고 어려운 것이겠으나 HSBC는 이곳에의 투자를 장기적으로 보고 있었기 때문에 기다리자는 결정을 내렸습니다. 기존에도 이런 일은 많았습니다. 신흥시장에서 큰 파동이 지나고 나면 이윤이 창출된다는 것을 우리는 여러 번의 경험으로 잘 알고 있습니다."

2002년 5월에 열린 주주회의에서 본드는 이 같은 말로 자신감을 나타냈다. 2002년 6월 HSBC 홀딩스는 아르헨티나 HSBC에 2.11억 달러를 투자하겠다고 선언했다. 기한이 된 1.58억 달러의 채권을 회수하려는 것이었다. 이번 출자에 이어 HSBC는 2002년에만도 4.46억 달러를 아르헨티나에 투자했다. 사실 아르헨티나 HSBC의 이런 행동은 다른 외국계 은행과는 달랐다. 아르헨티나에 금융위기가 일어나자 대부분의 외국계 은행

> 브라질 팔라시오 가에 있는 브라질 HSBC. 이 건물은 1952년 설립된 바머린더스은행의 본사였다

은 더 이상 자금지원을 중단하거나 아예 영업소를 폐쇄하는 경우도 많았다. 그러니 HSBC는 스스로 상황을 어렵게 만든 것으로 보일 수도 있었다.

◆▶▶ 1999년 크리스마스를 맞아 장식한 브라질 HSBC 사옥

하지만 HSBC의 선택에 힘을 실어 준 상황은 금융위기가 브라질로 확산되지 않은 것이다. 남미 신흥시장 브라질은 아르헨티나의 상황과는 달리 상대적으로 안정을 유지하고 있었다. HSBC의 분산투자는 옳았다. 1997년 3월 HSBC 홀딩스는 브라질에서 바머린더스은행(Banco Bamerindus do Brasil S. A.)의 자산과 부채, 소속사들을 합병하면서 남미 최대 영업지역을 거머쥐게 되었다. 1952년에 설립된 비머린더스은행은 당시 지점 수만도 1,300곳이었고 보험, 대출, 증권 분야에서도 영향력이 컸다(1999년 바머린더스 HSBC는 브라질 HSBC로 이름을 바꿨다).

2003년 12월 HSBC는 8.15억 달러로 로이드은행 소속사였던 브라질 최대 소비신용대출기구 Losango Promotora de Vendas Ltd.와 다른 몇몇 브라질 자산을 인수했다. 지금도 HSBC는 남미 시장 공략을 위한 행보를 계속하고 있다.

05
하우스홀드 인수

2002년 8월 5일 홍콩에서 열린 업무보고회에서 본드는 격앙된 목소리로 인수합병 상황을 설명했다.

"HSBC는 이전보다 훨씬 많은 곳으로부터 인수 건의가 들어오고 있으며, 미국에서도 10곳이 넘는 기업에 대한 건의를 받았다. 현재 그 중 가능성이 높은 곳을 선택해 인수를 검토 중이다."

본드는 검토 중이라는 말로 상황을 설명했으나 이미 인수대상을 결정하고 인수에 착수한 상태였다. 기존의 인수와는 차원이 다른 규모의 인수전이 시작되었다. HSBC가 조준한 곳은 미국 소비자금융의 최고라 불리는 하우스홀드(Household International Inc. 약칭HI)였다.

미국의 세계 경제 점유율은 전 세계 생산액의 1/3로 소비지출 또한 미국 국가 총생산액의 70%나 되었다. 이런 나라에서 소비자금융을 틀어쥐고 있는 회사라면 HSBC의 인수조건에 충분했다. 세계 금융을 제패하기 위해서는 미국 소비시장을 쟁취하는 것이 무엇보다 중요했기 때문에 HSBC로서는 하우스홀드의 인수에 적극적일 수밖에 없었다.

1878년 설립된 미국의 하우스홀드는 미국 최대 소비자금융 회사로 미국 40여 개 주에 1,300곳의 영업점을 운영하고 있었고, 구미 등지에서 개설된 계좌만도 5,000여만 개로 관리하는 자산총액만도 8,080억HK$나 되었다. 게다가 소비신용대출, 신용카드, 자동차신용대출, 대출보험, 부동산대출 등 대출의 전 분야를 아우르고 있었다. 그럼에도 하우스홀드의 대출조건은 다른 대형 은행보다도 느슨했다. 그 자금은 은행에서 차입한 것으로 호경기 때는 개인대출 중 악성부채가 적어 문제가 되지 않았지만 경기가 불황일 때는 자금 순환에 큰 어려움을 겪고 있었다. 2000년 과학기술주가 폭락하고 2001년에 있었던 9.11 테러로 미국 경제에는 큰 불황의 구름이 끼었다. 악성부채가 늘자 하우스홀드의 자금 순환은 형편없었다. 악성부채가 늘면 이윤이 줄고, 그러면 자금원가가 상승해 이윤이 하락하는 악순환이 계속되었다. 이윤을 유지하기 위해 하우스홀드는 대출요건을 더 완화할 수밖에 없었고, 이러니 악성채무자들이 몰려 실제 이윤은 더 낮아졌다.

　HSBC는 기회만 생기면 미국 시장에 진입할 준비를 하고 있었던 데다가 그 해 실적이 좋아 자금의 여유가 있었던 터였다. 11월 14일 HSBC는 주당 30.04달러의 가격으로 하우스홀드를 인수하겠다고 밝혔다. 원래 주가보다 35%나 높은 가격을 제시해 하우스홀드의 관심을 끌었다. 2002년 4월 하우스홀드 측에서는 본드와 회견을 갖고 두 회사의 합작 가능성을 검토했다. 그 해 9월 본격적인 협상에 들어가 양측은 11월 6일 계약서에 사인한다.

HSBC가 이제 미국 금융시장을 공략하는데 날개를 단 셈이었다. 당시 미국 시장이 아주 좋지는 않았지만, 본드는 인수 후 런던에서 열린 기자회견에서 양측의 합병을 '천생연분'이라는 말로 만족을 표시했다. 하우스홀드의 부채비율은 높지만 5,000만 명의 새로운 고객이 넝쿨째 굴러들어왔으니 그럴 만도 했다.

2003년 3월 148억 달러짜리 인수가 끝났다. 인수 후 HSBC는 악순환의 고리를 끊기 위해 전력을 다했다. 이듬해 상반기 실적을 보면 전년도 대비 13%나 이윤이 증가해 목표치를 한참 초과했다. 본드는 끊임없이 인수합병의 신화를 창조했다. HSBC는 인수한 기업에 개혁의 칼을 빼들어 미운오리새끼가 아닌 황금알을 낳는 거위로 만들곤 했다. 그러고 보면 1 더하기 1은 2가 아니라 3이 되기도, 4가 되기도, 또는 그 이상이 되기도 하는 것이 HSBC의 계산법이다.

하지만 2007년 미국의 주택경기가 급랭하면서 부실 대출이 증가하기 시작했다. HSBC 파이낸스(HSBC Finance Corporation)로 이름이 바뀐 하우스홀드는 신용이 좋지 않은 이들을 대상으로 무리하게 대출을 늘리면서 큰 리스크를 떠안게 됐다.

06
아시아 시장과
세계 경제의 미래

2005년 5월 16일, 베이징에서는 '중국과 새로운 아시아의 세기'라는 주제를 가지고 제9회 세계 CEO 연례회의가 열렸다. 인민대회당에서 열린 개막식에는 중국의 후진타오 주석이 직접 나와 연설을 하기도 했다. 세계 유수의 재계 인사들이 베이징에 모여 글로벌 시대의 기업의 재조직과 성장에 대해 의견을 나누었다.

"현 글로벌 경제에서 가장 중요한 화두는 바로 중국이다. … 중국의 부단한 발전은 정말 흥미롭다. 이번 연례회의의 개최지로 이곳 베이징을 택한 것도 바로 이런 이유이다. 지난 몇 번에 걸쳐 우리가 중국에서 포럼을 할 때마다 여기 모인 세계 500대 기업의 CEO들에게는 정말 놀랄 만한 일들이 생겼으니 말이다."

지난 10년이 안 되는 기간 동안 세계 CEO 연례회의는 중국에서 세 번이나 열렸다. 1999년에는 '중국, 미래 50년'이라는 주제를 가지고 상하이를 찾았고, 2년 뒤인 2001년 다시 홍콩에서 '아시아의 새로운 세기'를 주제로 포럼을 열었다. 중국 경제가 해마다 십 퍼센트 수준의 성장세를 보이는 지금 세계 CEO 연례회의의 개최지로 베이징을 선택한 것은 어쩌면 당연한 결과였다. 이번 포럼으로 중국 경제는 다시 한 번 세계의 주목을 받게 되었다.

세계 경제를 쥐락펴락하는 그들의 눈빛은 중국에 꽂혔고, 기회를 찾는 두 눈이 쉴 새 없이 움직이고 있었다. 특히 HSBC의 최고경영자인 존 본드(John Bond)의 눈은 누구보다 반짝였다. 총자산 2조1,500억 달러가 넘는 HSBC 그룹은 2004년에 1천억 위안에 달하는 이익을 냈다. 그러니 존 본드가 2004년에 하루 평균 15만 위안을 훌쩍 넘는 수익을 낸 셈이다.

그렇다고 존 본드가 가만히 앉아 세계 최대 금융제국의 CEO가 된 것은 아니다. 꼼꼼하고 검소하기로 소문난 그는 평소 런던에서는 택시 대신 지하철을 이용하고, 비행기를 탈 때도 비즈니스 석보다는 이코노미 석을 예약할 정도로 알뜰한 경영자이다. 불이 꺼졌는지 확인하고 퇴근한다는 일화는 이미 알 만한 사람은 다 알 정도다. HSBC가 '가장 검소한, 혹은 인색한 은행'이라 불리게 된 것도 그의 인생철학과 무관하지 않을 것이다.

이런 그일지라도 마냥 돈을 쓰지 않는 구두쇠는 아니다. 1998년 HSBC를 맡은 후로 세계 각지를 돌아다니며 금융 분야의 많은 사업장을 인수하는데 정력을 쏟았다. 2003년 3월에는 자본금이 148억 달러에 달하는 미국 최대 소비자금융 그룹인 하우스홀드(Household International Inc.)를 사들였다.

중국은 HSBC가 꿈에 그리던 땅이었다. 존 본드는 "사람들은 모두 중국의 잠재력을 묻지만, 나는 중국의 현대화야말로 21세기 최고의 성과라고 생각하고 있다"라는 말로 아시아에 대한 애정을 표했다. 실제 중국 입장에서도 최대의 외자 투자자인 HSBC는 세계 어느 기업보다 중요한 기업임에 틀림없을 것이다.

2005년 4월 HSBC는 베이징에 새로 지점을 열었다. 이로써 중국의 심장부에 지점을 연 최초의 외자은행이자 중국 대륙에 지점이 가장 많은 외자은행이 되었다.

2005년 5월 9일 HSBC의 적극적 영업 전략으로 HSBC는 보험업도 장악해나간다. 외국계 투자회사인 골드만삭스(Goldman Sachs)와 모건스탠리가 보유했던 핑안보험(平安保險)의 지분 9.91%를 81.04억 HK$(86억 위안)으로 사들였다. 그리고 HSBC는 총 144억 위안을 투자해 지분 19.9%를 매수해 핑안보험의 제1 주주가 되었다. 이번 투자로 HSBC는 아메리카생명보험(American International Assurance Co. 약칭 AIA)을 제치고 중국 본토에서 제1위의 외국계 보험사가 되었다.

2005년 5월 25일 HSBC는 창립 140년 만에 처음으로 중국인 빈센트 챙(鄭海泉)을 아시아·태평양 지역본부 회장으로 맞았다. 이로써 HSBC는 '나를 위한 세계적인 은행(The World's local bank)'이라는 모토를 가지고 HSBC를 현지화시킬 첫걸음을 내딛은 것이다. 중국 내륙시장으로 영역을 확장하는 HSBC는 이제 '날개 단 호랑이'가 된 것이다.

2005년 6월 23일 HSBC는 17.5억 달러(144억 위안)를 들여 교통은행(交通銀行)의 지분 19.9%를 사들였고, HSBC의 도움으로 교통은행은 홍콩 증시에 성공적으로 상장할 수 있었다. 중국 국내 은행으로는 처음으로 교통은행이 해외자본시장에 상장할 수 있었던 것은 HSBC

중국 지역 업무 총책임자인 예디치(葉迪奇)가 교통은행 부행장을 겸임하면서 투자를 적극적으로 유치한 공이 크다.

존 본드는 중국 기자와의 인터뷰에서 중국에 대해 매우 낙관적인 소견을 피력했다.

"1980년대 개혁개방을 시작한 중국이 그 동안 경제의 기초를 다졌다면 앞으로 다가올 25년은 세계 경제를 주름잡는 대국으로 성장할 것이다. 이에 HSBC는 중국을 무대로 한 장기적인 전략을 세워놓았다."

존 본드의 말이 아니더라도 매년 중국은 몰라보게 발전하고 있다. 중국의 미래가 HSBC의 손에 달려있다 할 정도로 HSBC는 금융제국을 목표로 뛰고 있다. 그 중심에는 홍콩과 상하이가 있다. '홍콩상하이은행(HongKong and Shanghai Banking Corporation Limited)'으로 이름을 짓고 140여 년 전에 설립된 HSBC는 이미 상하이 와이탄(外灘)과 홍콩 중심가에 세계가 주목할 만한 웅장한 사옥을 짓고 실력을 과시했다. 19세기 '해가 지지 않는 제국'의 권력을 기반으로 삼고 경영자의 정확한 판단을 통해 오래 전에 이미 동양의 경제를 손에 쥐었다.

2006년 5월 그린(Stephen Green)이 존 본드의 뒤를 이어 HSBC의 경영을 맡았다. 컨설팅 회사 맥킨지에 입사해 은행 분야를 담당하고 있던 그는 동아시아 은행에서 일해 볼 생각이 없냐는 제의를 받았다. 평소 개발도상국이나 신흥 금융시장에 많은 관심을 갖고 있던 그는 HSBC로 옮겼고, 25년 만에 최고의 자리에 오르게 된 것이다.

"HSBC는 사람에 대한 투자를 중요하게 생각한다. 예전부터도 인재를 영입해 관리하는 데 능했던 회사다. HSBC가 추구하는 가치 중 '연속성(continuity)'이 바로 그렇다. … HSBC의 관리 층은 대부분 10년 이상의 경력이 있다."

그린은 이제 CEO로서의 최대 강점을 갖게 되었다. 그럼에도 그린의 리더십은 종종 비난의 타겟이 되기도 했다. 화려하고 스케일이 큰 행보로 세간의 주목을 끈 CEO를 뒤이은 인물들이 흔히 겪는 일이긴 하다. 존 본드의 화려한 인수·합병에 따른 실적에 비하면 그린은 가시적으로는 실적을 올리지는 못했다. 2007년 하우스홀드가 서브프라임 모기지로 큰 손실을 내면서 HSBC의 주가도 하락하게 되었다. 금융계에서는 그린 회장의 리더십에 화살을 돌렸다. 하지만 그린은 세인들의 말에 흔들리지 않고 자신의 목표를 향해 묵묵히 걷고 있다. 그는 아시아, 그 중심인 중국에 HSBC의 미래를 걸었다.

특히 중국은 연 10%를 넘나드는 성장률로 세계 경제의 견인차가 되고 있다. 산업의 근간이라 할 수 있는 금융시장도 괄목할 만한 성장을 보이고 있어 많은 세계 금융가들의 이목을 집중시키고 있다. 이에 HSBC는 중국에 법인을 만들어 본격적인 영업을 준비하고 있다. 상하이 와이탄을 마지막으로 떠났던 HSBC가 중국에 돌아온 이후로 50억 달러에 육박하는 자금을 투입하고 있다. 그간 HSBC는 35개에 이르는 영업점을 열어 외국계 은행 중 최대 영업망을 자랑하고 있다. 게다가 HSBC가 투자하고 있는 항셍은행의 영업망까지 합하면 그 규모는 더 커진다. HSBC가 투자한 아태 지역 중 이만한 규모는 드물다. 그만큼 HSBC는 중국의 미래를 믿고, 중국에서 가장 큰 외국계 은행으로 자리매김하려는 것이다. 여기에 덧붙여 한국, 인도, 인도네시아 등의 신흥시장에서도 영업력을 높여가고 있다.

이외에도 HSBC는 장기적으로 러시아 시장의 발전 가능성을 염두에 두고 있다. 풍부한 천연자원과 높은 소비력을 가진 러시아는 중국에 뒤이은 신흥시장으로 물망에 오르고 있다. 또 HSBC는 아프리카 지역에도 관심을 기울이고 있다. 모두들 생산성을 이유로 진출을 꺼리는 아프리카이지만 HSBC는 이미 이집트와 알제리, 남아프리카공화국에 진출해 있다. 2007년 아프리카는 5%에 달하는 성장률을 보이고 있기 때문에 앞으로 HSBC는 더 적극적인 태도를 보일 것이다.

⇒⇒07 한국에서의 도전

한국은 인구밀도도 높고 세계적 대형 기업들도 많아 전체적인 경제 규모를 볼 때 HSBC가 빼놓아서는 안 될 아시아 지역의 신흥시장이다. 사실 그린 이전의 HSBC CEO들이라고 한국 시장을 그냥 넘겼을 리 없다. 존 본드는 화려한 합병기술로 한국 시장으로 뛰어들었다. 그러나 한국에서는 상황이 달랐다. 2005년 1월 10일 차터드그룹은 서울에서 기자회견을 열고 인수 후 제일은행의 상황이 달라졌다는 말로 입을 열었다. 제일이라는 차는 자잘한 부품은 물론 모터까지도 바꿔야 할 만큼 상황이 심각했지만 새로운 기사가 들어와 기름을 가득 넣었으니 이제 도로를 질주할 것이라며 자신감을 드러냈다.

HSBC 그룹 회장 본드와 아태 지역 CEO인 앨던은 마음이 언짢았다. 제일은행의 인수전에서 HSBC가 졌다는 사실을 인정해야 했다. 인수·합병을 통해 HSBC는 한국이라는 아시아 3대 금융시장에 진입하기 위해 인수전에 적극적이었다. 하지만 몇 번을 시도했지만 모두 실패했다. 1998년 금융위기 때 처음 HSBC는 제일은행에 인수를 제의했고, 그 후로도 몇 차례에 걸쳐 인수를 건의했었지만 매번 빈손으로 발을 돌려야 했다. 제일은행은 자산총액 440억 달러에, 국내 지점만도 394개가 분포되어 있었다. 그러나 금융위기로 제일은행은 빚더미에 올라앉게 되었다. 2003년 11월 HSBC는 더 적극적인 액션을 취하며 제일은행 인수 건을 진행하려고 했다. HSBC의 인수 소식에 몇몇 기업이 인수전에 합류했다. 그러나 그동안의 경험으로 HSBC는 자신감이 있었고, 제일은행 측에서도 HSBC에 가능성을 높게 두고 있었다. 그런데 차터드은행이 끼어들면서 판세가 달라졌다.

2004년 12월 21일 한국 언론은 HSBC가 계획한 인수가가 25억 달러라고 보도했다. 그러자 다음해 초 차터드은행은 33억 달러를 제시해 인수전을 본격화했다. 150여 년의 역사를 자랑하는 차터드은행은 영국 런던에 그 뿌리를 두고 있지만 아시아를 중심으로 성장해온 은행이었다. 중동을 시작으로 홍콩을 제외한 아시아 신흥시장으로 진출하다 이제 한국까지 이른 것이다.

차터드은행은 한국 시장을 공략하기 위해 2004년에 27억 달러를 출자해 한미은행의 지분 37%를 매입했었으나 인수에는 성공하지 못했었다. 당시 차터드은행과 한미은행 인수전에 참가했던 기업은 바로 씨티은행이었다. 받아들이기는 싫지만 차터드은행과 HSBC에게 큰 자극제가 되었던 것이 사실이다. HSBC는 세계 제2의 금융그룹으로 씨티은행은 그의 경쟁상대가 아니었다. 그저 숨이 턱까지 차오르게 쫓아가야 할 목표였다. 또 차터드은행은 씨티은행이 인수에 나서기 전인 2003년 이미 1.54억 달러를 들여 한미은행의 지분 9.76%를 매입해놓은 상태였다. 공공연하게 한국으로의 진출 의지를 보인 것이다.

씨티은행의 대담한 인수전략으로 차터드은행과 HSBC는 상대도 안 되는 상대에게 먹이를 빼앗긴 것이었다. 한미은행의 인수로 씨티은행은 개인금융에 있어 아시아 최대 시장인 한국에서 초석을 다질 수 있었다. 한국에서의 영업망도 12곳에서 234곳으로 단번에 확장되었고, 신용카드 가입자 수도 60만 명에서 400만 명으로 급증했다. 총수입만 따지면 한국에서 다섯 손가락 안에 드는 금융기관이 되었다.

씨티은행에 이어 이제 차터드은행도 한국 금융시장에서 한 자리를 차지하게 되었다. 차터드은행으로서는 제일은행이 한미은행에 비해 규모가 작긴 하지만 어쨌거나 한국에 진입해 짭짤한 소득을 올릴 수 있게 되었으니 만족했다. 이제 HSBC만이 기회를 기다리게 되었다.

HSBC는 그저 씁쓸했다. 한국에서 보험기업을 인수할 때도 이번처럼 헛물만 켜다만 기억이 있다. 2004년 SK생명보험의 인수에 참여했지만 SK그룹은 2005년 6월 미래에셋그룹에 보험 분야를 넘겼다.

SK생명은 시장점유율이 2.5%밖에 되지 않아 모회사인 SK그룹에서 직접 매각을 결정했다. 외국자본이 보험시장에 들어오기란 당시에는, 특히나 한국에서는 쉽지 않았기에 SK생명보험 인수에 대형 보험사들이 참여하는 것은 당연했다. 하지만 우선협상대상자로 선정된 미국의 메트라이프생명이 일방적으로 인수를 포기하면서 결국 미래에셋그룹으로 넘어가게 되었다. HSBC 경영진은 인수에 실패한 후 기자회견을 열어 결과에 승복했다.

"앞으로 한국에서 더 좋은 기회가 있을 것이라 믿는다. 그 때가 되면 다시 인수에 나서겠지만 지금으로서는 한국에서의 금융 서비스를 자체적으로 확대해 나가는 것이 최선일 것이다."

HSBC의 그린(S.K.Green)도 같은 맥락에서 2005년 기업전략을 설명했다.

"우리는 한국에서 인수 대신 HSBC의 채용을 늘여 자체적으로 성장할 것이다. 이를 통해 아시아에서의 업무 영역을 확대할 것이며, 그 가운데 한국이 있다. 한국 금융시장은 급속히 성장하고 있어 아시아에서 매우 중요한 포인트가 되고 있다. … M&A가 다가 아니다. 현지 HSBC의 성장을 통해 자연스럽게 목표달성을 이룰 수 있을 것이라 믿는다."

2005년 한국 HSBC는 영업점을 3, 4배 늘려 최소 30곳을 열 것이라는 계획을 발표해 경영진의 의지를 보였다.

HSBC 아태 그룹은 1,262만 달러의 가격으로 245억 달러의 자산을 관리하고 있는 한국 AM테크자산관리회사(Asset Management Technology Korea)의 지분 82.19%의 지분을 사들였다. HSBC는 자생과 인수·합병 등 다각적인 경로로 한국에서의 영향력을 확대해 가고 있다.

2007년부터는 매체광고를 통해 직접 HSBC의 인지도를 높이고 양질의 소비자금융 서비스를 제공하고 있다. 특별히 중소기업 금융사업부를 만들어 기업들의 국내 성장이나 해외진출을 돕고 있다. 국제적 안목으로 성장의 기회를 탐색하는 것은 기본이요, 장기적이고 윤리적인 고객 관계를 중요시함으로써 한국 시장을 공략하고 있는 것이다.

한국에서 자생의 길을 택한 HSBC는 2007년 9월 미국계 사모펀드인 론스타와 한국외환은행 인수에 전격 합의함으로써 한국에서의 인수·합병에 다시 불을 지폈다. 매각 계약서에 따르면 2008년 4월 30일까지 인수 완료할 예정이지만 론스타의 외환은행 대주주로써의 자격 여부가 관건이다. 만약에 HSBC가 한국외환은행을 인수하면 단숨에 6대 시중은행으로 올라서게 된다.

결론

지금까지 HSBC가 내리막 없는 성장가도를 달릴 수 있었던 동력은 어디에 있을까? 여러 경제학자들은 공통적으로 다음의 몇 가지를 꼽는다.

M&A는 지금의 HSBC를 있게 해준 강력한 무기다. 홍콩을 무대로 성장한 HSBC는 1998년 그룹을 HSBC로 통일하고 M&A 대상을 미국, 유럽, 남미 등 전 세계로 확대해나갔다. 인수·합병의 강자로 불리는 HSBC의 예리한 눈은 지금도 세계 곳곳을 주시하고 있다.

HSBC가 아시아에서 유독 강한 면모를 보이는 것은 그 뿌리가 아시아에 있기 때문만은 아니다. HSBC가 동양적 사고를 제대로 이해하고, 이를 통해 현지화에 성공했기 때문이다. 대부분의 외국계 은행은 합리적 태도를 중시하지만, HSBC는 동양의 의리와 사람들과의 관계를 중시한다. 1990년대 아시아 금융시장이 위기를 겪자 많은 외국계 은행이 영업을 포기하고 떠났지만 HSBC만은 의리를 내세우며 자리를 지켰다.

동양적 사고와 잘 맞아떨어지는 개인금융 서비스를 강조하는 것 역시 HSBC가 이 자리에 있게 된 원동력이라 할 수 있다. HSBC가 처음 중국과 홍콩에서 개인금융사업부를 열었던 것은 중국인들의 신뢰를 쌓고자 함이 주 목적이었지만, 이는 지금 HSBC의 자금줄이 되고 있다. 1999년 개인금융(PB) 영업이 뛰어난 미국의 리퍼블릭 뉴욕 코퍼레이션, 사프라 홀딩스를 인수한 데 이어 2000년에는 100만 고객을 보유한 프랑스 신용상업은행(CCF)을 인수했다. 1997년에는 브라질 지점수 2위인 바머린더스은행을 사들이며 처음으로 남미시장 교두보를 마련했다. 현재 한국에서도 개인 예금금리를 높여 많은 개인금융고객을 확보하고 있다. 사실 개인 대출 등 소비자금융의 악화는 은행 전체의 위기를 가져올 수 있는 데도 HSBC가 개인금융 분야를 강화하는 이유는 어디에 있을까? 그린은 이렇게 설명한다.

"HSBC에 있어 소비자 금융은 앞으로의 중점적인 서비스 영역이다. 하우스홀드를 사들인 것은 미국 소비자 금융의 빠른 성장에 있었다. 물론 수익 뒤에는 그만큼의 위험성도 있다. 그러나 HSBC는 신흥시장을 중심으로 소비자 금융이 세계적 핵심 사업이 될 것이라 전망하고 있다."

근래 들어 지주회사나 금융그룹을 만들면서 한국의 금융기업들도 세계적인 그룹으로 도약하기 위해 노력하고 있다. HSBC의 발전사가 여기에 큰 도움이 될 것이다. HSBC가 지나온 역사의 굴곡들을 함께 되짚어가다 보면 앞으로 펼쳐질 금융 산업의 미래도 함께 볼 수 있을 것이다.

HSBC 금융제국

초판 1쇄 인쇄   2008년 2월 25일
초판 1쇄 발행   2008년 3월 3일

지은이   류스핑
옮긴이   권민서
펴낸이   박영발
펴낸곳   W 미디어
디자인   이정애
등 록   제2005-000030호

주 소   서울 양천구 목동 907 현대월드타워 1905호
전 화   6678-0708
팩 스   6678-0309

ISBN   978-89-91761-18-6 03320

값 13,000원

* 사진자료를 제공해주신 HSBC 은행에 감사드립니다.